教育部职业教育与成人教育司推荐教材
职业院校教学用书（汽车运用与维修专业）

汽车维修企业管理基础

（第2版）

许　平　主编
刘　婕　副主编

電子工業出版社
Publishing House of Electronics Industry
北京 · BEIJING

内 容 简 介

汽车专业的学生，将来走向工作岗位后，有的会成为企业的技术骨干；有的可能参加企业的管理工作；还有些学生会自己创业，开办属于自己的汽车维修企业，成为业主。本书在第1版的基础上进行了增删和章节调整，介绍了维修企业管理的基础知识，教会学生从开办一个汽车维修企业到组织管理的全过程，具有较强的操作性。另外，本书引用了一系列国内外成功企业家的案例来说明企业管理工作的内涵，这些全新的管理理念有一定的前瞻性，可以为提高学生的综合素质奠定基础。本书内容共分12章，主要包括汽车维修行业概况、人力资源管理、汽车维修企业管理、生产现场管理、全面质量管理、财务管理、计算机管理、必备法律常识、汽车零配件管理、汽车维修设备管理等内容。

本书可供职业学校汽车维修专业师生和经营管理者学习和参考。

图书在版编目（CIP）数据

汽车维修企业管理基础 / 许平主编. —2版. —北京：电子工业出版社，2010.6
教育部职业教育与成人教育司推荐教材. 职业院校教学用书. 汽车运用与维修专业
ISBN 978-7-121-10945-4

Ⅰ. ①汽…　Ⅱ. ①许…　Ⅲ. ①汽车－修理厂－工业企业管理－专业学校－教材　Ⅳ. ①F407.471.6

中国版本图书馆CIP数据核字（2010）第094006号

策划编辑：杨宏利
责任编辑：贾晓峰　　　特约编辑：刘　凡
印　　刷：北京七彩京通数码快印有限公司
装　　订：北京七彩京通数码快印有限公司
出版发行：电子工业出版社
　　　　　北京市海淀区万寿路173信箱　邮编　100036
开　　本：787×1 092　1/16　印张：16　字数：410千字
版　　次：2005年12月第1版
　　　　　2010年6月第2版
印　　次：2019年1月第13次印刷
定　　价：28.00元

凡所购买电子工业出版社图书有缺损问题，请向购买书店调换。若书店售缺，请与本社发行部联系，联系及邮购电话：（010）88254888，88258888

质量投诉请发邮件至 zlts@phei.com.cn，盗版侵权举报请发邮件至 dbqq@phei.com.cn。

本书咨询联系方式：（010）88254592，bain@phei.com.cn。

前　言

21世纪是一个高速发展的时代，知识的更新令人目不暇接。中国的改革开放进一步深化，持续增长的经济带动了汽车工业的快速发展。新技术与国际接轨，产品日新月异，新车型如雨后春笋般层出不穷。作为汽车运用与维修专业的学生，时代要求我们必须抓住机遇，寻求发展，以适应不断变化的形势。

我们深感现在的汽车维修企业管理教材内容陈旧，很多知识还留有以前计划经济的痕迹，已不适应时代的发展要求。不少教材仍以"解放"CA10B型汽车的性能及技术参数为依据，来编制维修工艺标准及技术规范和维修企业的组织结构及管理模式等内容，这些都已经与当今汽车维修专业教育及企业管理不相适应。

为解决上述问题，我们编写了本书。汽车专业的学生走上工作岗位后，有的会成为企业的技术骨干；有的可能参加企业的管理工作；还有些可能会自己创业，开办属于自己的汽车维修企业。因此，本书的特色之一是向他们介绍维修企业管理的基础知识，引导他们面对充满竞争的市场，牢固树立立足于现实的思想观念，指导他们从开办一个汽车维修企业到组织管理的全过程，因而本书具有很强的操作性。本书另一个特色是引用一系列国内外成功企业家的案例来说明企业管理工作的内涵。这些全新的管理理念对我国的汽修企业提高经营管理水平以及提高维修专业专校学生的素质都有一定的前瞻性。作为"教材"，本书或许不具备那种传统意义上的教学理念，而是更侧重于让学生自学或选修，并根据学生今后实际的工作需要，向他们提供帮助，以提高他们的实际工作能力。

为适应汽车维修行业快速发展的需要，编者对原书进行了第一次修订，修订后本书共分12章，增加了人力资源管理、财务管理、现场管理等方面的基础知识。本书在修订过程中还得到了广西中联汽保设备有限公司、北京运华科技有限公司的大力支持，并参考了国内学者的有关论述，吸收了他们的一些研究成果，由于篇幅所限，这里未一一列出，在此一并表示感谢。

本书配有电子教学参考资料包，包括电子教案、教学指南、习题答案和参考资料（内容为《机动车管理规定》，汽车维护、检测、诊断技术规范，营运车辆综合性能要求和检验方法），请师生登录华信教育资源网（www.hxedu.com.cn）免费注册后下载，有问题时请在网站留言板留言或与电子工业出版社联系（E-mail:hxedu@phei.com.cn）。

本书由于阐述的内容较新，加之作者水平有限，书中难免有不妥之处，敬请读者批评指正。

编　者

2010.3.1

目录

第1章　汽车维修行业概况

学习任务

通过本章的学习，了解我国汽车维修行业的发展过程以及未来汽车维修行业发展的趋势和方向，掌握汽车维修行业的发展特点，了解有关汽车维修制度的变革情况。

知识要点

- 我国汽车维修业的发展过程和特点；
- 现代汽车维修业发展的趋势和新的维修观念；
- 汽车维修行业的自身特点。

1.1　汽车维修企业发展概况

1.1.1　汽车维修业的概念

汽车维修业是由汽车维护和修理厂点组成、为汽车运输服务、相对独立的行业。它通过对汽车的维护和修理来恢复和维持其技术状况，以延长汽车的使用寿命，是汽车及相关领域中的重要组成部分。

汽车维护和汽车修理是两种性质不同的技术措施。汽车维修是汽车维护和汽车修理的简称。

汽车维护是为了维持汽车良好的技术状况或工作能力而进行的作业。其目的是保持车容整洁，随时发现和消除故障隐患，防止车辆过早损坏，从而降低车辆的故障率和小修频率。汽车维护应贯彻预防为主、强制进行的原则。

汽车修理是为了恢复汽车良好技术状况或延长其工作能力和使用寿命而进行的作业。其目的在于及时排除故障，恢复车辆的技术性能，节约运行消耗，延长其使用寿命。汽车修理应贯彻定期检测、视情修理的原则。

虽然汽车维护和修理的任务不同、性质不同，但它们都是以保证汽车安全运行、降低使用成本、延长使用寿命、节约能源为目的的。从这一点来讲，它们是统一的技术保障整体，二者不可偏废，既不能用维护代替修理，也不能用修理代替维护。

当前，我国汽车维护按作业范围的深度，一般分为三级，即日常维护、一级维护和二级维护；按修理对象和作业范围将修理分为汽车大修、总成大修、汽车小修和零件修理。

1.1.2 汽车维修业发展概况和趋势

1. 汽车维修业发展过程及特点

汽车维修是保证汽车正常使用、延长汽车使用寿命，使其发挥最大效益的技术保障，是为汽车的使用者和社会发展服务的。因此，汽车维修必然伴随着汽车工业的发展、公路的发展和汽车保有量的增加而发展。

新中国成立之初，我国汽车运输业已被破坏殆尽，全国仅有100多个汽车维修企业，且均处于奄奄一息的状态。为尽快抢修国民党时期遗留下来的破旧车辆，恢复公路运输，满足经济建设和人民生活需要，政府部门帮助私营汽车维修企业克服困难，恢复生产。当时，中央成立全国废旧汽车整修委员会，在其统一领导下，通过拆、拼、接、改等工艺方法，共修复汽车5000多辆。通过这项工作，不仅恢复了公路运输，而且提高了汽车维修企业的活力，培训了一批人才，增添了汽车维修设备，从而奠定了新中国汽车维修业的基础。随着国民经济建设的恢复和发展，汽车保有量逐渐增加，汽车维修业的生产能力也有了较大幅度的提高，到1957年，公路运输部门基本上形成了一个多层次的汽车维修网络，年大修能力达到2万多辆。但由于我国的汽修企业成立之初是单纯为了汽车运输业而成立的附属企业，所以其发展受到运输业自身发展的影响很大。汽车维修业仍处于手工操作、作坊式生产的落后状态，不仅生产效率低，而且维修质量差，加之当时全国总体路况不好，大部分汽车在大修后只能以40～50km/h速度行驶。

到了20世纪60年代，各汽车维修企业大力开展技术革新和技术改造，开展文明生产活动，建立健全各种规章制度、技术标准，加强质量管理，充实人员和设备。通过几年的努力，汽车维修业的面貌有了较大的变化。除各专业运输部门具备了比较完善的汽车维修体系外，还相继建立了面向社会车辆服务的专业汽车维修企业。

20世纪70年代交通部根据汽车维修技术进步的需要和现实情况，提出了汽车生产中实现作业机械化、检验仪表化的发展方针，开展了一次大搞技术革新的群众运动，对汽车维修业的发展做出了很大的贡献。到1979年，我国的汽车年大修能力已达到10万余辆。

但是，在汽车维修业发展过程中，除了部分交通部门独家经营的为社会车辆维修服务的企业外，大部分维修企业都依附在运输企业和车辆较多的单位中，主要是为内部车辆提供维修服务。这种一家独办、垄断经营的方式造成了我国长期存在的“修车难”问题无法解决。单一卖方市场、缺乏竞争机制的格局，不仅使企业失去活力，阻碍汽车维修生产力的发展，而且使用户失去了选择的余地，导致车辆无法得到及时的维修，进而影响了运输生产的效率。

改革开放以后，我国的汽车维修业进入了一个新的发展时期。随着市场机制的确立和引入，到目前为止，汽车维修行业已发展为国有、集体、个体、中外合资等多种经营形式并存的格局，初步形成了一个多渠道、多形式、多层次的汽车维修市场。

通过以上对整个汽车维修市场的发展进行分析，可以归纳出以下几个特点。

（1）原有的交通部门独家经营的专业汽车修理厂，主要是一些规模较大的国营汽车修理专业厂，在当时具有技术力量强、设备齐全、管理水平高的特点，是行业的骨干力量。

（2）各专业运输企业附属的汽车修理厂或修理车间，主要是为本单位的车辆提供维修服务，剩余力量为社会车辆提供维修服务。

（3）原来为各企事业、机关团体等自用车提供维修服务的汽车维修厂，在改革开放后，逐步面向社会，并大多搞独立核算，实行经营承包，发展很快。

（4）改革开放以后城乡新建的汽车维修厂和中外合资的维修企业得到发展，但这些企业情况比较复杂，城乡中的汽车维修厂多以乡镇企业、第三产业、学校、街道以及个体为主，人员结构上以聘请退休工人为主。这类企业大多技术力量较弱，厂房、设备简陋，稳定性较差。而中外合资企业的实力较为雄厚，且维修对象以某一进口车型为主，并引进了一些先进维修设备、维修技术和管理方法，对促进我国汽车维修业的发展发挥了一定的作用。上述企业的出现，使汽车维修行业发生了极大的变化，即由原来的封闭式的自我服务体制转型为开放式的社会经营型模式，从而形成了一个比较稳定的、活跃的维修市场，使汽车维修业在国民经济活动中逐渐形成了一个相对独立的行业，成为国民经济发展的一个新的经济增长点。

（5）随着汽车维修市场需求的变化、汽车运输服务细化以及主流客户群的转变，出现了汽车维修救援、汽车俱乐部等新生事物，从而使汽车维修市场不断完善。

（6）各级汽车维修行业协会逐步建立，作用越来越大，行业的自我管理、自我约束、自我发展的自律意识不断提高，并逐步向国际化靠拢。

案例

广西某大型国有运输企业的汽车大修厂始建于 1958 年，该厂占地 4 万平方米，职工数百人，曾经是该地区汽车维修的骨干厂家，主要为本系统 500 多辆运输汽车定期按规定行驶公里进行维修、保养。

改革开放以后，原有的计划经济体制逐步被打破，该厂原服务对象单位的车辆都分属于个人所有。车辆归个人后，服务不再按原有模式定期进入该厂维修，而是自己选择修理厂，视情况修理，哪个厂修得好、修车方便、修得快、收费合理，就到哪里修。该厂由于成本高、职工多、设备陈旧、技术老化，再加上计划经济时代形成的按部就班的传统观念，使得修理厂变得几乎无米下锅，来修理的车辆很少，从而导致该厂长期亏损，在如今汽车修理市场激烈竞争的情况下，正处在破产的边缘。

2. 汽车维修业发展趋势

随着汽车大量进入家庭，汽车新技术的不断发展，中国的汽修业也将会发生巨大的变化。汽修业将作为朝阳产业与时代同步。

随着改革开放的深入进行，国民经济进一步发展，国内汽车保有量成倍地增加，这使得汽车维修业从供不应求发展到现在的供求基本平衡，甚至供大于求的市场状况。目前，伴随着汽车工业的发展，交通道路的增加与改善，汽车维修业在维修观念、维修制度、维修力量、作业方式等方面都发生着巨大的变化。过去人们对汽车报废观念十分淡薄，而通过总成修理、换件修理、旧件修理等方式使车辆无限期使用。后来随着车辆供求比例的变化以及人们观念的变化，如对能源消耗的日益重视和从综合经济效益的角度考虑，以及对汽车尾气排放的治理和从降低大气污染度等方面出发，人们在车辆更新和车辆维修方面的观念也发生了变化。另一方面，配件供应的变化，维修配件精度要求的变化，也使得从前以旧件修复为主的修理方式，发展成为今天以换件修理为主的修理方式。在维修模式上，也由以前的定期拆解式转变为今天的“定期检测、强制维护、视情修理”。汽车维修行业主体，也由以前的交通部门所属维修企业为主转变为今天多种所有制形式的维修企业并存、同步发展的格局，同时维修网点也由过去相对集中于大中城市，逐渐转变为向中小城市、县、乡、村发展，形成了比较合理的汽车维修网络格局。另外，随着我国加入 WTO 后，国外的汽修企业也纷纷涌入我国的汽车售后市场，国内汽修企业在经营思路、管理水平、服务质量、技术实力、资金投入等方面均无法与国外汽修企业相抗衡。要想在日益激烈的汽修业中立于不败之地，只有从以下几个方面加强本企业的管理。

（1）汽车维修业朝着规模化的方向发展。改革开放以来，汽车维修业基本呈粗放型发展。按照"十五大"精神要求，汽车维修业的发展必须由粗放型向集约型转变。目前，汽车维修业已成为一个新的经济增长点，正在吸引社会各方面资金，上规模、上档次已成为维修业的发展方向。它将会通过企业兼并、资产重组等形式扩大经营规模，建立企业集团，以不断提高汽车维修业的规模化程度和整体素质，提高市场占有率。逐步建立四位一体的服务体系：由单一维修企业向配件、整车销售、信息反馈于一体的企业过渡。

（2）汽车维修业更加依靠提高科技含量来增强竞争能力。维修行业伴随着汽车制造技术的发展而发展，新工艺、新结构、新材料、新技术的采用对现代汽车维修业提出了许多更新、更高的要求。我国汽车维修业在跟踪现代汽车维修技术方面较汽车制造业更为领先。这是因为，无论多么先进的汽车，一旦进入中国并投入使用，都存在着维修的问题。这样，世界汽车工业的发展就带动了我国汽车维修技术的发展。特别是在今天，许多高新技术，如电子控制燃油喷射技术、ABS（Anti-lock Brack System）技术、双离合器技术等广泛应用于汽车，人们对汽车的安全性能、环保性能提出了更高的要求，促使维修企业必须在发展中提高档次和水准。因此，追踪高新技术，掌握高新技术，提供高质量的维修服务，进而在市场竞争中占据有力的地位，成为汽车维修企业的共识和追求的目标。

近几年，汽车维修企业在技术改造、技术进步等方面做了许多工作，不少企业改善了作业条件，购置了先进的设备，引进了技术人才。大量先进的检测维修设备已经进入了维修行业。

① 汽车检测诊断方面设备的比重将有较大幅度的增长，以满足实现"视情修理"的可能性。

② 汽车维护及小修所需的机械工具比重将相对加大，而修理机加工设备的比重将相对变小，这是实行强制维护，尤其是小汽车进入家庭后发展的必然趋势。

③ 电子、电脑检测诊断设备将成为行业新秀。在市场的大环境影响下，国内一些大型生产厂家和行业内的新军都推出了电子和电脑检测诊断设备高新科技产品，如全电脑四轮定位仪、自动电脑解码器、电脑控制车身大梁矫正度量系统等检测设备。

（3）汽车维修业朝着专业化、工业化的方向发展。随着汽车维修市场逐步完善，其内部分工也越来越细化，并朝着专业化、工业化的方向发展。这体现在三个方面：一是汽车维修企业只承担单一车型或同类车型的汽车维修，或者建立汽车三位一体、四位一体及连锁经营站，为汽车制造企业做售后维修服务等。二是汽车维修企业只承担专项维修，如专门维修汽车电子控制装置，专门维修自动变速器，专门维修转向助力系统，专门维修ABS，专门从事钣金、喷漆、动平衡、汽车美容等。三是汽车维修已开始朝着工业化流水作业方向发展，如发动机翻新、自动变速器翻新等。随着专业化、工业化程度的提高，修理车辆在修理厂停留的时间减少，维修质量得到了提高。

（4）采用先进的管理手段，向管理要效益。汽车维修企业管理应在车辆进厂维修过程、客户群管理、出厂记录、材料管理、财务管理、劳动人事管理等方面逐步实现计算机管理，并在生产现场管理中逐步采用电视监控技术，以实现提高企业管理水平的目标。同时，汽车维修企业还应不断改善服务质量，并通过实行"四公开"（即公开维修项目、公开收费标准、公开修理过程、公开服务承诺），积极创建文明行业，逐步实现以客户需求为导向的企业创新。落实岗位责任制。维修企业的各个部门均有明确而详细的岗位责任制，做到任务清楚、明确，事事有人管、事事有记录，有记录可查、可追溯。

（5）重视专业人才的培养。提高员工技术水平、加强培训。通过大量的对内培训、外送培训、外聘人员培训等多种形式技术培训，制订完善的培训计划，并进行培训考核、总结。提高企业员工的素质，补充人才，设立维修工程师。

（6）汽车维修救援是汽车维修行业发展的延伸。汽车维修救援是为汽车提供紧急救援服务的一项业务，是对汽车维修业服务功能的延伸。通过汽车维修救援系统的帮助，能够减少运输损失，提高运输效率，保障运输安全。今后一个时期，汽车维修救援将成为汽车维修业发展的一个新的经济增长点，并且是一项利国利民的事业。建立汽车救援系统应从以下几个方面考虑。

① 全国应设一个救援总部，省会设分部，省辖市按“一市一中心”的原则设置汽车维修救援中心，以此为基础建立汽车维修救援点并按网点合理布局，使之逐步形成网络。

② 汽车维修救援中心是社会化的组织机构，是一个独立的经济实体，不以赢利为目的。

③ 汽车维修救援中心的行业主管部门属于道路运政管理部门，汽车维修救援中心应接受各级道路运政管理部门的管理和监督。

④ 汽车维修救援中心实行会员制，并订立会员章程。吸纳被选定为救援点的汽车维修厂家为基础会员，吸纳车辆归属单位、车主或驾驶员为团体会员或个人会员。吸纳会员应坚持自愿原则。

⑤ 汽车维修救援点的设置应以临近国道以及省、县级干线公路的二类以上汽车维修厂家为主。被选定为汽车维修救援点的汽车维修厂家必须是中心会员。

⑥ 汽车维修救援中心对社会实行承诺服务，会员享受优惠服务。

⑦ 汽车维修救援中心按照物价部门的规定定期收取会员费。此会员费作为中心的主要经济来源，支持救援中心正常开展工作。

1.2　汽车维修业的特点和作用

1.2.1　汽车维修业的特点

汽车维修业的特点是由它的服务对象和生产特点决定的。汽车维修业是为在用车辆服务的。因此，它必然具备以技术服务和为广义车主服务的双重特性。就汽车维修生产技术而言，其工艺复杂，特别是汽车大修、总成大修作业，工艺更复杂。归纳起来，汽车维修业的特点主要有以下几个方面。

1．汽车维修作业的对象是在用汽车

汽车是一种结构复杂、技术密集的现代化运输工具，也是一种对可靠性、安全性要求较高的行走机械。为了适应社会发展的需要，车辆的品种日益增加，新技术、新工艺、新材料也不断被采用，从而使汽车的机构也越来越复杂。这就决定了汽车维修行业技术的复杂性。从汽车维修涉及的工种看，不仅需要发动机、底盘、电气、钣金、轮胎、喷漆等专业修理工种，而且需要车工、钳工、铆工、焊工等各种机械方面的通用工种。由于各工种的生产要求差异很大，使汽车维修企业的作业内容、作业深度千差万别。因此，汽车维修业也是一个劳动密集型及以经验为主的行业。

2．汽车维修作业的社会分散性

汽车维修业是为在用车服务的。在用车的特点就是流动分散，遍布城乡各地。因此，汽车维修业必然也会分布在城乡的各个角落，具有很大的分散性。尤其是从事汽车维护小修和专项维修的企业，这种分散性表现得更为突出。同时，汽车维修的特点也决定了企业的规模不可能过大。目前，我国汽车维修业是以中小型企业为主。

案例

2003年，肖师傅在上汽通用五菱汽车厂附近开了一家汽车美容（维修）店。肖师傅发现，随着家庭轿车进入千家万户，越来越多的车主希望把自己的爱车打扮得更漂亮，或一次性或分期地“美容”汽车。于是汽车“装饰美容”业应运而生。肖师傅抓住了这个商机，为车主新买的车提供个性化的“装饰美容”服务，车主可根据自己的喜好和经济状况给爱车进行“包装”……一年下来，肖师傅的汽车“装饰美容”服务生意十分红火。

你也完全可以抓住各种市场商机顺应市场需求，本着投资不大、薄利多销的宗旨，开设一家自己的汽车维修特色店。

3．汽车维修作业市场的调节性

汽车维修业是随着公路运输和汽车制造业的发展而发展的，加之企业点多面广和专业服务的特点，决定了该行业具有较强的市场调节属性。这就使一些不能随着市场变化而变化的汽车维修企业的稳定性很差。也就是说，根据市场的需要，汽车维修企业的开业、停业在动态变化中自行调节，最终使汽车维修市场的供求关系逐渐趋于平衡。

4．汽车维修作业的隶属关系

汽车在千家万户、各行各业之中分布，范围很广。在封闭的经济体制下，各自都有为自己服务的汽车维修企业。改革开放后，这些企业都纷纷向社会开放，进入维修市场，形成了一个社会化的行业。但是，这些企业大部分的隶属关系并未改变，仍为各部门和单位所有。这一情况就决定了我国汽车维修业的隶属关系错综复杂。

5．将二手车市场引进汽车维修企业

国外二手车交易大部分在汽车维修企业进行，同新车一样有展厅。这种形式得到了客户的认可。因为汽车维修企业在进行二手车交易时，要求一是经过政府批准；二是具有国家承认的持证经纪人与评估师资质；三是依托企业中的综合性能检测线，对二手车进行科学的检测、评估与适当的翻新，这样翻新的二手车在交易后同新车一样具有保修期。据美国二手车交易市场调查，每进行一辆新车交易，同时会有七辆二手车交易。因此，我国的汽车维修企业引进这项业务是符合市场需求的。

1.2.2 汽车维修业的作用

汽车是一种高性能的行走机械，是一种现代化的运输工具。其特点是结构复杂、使用条件苛刻且变化大。因此，要求在运行中必须具有高度的可靠性、安全性和经济性。

汽车与其他任何机械一样，在使用过程中由于磨损、变形、老化和意外损坏等原因，技术状况和性能不断下降，致使车辆在运行中可靠性和运行安全性得不到保证；动力性、经济性变坏，运行消耗增加；故障率上升，影响车辆的运行效率。研究表明，目前国产汽车的无故障里程一般为3000km左右，车辆运行至2000～40 000km时对车辆安全等各个系统要进行全面检查、调整、紧固、润滑和修理。因此，汽车在投入使用到最后报废的整个寿命周期内，其动力性能、经济性能、安全性能和可靠性能等，与能否科学、合理地进行维护与维修密切相关。

随着国民经济的发展，我国汽车保有量将会以更快的速度增长。同时，由于技术的进步，生产水平和人民生活水平的提高，公路条件的改善，尤其是高速公路的出现和发展，用户对汽车在安全、环保、可靠、快速、舒适和经济等方面提出了更高的要求，促使汽车在品种、结构和性能上越来越多样化。为适应这些变化，汽车的维修也必须相应地有一个较大的发展，以最大限度地满足社会发展的需要。

车辆在运行中，为保持其良好的技术状况，就要不断地对车辆实施各种类别的维修作业，汽车维修（包括汽车大修）费用约占运输总成本的 25%，每辆车的年维修费达 6000～8000 元。社会非营业性运输车辆的年维修费用平均也达 2000～3000 元。按此计算，为了维持全国在用车辆的正常运行，用于车辆的维修费在 150 亿元以上。因此，如何适宜、合理地安排和组织汽车维修生产，积极开发和采用维修新技术、新工艺、新材料，提高维修质量，是汽车维修企业发展的重要技术措施。

1.3 汽车维修制度的变革

1.3.1 历史回顾

我国汽车计划预防维修体系成立于 20 世纪 50 年代初。它是在学习苏联和其他欧美国家经验的基础上建立的。1954 年交通部首次颁布了《汽车运输企业技术标准与技术经济定额》，俗称“红皮书”，这是汽车运输技术管理的法规性文件，为搞好汽车运输技术管理奠定了良好的基础。书中规定保养分为例保、一保和二保，共三级，保养工艺中不含修理内容。修理分三类，即小修、中修和大修。

后来由于车源不足、资金短缺，企业无力及时更新车辆，从而使车况逐渐变差，故障率增高，正常的保养已难以维持车辆完好率，于是在保养作业中逐渐增加了一些修理内容。随着公路运输业的发展，20 世纪 50 年代颁发的“红皮书”已不能适应当时的要求。于是，交通部于 1964 年在原“红皮书”的基础上，吸收国内外积累的经验，重新编写和颁发了《汽车运输企业技术管理规定》和《汽车运用技术规范》两本“红皮书”，把我国的汽车维修与使用工作提高到一个新的阶段。1965 年交通部第四次颁发了《汽车修理规程》和《汽车运用规程》，指出三级保养的周期为 40 000～48 000km，主要作业内容是总成解体、清洁、检查维修，发动机换活塞环，甚至搪缸换活塞。20 世纪 60 年代末提出的“严格管理、合理使用、强调保养、计划修理”的十六字方针，使计划维修思想深入人心，同时加强了汽车保养和修理工作的计划性，降低了汽车故障频率，因而保证了车辆技术状况，提高了行车安全，在当时确实起到了促进公路运输发展的作用。

1.3.2 现状分析

随着科学技术的发展和汽车技术的进步，由 20 世纪 50 年代奠定、60 年代发展起来的旧的计划保修体系，到现阶段已显得越来越不适应汽车发展现状，同时也暴露出许多难以克服的缺陷。概括起来，有以下几个方面。

（1）我国现行汽车维修的主要理论依据是磨损理论，即按照零件磨损量或是使用时间函数的磨损规律曲线，来安排、计划预防维修周期和作业内容。其确定的原则是希望在零件极限磨损期之前对它进行维修，预防潜在的故障。但是，汽车各种零件的磨损规律并不一样，极限磨损期也各不相同，强制保养必然造成某些保养作业进行过早，盲目拆卸。这样做不仅增加了作业量，而且加速了机件的磨损和损坏。其次，一些项目的保养被推迟，丧失了“预防”的时机，增加了途中故障的频率，降低了可靠性。再者，磨损并不是汽车故障的唯一原因，诸如油路、电路故障以及使用不当，因汽车零部件寿命引起的突然故障等，都是随机发生的，定期强制保养也难以发现。

（2）保养、修理作业重复交叉。由于缺少先进的检测手段，所以无法准确判断和预测汽车的技术状况和损坏情况。对于大修以外的修理，一般是结合保养定期执行计划外小修，将一些预定计划小修项目列入保养强制执行，如更换活塞环、研磨气门、更换润滑油等。事实上这些项目是否需要执行，在很大程度上取决于材质、使用水平和车辆技术状况，强制执行必然造成超前和滞后的弊病，特别是发动机在“三保”时未到极限磨损就强制镗缸，而恰好在下一个周期安排整车大修，发动机又镗磨一次，从而浪费了许多剩余的使用寿命。

（3）我国汽车保修周期和作业内容，基本上是根据解放CA10B型载货汽车的使用经验制定的。但近几年我国汽车工业发展较快，引进了多项先进技术，这些技术均具有20世纪70年代末至80年代初的世界水平，从而加速了汽车产品的升级换代，使得产品结构、材质、制造质量等都有了较大的提高。另外，我国汽车保有量中约1/3是从国外进口的汽车。上述种种因素表明，如果时至今日仍然沿用老解放牌汽车的模式来指导现代汽车维修，显然不能适应现实。

（4）汽车大修标志的规定不合理。汽车各总成在实际使用中的磨损程度和寿命相差较大，但一般以发动机总成为主要参考对象（载货汽车）来决定是否对整车进行大修，这是非常不科学的。

正是由于存在上述几个方面的问题，我国于20世纪80年代，在总结汽车使用经验的基础上，对以往的“红皮书”做了概括和提炼，并编印了《汽车运输和修理企业技术管理制度》和《汽车修理技术标准》，在全国分三个片区进行为期两年的标准验证。在此期间，又提出了“科学管理、合理使用、定期保养、计划修理”的指导思想，对原十六字方针做了修改，从而把计划预防维修管理提高到了一个新的水平。

1.4 现代汽车维修观念

随着汽车工业的发展，汽车的技术含量越来越高，结构越来越复杂，性能也越来越先进，特别是电子技术的运用，使得汽车制造业更趋于向“高”、“精”、“尖”方向发展，这些方面的变革，促使维修观念发生了根本的变化。传统汽车维修以经验判断为主，是一种低技术含量、低层次管理和低水平服务的维修。现代汽车维修以科学手段为主，可以说是运用电子控制技术的维修，并且是一种高技术含量、高层次管理和高水平服务的维修。

1．全新的资讯观念

现代汽车维修需要对数千种不同的车型、上百种不同的电子控制模块以及上千种不同的传感器进行检测、诊断和维修。因此，一定要有维修资料作为技术支持。如果没有准确的技术资料、诊断数据、诊断流程、油电路图和装配图等，维修也就无从谈起，甚至会将汽车修坏。

2．全新的仪器设备观念

现代汽车维修有了技术资料，但是没有仪器和设备同样也无法解决问题。科学的诊断维修必须要有检测仪器和设备。使汽车产生的故障和由此带来的瞬息变化的数据，通过故障码、数据流或波形显示出来，使汽车维修人员能准确、快捷地判断和查找到故障部位。现代汽车维修提出的“七分诊断，三分修理”的理念，也充分体现了科学诊断的重要性。

3．全新的技术和人才观念

现代汽车是高科技的集合，汽车维修必须要有高素质的人才，因此现代汽车维修企业的竞争关键是人才的竞争。高素质的人才必须精通汽车的工作原理和电子技术，并且应懂外语、熟悉计算机运用，能熟练使用各种诊断设备，是具有机电一体化知识的人员。

现代汽车维修企业人才的概念应具有多层次的内涵，技术人员应分为两个层次：一种是对汽车进行检测诊断的汽车“医生”，另一种是能对汽车熟练装拆的汽车“护士”。一个汽车“医生”配若干个汽车“护士”，汽车“医生”诊断开出“处方”，汽车“护士”根据“处方”对送修车辆进行处理。两种人才相互合作，有机结合，便构成了企业的技术人才群体。

4．全新的职业技能培训观念

从事传统汽车维修的人员已不适应现代汽车维修发展的现实，他们需要更新观念、更新知识、更新技术，需要从头学起。现代汽车维修需要大量的技术人才，而目前各类学校、培训机构培养的学生根本无法满足市场需求，因而当前最好的途径就是通过职业技能培训来实现。传统汽车维修人员的知识更新需要培训；汽车技术的不断发展，现代汽车维修人员对新知识、新技术等方面的融会贯通也需要培训。

在我国，传统的培训方式是师傅带徒弟，三年出师，对师傅带徒弟的资格没有任何规定，什么人都能带，不管技术水平和能力如何，只要有一定的工作年限，就可以当师傅，这种方式已不能适应时代的要求。现代汽车维修专业人才成长的特点是文化起点高、成长速度快，职业技能培训已成为人才成长的主要途径。

5．全新的管理和服务观念

随着我国人民生活水平的提高，轿车已进入家庭，汽车维修的技术含量和车主的身份已发生了很大的变化，因而带来了管理和服务的广度和深度的重大变化，再加上激烈的市场竞争，企业更需要在管理和服务上下工夫，努力达到一流水平，这样才能在市场竞争中立于不败之地。对于汽车维修企业，可以从以下几个方面着手来提高竞争能力。

（1）树立全过程、全天候和全方位的服务观念。汽车维修业既然属于服务行业，就应该遵循现代汽车维修企业的工作流程和全天候服务的原则，实行 24 小时服务。这样才能从时间上取信于客户，满足客户的要求，从而在激烈的市场竞争中占有一席之地。特别是对公务车的定点维修企业，更应遵循这种服务观念，否则自己原有的市场份额很容易被别人占有。

同时，车辆从进厂维修到修好后出厂，再到修后跟踪、客户意见反馈等整个过程，都要有严格科学的管理制度，并建立一个动态的管理服务体系，给客户一种安全感和信任感。

此外，对客户的进厂报修、接待、维修中等待（休息）过程中有关问题的咨询和解答，完工结算、出门送客以及出厂后的跟踪服务，都应积极认真对待。并且语言要文明，行为要规范，环境要舒适，程序要合理；要有一种企业文化和企业精神，并给客户一种舒适感、节奏感和良好的印象。

（2）企业的资源管理和创新。汽车服务企业的四流（人流、物流、资金流和信息流）将形成一个庞大的纵横交错的资源系统。如何进行科学合理的配置，进行有效的管理，从而实现成本最小化和效益最大化，是汽车维修企业管理中被忽视或长期未解决好的问题。

现代汽车维修是一个产品生产、制造和销售一体化的过程，参与产品生产全过程的有车主和车辆、管理者和汽车维修技工、设备生产厂和供应商、厂房、工具、技术、资料信息、资金和法规等。它们应如何在整个工作中得到科学配置和有效管理以及如何实现这个复杂动态的管理，其最终的解决途径只有依靠计算机网络系统来辅助完成。

计算机网络和汽车维修企业资源管理系统的诞生，标志着汽车服务业的信息高速公路已建成，汽车维修已从经验管理走向科学管理。电子商务管理给汽车维修企业带来了零库存，网上技术研讨则带来了全球性技术交流。打破封锁、资源共享、共同进步，已成为今天汽车维修业的必然趋势。

四位一体（4S）是集整车销售、维修服务、配件销售、技术信息反馈为一体，可实现资源合理配置、科学管理的一种全新的经营模式。从利润的满足程度来看，将造车、卖车、修车和服务的利润，全部由一个实体实现，对投资者、制造商、销售商及服务商都有巨大的吸引力。

随着人们工作和生活节奏的加快，汽车维修强制维护以及视情修理的推广，受到了客户的广泛好评，从而使免拆维护、快速修理的商机突现。与此同时，由于客户更注重企业的品牌，从而使名牌快修连锁系统成为四流资源合理配置的另一种科学管理的创新。

习题 1

1．填空题

（1）汽车修理的目的在于及时__________，恢复车辆的__________，节约运行消耗，延长其使用寿命。车辆修理应贯彻__________、视情修理的原则。

（2）汽车维修企业不断改善服务质量，通过实行“四公开”，即__________、__________、__________、公开服务承诺，积极创建文明行业等，不断实现以客户需求为导向的企业创新。

（3）国外二手车交易大部分在__________企业进行。

（4）我国汽车保修周期和作业内容，基本上是根据__________汽车的使用经验制定的。

（5）四位一体（4S）是集整车销售、__________、__________和技术信息反馈为一体的，可实现资源合理配置、科学管理的一种全新的经营模式。

（6）美国二手车交易市场调查，每进行一辆新车交易，同时会有__________辆二手车交易。

（7）现代汽车维修提出____________________的诊断修理观念，也充分体现了科学诊断的重要性。

2．简答题

（1）我国汽车维修业的发展趋势有哪几方面的特点？

（2）现代汽车维修观念包含了哪几个方面？

第 2 章　新建汽车维修企业可行性研究与决策

学习任务

通过本章的学习，了解为什么要进行可行性研究，在调查研究的过程中应充分考虑到车源的分布、周边维修企业的分布状况、经营档次、投资分析、配件渠道、回报率等因素对企业可持续发展所具有的重要指导意义。掌握汽车维修企业投资人在决策过程中如何充分考虑投入与产出的比例；掌握如何决定维修企业的规模和场地的租赁与选址等具体问题而进行的详细核算。

知识要点

- 新建汽车维修企业可行性研究是必不可少的，在一项分析中，只要可行性高于 60%即可实施，其全过程是一个非常科学、非常系统化、非常严谨、非常负责任的系统化工程，因而在进行可行性分析时必须相对全面、可靠，具有真实性。
- 做决策应注意选址、投资规模、经营档次等几个方面。
- 经营特色对一个新企业的发展和成长将起到重要的作用。

2.1　市场调研的必要性

加入 WTO 以后，我国汽车维修行业会有一个更大的发展，而且越来越市场化。据统计，目前全国近 35 万家汽车维修企业中，每年都有上万家关、停、并、转，同时又会有更多的维修企业诞生；此外，汽车快修连锁店、汽车美容（装饰）等服务项目的出现也给汽车维修行业注入了新的内涵。新成立和加盟到汽车维修行业的企业远远超过关、停、并、转的维修企业，这种现象从一个侧面证明，汽车维修行业是一个很有前途的行业。

但具体到这些新建的企业中有多少能在今后的发展中站稳脚跟，保持发展势头，它们占全国维修企业总量的百分比是多少，这就需要我们仔细调查和研究。什么样的维修企业，或维修企业应该如何去做，才能实现可持续发展，这一点对维修行业的发展有着极其重要的指导意义。筹建汽车修理企业必须对可行性项目进行再分析，这是新建汽车修理企业首先要做的一件事。

新建维修企业经营失败的较多，主要原因是盲目性较大，对整体维修行业发展不了解，对市场状况不了解，很少考虑市场需求；对于市场需求是什么、今后将如何发展，没有认真考虑，只是根据投资方提供的设想、按照管理教材的模式去照搬。实践证明，这样不考虑市场需求的企业，几乎100%寿命不长，它们或者与市场需求相差太远，或者跟不上市场变化，从而被市场淘汰。

新建维修企业失败的原因还有，企业一方往往重视可行性报告中可行的部分，而对不可行或不利因素几乎没有考虑或考虑甚少，即使考虑到不利因素，也被一些主观想象所否定。可想而知，在这种观念下产生的企业是相当脆弱的。

因此，对新建汽车维修企业的可行性项目进行再分析，对不利因素在可行性报告中的比例进行分析是至关重要的第一步。往往投资者、主办者一旦有意创办汽车维修企业，成功的因素考虑较多，而对不利因素考虑较少。其实，对可行性项目进行分析的过程是一个非常科学、严谨和负责任的系统化工程，因而在进行可行性分析时必须相对全面、可靠，并具有真实性。尽管在理论上，只要可行性高于60%即可实施，但在实施过程中往往充满了风险和不确定因素。

2.2 可行性项目分析

对可行性项目进行分析时，需要搜集、整理、处理大量的市场信息，包括企业内外与经营活动有关的质和量的信息，从而为经营决策提供依据。

对这些市场信息进行分析可按以下步骤进行：

第一步，搜集信息。信息来源包括行业管理部门统计资料、网上查询、客户群体调查、市场调查、相关媒体、行业协会等。

第二步，整理信息。市场是变化的，对市场信息也要进行动态分析。对搜集信息的有效性、时效性、可靠性进行考察评估，剔除无效、过时、不可靠的信息，以保证市场信息的质量。

可行性的再分析可大致分为七个内容：车源分布、周边维修企业分布状况、经营档次、投资分析、配件渠道、经营特色和投资回报率。

2.2.1 车源分布分析

首先要对厂址周围20km以内企业、个人的车型和数量做出大概的数字报告，这些是日后企业业务范围拓展的对象，其经济、经营状况以及对维修费用的偿付能力，将影响维修企业经营风险的比率。其次，周边企业、个人自身所拥有的车源数量，以及这些车辆的车型、使用年限、日常使用及维修保养，要有一个准确的书面记录，这些车源将是维修企业创业初期的主要经济支柱。

2.2.2 周边维修企业状况分析

新建汽车维修企业，在对车源状况进行了可行性分析之后，务必对周边企业分布状况进行周密分析。经营者投资之后制定经营战略的实质，就是要获取相对于竞争对手的持久的竞争实力、地位和优势。要达到这一目的，就必须对竞争对手进行分析，做到“知己知彼，百战不殆”。对于维修行业内竞争对手，尤其是周边维修企业，了解其优势，找出市场缺口，发掘自身潜力，才能保证投资顺利回收，资金的价值才能得到最大限度的发挥。

周边维修企业状况，应当作为经营者投资时的最重要参考依据。对这方面的分析，主要包括以下四个方面。

1. 周边维修企业的长期目标和战略分析

主要分析周边维修企业的业务结构、主要客户群体、市场地位和组织结构，以便从中掌握竞争对手的战略取向、市场布局、竞争地位以及组织结构体现出的战略重点。

2. 技术经济实力和能力的分析

主要是对周边维修企业的维修质量、最新业务开发项目、技术储备、设备先进程度、技术人员的素质和数量、业务开发人员的素质和经验、营销组织和跟踪服务体系等进行分析，以掌握竞争对手的维修技术水平、经营能力、营销能力以及生产效益。

3. 经营状况分析

分析周边维修企业的投资状况、经营规模、经营特色、生产效益、维修车型以及潜在的经营危机，从而找到市场突破口，确定自身经营策略。

4. 领导者和管理背景分析

主要分析周边维修企业的最高主管人员的素质和能力以及其社会关系，管理阶层的素质和能力，以及管理方式及竞争方式。

案例

1998 年 4 月，湖北某铁路汽车维修中心建厂。最初，铁路领导准备投资 80 万元，筹建一个一类汽车维修企业，预计在半年内赢利。80 万元资金虽然把这个厂的框架竖了起来，但是企业还存在着致命的弊端：市场定位不够明确，缺乏经营特色。当时在襄樊地区已经有大小 700 家汽车维修企业，市场已经处于饱和状态。铁路领导对经营状况估计得过于乐观，尽管有“铁老大”撑腰，但是，面对维修市场激烈的竞争，面对高新技术的严峻挑战，像襄樊铁路汽车维修中心这样的一个新生企业，如果仍然采用通用的经营策略，只怕还在萌芽之中就会夭折，80 万元投资不仅在半年内不能得到回收，即使三年、五年内也不一定能够赢利。

2.2.3 新建维修企业经营档次的确定

确定经营档次是维修企业硬件管理范畴的首要问题，是汽车维修企业基本框架的最初构筑。新建汽车维修企业在投资经营之前，务必对经营档次进行周密详细的分析。

1. 确定经营规模档次

不同的企业，规模大小不一，只有最合理的经营规模才能产生最大的经济效益。经营规模档次有大、中、小之分，档次的确定作为投资者首要考虑的问题，涉及行业发展趋势、周边维修企业状况、投资金额大小等多种因素。投资者在经过科学准确的市场调研之后，应当确定合理的经营规模档次，这可以从以下几个方面进行。

（1）确定市场战略范围内的维修车辆保有量。

（2）确定维修车型和日维修量，以确定维修工位数量。

（3）确定维修车型。一般情况下，大规模汽车维修企业适合多品牌特约维修经营，中小型汽车维修企业适合单一车型或专项、专业修理。

（4）确定聘用人员数量。根据维修企业开业条件、建厂面积、市场发展前景，进行最终判断，确定与五年后维修需要相符的规模档次。

2．厂区布局规划档次

厂区布局是企业整体形象的基本构架，并且也是给客户留下第一印象的最重要的因素，必须周密规划，合理布置。这里主要对中小规模的汽车维修企业进行阐述。

对于中小规模的汽车维修企业，占地面积相对较小，所以一定要合理利用空间，最大限度地发挥土地资源的优势，厂内的每一个地方都要干净整齐，给客户留下一种层次分明、简洁利落的感觉。提升厂区布局规划档次可以从以下几个方面进行。

（1）业务档次。汽车维修企业是维修车辆的，其真正的服务对象是车主，业务大厅作为为车主服务的最直接场所，作为客户透视企业文化内涵的最佳载体，必须重点规划，优化布局。

对于中型规模的汽车维修企业，要根据资金状况以相对较少的投资，最大限度地提升企业形象，让客户对企业有一个较好的最初的印象，尽量缩小企业与客户之间的距离。大厅内应悬挂和设置有关企业宗旨、优质服务、纯正零配件、企业服务形象和品牌，以及引导客户进行定期保养的宣传告示、宣传画、宣传橱窗、宣传台或宣传资料等。同时，公布维修价格，特别是维修频率高的作业项目要公开标价，如更换机油、定期保养等。

对于小规模汽车维修企业，业务接待厅不必追求豪华的档次，但一定要妥善处理好成本与档次之间的关系，业务接待厅的位置应设在车辆入口附近，能随时观察到车辆进出情况。业务人员进出仓库和车间要方便。业务接待要微笑服务，要站着迎接客户，以赢得客户的好感和信任。

（2）车间维修档次。车间是汽车维修企业的生产一线，企业的经营要能顺利开展，车间的硬件设施必须齐备并使其功能得到充分发挥，这样企业的健康发展才能有所保障。

对于中小规模的汽车维修企业，车间维修档次要能保障维修作业的顺利进行，尽可能地提高维修工位的利用率，要合理布局零件仓库和工具库房，尽量减小维修工位、维修工具、配件库房三者之间的空间距离，这样不仅可为维修工作带来方便，而且缩短了维修工期，提高了企业的生产效率。另外，车间要配备一定的技术资料、实用的维修专用工具，并尽量减少配件库存。

（3）设备档次。现代化的汽车维修、检查依靠资料、仪器、设备已是不争的事实，特别是对进口汽车的维修，离开检测设备可以说是寸步难行。因此，新建汽车维修企业在选购检测诊断维修设备时必须注意以下问题。

对于中小规模的汽车维修企业，在建厂之初，一般投资额较少，在选购设备时一定要多方考虑，货比三家，注意设备的有机结合，以最少的投资取得最佳设备组合，同时兼顾汽车检修的方方面面，根据自身企业实情制订出合理可行的设备采购计划。切忌盲目采购，买非所用，造成资金的积压和浪费，对于必不可少的高级维修设备，应当在保证维修需要的前提下尽可能价格低廉，以便降低成本。建议尽可能选择国产设备，尽管国产设备的寿命和功能相对不如知名进口品牌的设备，但是只要可以满足维修需要，就应该等到投资经营成功、成本回收之后，并且资金充足时再购置进口高级设备。

（4）聘用人员档次。企业的发展以人为本，人才资源作为企业发展的最重要资源，是为企业创造利润的源泉。一个企业，没有人才就不能发展，但是“人才”也并不是越多越好。招聘员工的数量和质量同企业的投资额息息相关，聘用员工数量越多、聘用人才素质越高，企业为此而付出的代价也就越高。新建汽车维修企业，在员工招聘工作中，必须把握好人才的数量和质量尺度，并注意人才的优化组合，才不至于使人员结构臃肿，资金利用价值不高。

对于中小规模的汽车维修企业，所聘人员要做到少而精，不能有机构臃肿、人浮于事的现象，尽可能做到一才多能、一人多用，尽量聘用机电一体化、镀金喷漆一体化的多功能人才。骨干技术人员往往聘用工资较高，作为中小企业，可以聘用一至两名作为技术储备，以解决维修中的疑难问题。

只有对经营档次进行周密详细的分析，才能为投资者提供科学准确的经营决策，生产运作才能顺利进行，企业的健康发展才有所保障。

2.2.4　新建维修企业投资分析

投资企业，追求的目标不仅是最大限度的利润，更是最大限度的投资回报率。维修企业作为一种经济实体，必须对投资回报率进行分析。投资回报率属于财务管理范畴，作为透视经营状况的窗口，作为企业管理的信息反馈中心，对投资回报率的分析至关重要。

资金有时间成本，经过模拟市场测算，如果企业处于亏损、持平或投资回报率低于同期银行利率，即为投资失败。

新建汽车维修企业，在策划中经过可行性分析，如果认为投资不能如期回收，那么有两种决策可供投资经营者选择。

1．分析市场，找准突破口

一个新建的汽车维修企业，面对饱和的维修市场，要想在市场中挤出一个位置，找到立足点，并拥有自己的生存空间，必须找准市场突破口。

在对汽车维修市场进行认真调研时，我们会发现，众多的汽车维修企业中在高新技术的维修方面，技术力量都不够雄厚，这就是一个市场突破口。如前文所述，某铁路汽车维修中心为找到一条生存和发展之路，追加投资，并且把投资重点放在高新技术工位的设备和技术上，这就好比在一个围满钓鱼者的鱼塘，要想挤进去占领一席之地，并要钓上鱼来，就必须使用上好的鱼竿、饵料；否则，即使挤进去也是一无所获。该铁路汽车维修中心追加了 40 万元投资，并斥巨资引进了计算机检测设备，高薪聘请了北京专业技师，并加大了在这方面的宣传投资，同时相应建立了科学健全的管理体制。找准了这一突破口后，他们迅速打开了市场，现在已经成为当地最为成功的企业之一。

采用突破口战略的好处是：它一旦建立起来就具有很强的竞争力，因为能博得客户的信任，满足客户需要，所以就能比较长远地树立起优势地位而不被其他企业所代替。

市场突破口随时随地都存在，关键要看投资经营者如何进行市场调研，如何对行业发展状况进行剖析，如何做出科学准确的投资决策。找到了市场突破口，要坚守这块阵地，还必须同许多行业对手进行激烈的市场竞争，因此一般要以成本提高为代价，如品牌专业维修、高级设备购置、特种经营服务、配件高效供应等。要正确处理好突破口与成本的关系，必须以下面三个因素为基础：

（1）企业的经营能力。企业能否在激烈的市场竞争中长期保持住自己的突破口优势，要看技术实力是否雄厚、管理体制是否健全、服务水平是否上乘。

（2）成本差距。在与其他企业相比维修费用差距较大时，客户就有可能放弃突破口因素而重视价格。

（3）市场的发展状况。一般来说，当维修技术或服务水平达到成熟阶段时，客户对这种企业的兴趣会降低而转向低价的维修服务。为保证投资能够得到回收，经营管理者必须充分了解市场行情，对企业的经营发展前景有一个科学的预测，并对投资方案进行周密分析，在特定的市场环境下，就必须追加投资发展特色，加大成本求生存。

2．合理组织经营规模

只有最合理的经营规模才能产生尽可能大的经济效益，高额投资不一定就会有高额回报，经营规模小的企业，照样可以产生巨大的经济效益。

企业经营规模的大小取决于维修市场规模、资源条件、车源分布、周边维修企业分布状况、配件渠道、地理位置、技术力量、员工素质等多方面的因素。如果因为市场或资金等原因不能建立综合经营的维修企业，那就建立一个专修厂；如果不能建一类企业，那就建二类企业，甚至专项修理部。与其建一个“大而全，小而全”的企业，倒不如建一个“小而专，小而精”的企业。

经营规模小、资源有限的企业，虽然实力不够雄厚，难以搞综合经营以分散风险，但是可以集中资源，通过选择能使企业发挥自身优势的细分市场来进行专业化的经营。

采用这种经营战略对于小企业有两方面的好处：一是可以扩大维修车辆批量，提高专业化程度和维修质量，提高规模经济效益，增加收益，在市场上站稳脚跟；二是随着需求多样化和专业化程度的提高，大企业也普遍欢迎这种专业化程度高、维修质量好的企业为其提供配套服务，因此小企业能够逐渐走上以小补大、以小搞活、以专补缺、以专配套、以精取胜、以精发展的良性发展道路。

采用这种经营战略，为了尽量减少经营风险，必须采用以下几种措施：首先，选择目标市场。选择目标市场是第一个环节，也是至关重要的一环，正确的方法是将某一特定的细分市场同企业自身素质相比较，找到能够发挥自己优势的细分市场。目标市场的选择是企业内部条件分析和市场细分的结合。其次，提高企业的技术开发能力，做好品牌或专项维修的更新改造工作，以满足客户需要，在自己立足的目标市场上占据有利地位。再次，搞好市场宣传。采用这种战略的小企业一般来说面临的市场或客户都比较稳定，所以市场营销的重点是：寻求新的车源、采用适当的价格策略等。

2.2.5 新建维修企业配件供应渠道

众所周知，汽车零部件工业是汽车工业的基础，汽车零部件的供应是汽车维修业的根本。之所以这样说，是因为随着人们的生活节奏加快，对维修时间的要求越来越高，希望在最短的时间内把汽车修好。同时，换件维修已基本取代修复零件的维修方式，换件维修已成为主流。另外，汽车维修的利润很大一部分来自汽车配件。汽车维修服务市场的灵活性则较高，除原厂配件外，一般消费者也会选择质优价廉的配件。汽车维修企业配件供应渠道是否畅通，对一个汽车维修企业的经营管理来说是一个重要的环节。

目前用户更重视配件质量和品牌，这使得汽配商家更加注重产品质量。汽车配件市场逐渐演变为汽车用品市场。综观国内汽车配件市场，国产汽车、合资车、进口车各类型配件齐全。除了汽车配件外，还有汽车保养所用的横向产品如蓄电池、机油、轮胎、三滤、各种添加剂等国内外名牌产品。近年来，装饰、美化、完善汽车功能的各种汽车精品大批涌入市场，如汽车防盗器、音响、香瓶、车毯、制动灯、中控锁、车用吸尘器、电视、冰箱等新品种不断出现，形成了品种繁多的汽车用品市场。

据调查，最受消费者欢迎的前 10 种汽车配件为：

- 车灯；
- 随车工具箱；
- 道路急救包及配件；
- 轴头盖及支座；

- 汽车电池；
- 千斤顶和轴座；
- 空气清洁剂；
- 汽车遮光板；
- 转向盘、加速踏板、变速器锁；
- 报警灯。

2.2.6　新建维修企业的经营特色

一个新建的汽车维修企业，如果采用通用策略进行一般化经营，在饱和的维修市场中，面对激烈的市场竞争，必将举步维艰，处处碰壁，再雄厚的经济实力也会消耗殆尽。要想在市场中挤出一个位置，找到立足点，找到自己的生存空间，必须具备独一无二的经营特色。只有拥有自己独有的特色才会赢得广大客户的认同，维修企业才能为大家所接受。

1. 经营特色战略法

新建汽车维修企业究竟如何塑造自己的经营特色，才能在进入市场之后迅速创造良好的经济效益，从而保证投资能够顺利收回呢？答案就是采用经营特色战略法。

经营特色战略法是指企业通过在维修或服务方面具有与众不同的特点来吸引客户，从而获得市场竞争中的主动地位的经营战略。

采用经营特色战略法的好处是：这种经营特色一旦建立起来就具有很强的竞争力，因为它能博得客户的信任，满足客户需要，所以具有经营特色的企业就能比较长远地树立其优势地位而不被其他企业所代替。值得一提的是，这些经营特色往往与企业的大小没有直接关系，小企业同样可以在市场上同大企业展开竞争。经营特色的塑造可以从多方面开展，维修质量、技术素质、检修速度、服务水平、生产管理、品牌维修、专项维修等多方位、多角度都可以通过开发，使企业在行业中独树一帜，成为与众不同的、能够满足客户需求的专业典型。

2. 经营特色与经营成本

塑造经营特色一般要以成本提高为代价，如品牌专业维修、高级设备购置、特种经营服务、配件高效供应、客户附加服务、专业人才聘用等，都需要比同行业竞争对手付出更大的成本。对于采用经营特色战略法的新建汽车维修企业来说，处理好经营特色与成本之间的关系是投资成功的关键。

正确处理好经营特色与成本之间的关系必须以下面三个因素为基础。

（1）企业的经营能力，即企业能否在激烈的竞争中长期保持住自己的经营特色。市场是不断变化的，新建汽车维修企业付出巨大代价塑造的经营特色往往会成为行业对手仿效的对象。新建汽车维修企业务必做到人无我有，人有我新，人新我变。

（2）成本差距。在与其他企业相比成本差距太大时，客户就有可能放弃特色因素而重视价格。

（3）市场的发展状况。一般来说，当维修技术或服务水平达到成熟阶段，客户对企业的经营特色兴趣会降低而转向低价的维修服务。

3. 经营特色的选择

投资经营者在对行业发展状况、周边维修企业分布状况、车源分布、经营档次进行了认真调研和科学分析之后，必须选择切实有效的经营特色。经营特色的选择是投资经营的战略核心问题，是一件极端重要而又非常困难的管理任务，应当遵循一定的程序。

2.2.7 投资回报率及资金回报周期分析

新建汽车维修企业，无论其规模大小，从策划到实施，其全过程都是一项非常复杂的系统化过程。在对车源分布、周边维修企业分布状况、经营特色、经营档次、投资分析、配件渠道这六个方面进行了科学准确的可行性分析后，应该对最后一环，也就是最关键的环节——投资回报率进行系统分析。

在对投资回报率进行分析时，资金回报周期必须列入考虑范围。管理者在投资过程中，必须根据行业发展趋势，结合企业自身经营状况，测算出资金回报周期，作为投资回报率的参考依据。根据资金回报周期，参考投资经营者的资金返还意向，对投资回报率进行综合分析，然后根据比较结果，做出管理决策：是修改整体规划还是修改资金回报周期。若要修改资金回报周期，必须对资金来源、资金流向及前期成本进行分析，对后期成本及投资回报率的递增率进行预算。

1. 资金来源

如果资金来源于银行贷款，需要每月付息还贷，那么必须根据贷款数额，尽可能缩短资金回报周期，降低投资风险。如果资金来源于公司借款，需要物资抵押，那么必须根据还款期限，合理配置资源，充分发挥资金的时间价值。如果资金来源于行政拨款，伸缩性较强，那么需要利用资金来源这一优势，在资金回报周期内不断挖掘市场潜力，创造企业发展的源动力，真正达到投资目的。

2. 资金流向

资金的生命在于运动，只有良好的资金流向才能尽可能地发挥资金的时间价值，尽可能地缩短资金回报周期。企业在投资经营的前期，应当将重点投资项目放在经营特色的塑造上，如人力资源、技术力量、专业设备、车间改造、特种服务等切合企业实际的项目。资金流向，尤其是前期投资，直接关系到投资经营的成功与否。

3. 成本综合分析

投资前期应将重点放在经营特色的塑造上，尽管在投资前期成本不能得到回收，但是从长远利益来看，这种做法不仅不是一种错误的投资，而且把经营特色作为企业发展的依靠，必将为企业带来巨大的经济效益。短期内回报率低，这是正常现象，因为新建汽车维修企业要在激烈的竞争中站稳脚跟，找到市场立足点，必定有一个适应阶段，要付出一定代价。在塑造经营特色项目上投资，就是要找准市场定位，树立经营特色，并将这些作为今后企业发展的源动力；然后再根据市场行情，结合企业发展前景，抓好重点投资项目，做出科学决策，才能保证资金顺利收回。投资过程的前期，成本很高而回报很少，投资回报率当然会较低，但是从投资的全过程来看，随着时间的推移，投资回报率呈逐渐递增趋势。如果维修企业的经营特色得到社会的认可，服务质量得到客户的好评，新车源在公众的舆论下得到开发，宣传逐步到位，投资回报率就会迅猛递增。在特定情况下，将资金回报周期适当延长，用时间换取经济增长的递增率，才是客观务实的经营。

投资回报率及资金回报周期是衡量企业投资成败的最关键要素，投资经营者必须对维修市场进行认真调研，对行业状况进行准确剖析，对企业经营状况进行周密考虑，对投资方案进行科学分析，然后做出投资决策，新建的汽车维修企业才能在市场竞争中立于不败之地。

下面是几种类型汽车维修企业的投资决策。

（1）小型汽车维修企业投资决策。小型汽车维修企业投资规模如下。

- 厂房、车间：500m^2；
- 停车场面积：120m^2；
- 员工人数：15～20 人；
- 月营业额：20 万元；
- 年营业额：200 万元。

① 模式一：厂房、车间新建。

- 厂房、车间投资：60 万元；
- 设备、工具投资：60 万元；
- 流动资金：30 万元；
- 总投资：150 万元；
- 投资效益年：

利润率=15%
年利润=200×15%=30（万元）
年折旧=（本期投资+设备投资）×年折旧率（按 10%计）
=（60+60）×10%=12（万元）
投资回收期=（总投资–流动资金）/（年利润+年折旧）
=（150–30）/（30+12）=2.8（未计利息和残值）

结论：投资回收期为 3 年。

② 模式二：厂房、车间租赁。

- 厂房、车间租金：1 万元/月（一年 12 万元）；
- 设备、工具投资：60 万元；
- 流动资金：30 万元；
- 总投资：90 万元；
- 投资效益年：

利润率=15%
年利润=200×15%=30（万元）
年折旧=（本期投资+设备投资）×年折旧率（按 10%计）
=（0+60）×10%=6（万元）
投资回收期=（总投资–流动资金）/（年利润+年折旧）
=（90–30）/（30+6）=1.6（未计利息和残值）

结论：投资回收期为 2 年，因此租赁合同至少要签订 2 年以上。

（2）中型维修企业投资决策。中型汽车维修企业投资规模如下。

- 厂房、车间：10 000m^2；
- 停车场面积：400m^2；
- 员工人数：40～60 人；
- 月营业额：40 万元；
- 年营业额：400 万元。

① 模式一：厂房、车间新建。

- 厂房、车间投资：200 万元；

- 设备、工具投资：80 万元；
- 流动资金：50 万元；
- 总投资：330 万元；
- 投资效益年：

利润率=15%

年利润=400×15%=60（万元）

年折旧=（本期投资+设备投资）×年折旧率（按 10%计）

=（200+80）×10%=28（万元）

投资回收期=（总投资–流动资金）/（年利润+年折旧）

=（330–50）/（60+28）=3.2（未计利息和残值）

结论：投资回收期为 3 年半。

② 模式二：厂房、车间租赁。

- 厂房、车间租金：4 万元/月（一年 48 万元）；
- 设备、工具投资：80 万元；
- 流动资金：50 万元；
- 总投资：130 万元；
- 投资效益年：

利润率=15%

年利润=400×15%=60（万元）

年折旧=（本期投资+设备投资）×年折旧率（按 10%计）

=（0+80）×10%=8（万元）

投资回收期=（总投资–流动资金）/（年利润+年折旧）

=（130–50）/（60+8）=1.2（未计利息和残值）

结论：投资回收期为 1 年半，因此租赁合同至少要签订 2 年。

2.3 问题的提出和目标的确定

投资兴建的将是一个什么样的维修企业？谁是企业的客户？客户需要的是什么？哪个细分市场是最有发展前途的？如何塑造经营特色的市场？

要回答这些问题就要进行系统分析，以摆脱行业发展现状的束缚，充分发挥创造能力。

1．战略分析

（1）市场细分：根据车源状况、客户需求特点，结合企业优势，确定目标特色。

（2）行业组织分析：对维修行业集中度、企业之间的差别、行业壁垒进行深入分析。

（3）同行竞争对手分析：包括竞争对手的长期目标和战略、技术经济实力和经营能力、领导者和管理背景。

2．战略选择

（1）专一化战略。主攻某个特殊的细分市场，如品牌特约维修，或某一专业、专项修理。这一战略依据的前提是：企业经营业务的专一化能够以更高的效率、更好的效果为某一狭窄的战略对象服务，从而在某一方面或某一点上超过那些有较宽业务范围的竞争对手。北京市大兴区某汽修厂建厂初期的市场定位是高新技术的维修，但是由于技术实力不够，经济实力也并不雄厚，附近一些厂家也都是维修高级轿车的，该厂在修过几次自动变速器后，发现本厂在自动变速器的维修方面，比附近汽修厂略有优势，经过市场调研、科学分析，该厂决定集中技术力量和资金搞自动变速器维修技术攻关，并以此作为经营特色。此举满足了客户需要，提高了服务质量，优化配置了技术资源和流动资金，使本厂经济效益迅速得到提高。

（2）差别化战略。这种战略就是使企业在维修行业中别具一格，具有独特性，并且利用有意识形成的差别化建立起差别竞争优势。实现差别化战略可以有多种方式，如树立企业形象，设计最优化的修理工艺，在对客户服务上别具一格，采用“四位一体”甚至连锁经营服务模式等。尽管追求差别化需要增加成本，但是可以通过利用差别化带来的边际利润来补偿。经营特色是维修企业经营发展的方向，是企业具有活力的因素。经营特色的塑造是规划企业经营的方法，是企业生存的命脉。新建汽车维修企业，投资前对市场行情、车源分布、经营档次务必进行科学考察，以此做出经营特色战略的准确决策，企业才能有可持续发展的源动力。

2.4 新建维修企业厂区规划要点

1．地理位置的选择

厂区地理位置的选择应遵循以下原则：道路周围容易看见该厂，车辆进出方便；交通方便，靠近公共汽车站和出租车站；交叉点或环形交叉；四方形且平坦；正面宽度 40m 以上；不存在发生洪水、地陷等自然灾害隐患；无高层建筑、天桥、高架线等外观障碍物，市政在今后也无此类计划；供电、供水、排污都比较方便；地点费用经济。

2．厂区布置要求

（1）企业形象宣传。从厂区外观到内部装修、布置颜色、标志应统一规划；在关键路段、路口设置醒目厂牌。

（2）车主或客户进厂顺利。为使车主或客户进厂顺利，应注意做好以下工作：在沿途关键路段和路口设置厂牌，并标明指示方向；最好在厂区内设立厂区地图或引导招牌；厂区内做路面引导标示；车主或客户停车车位易发现且易到达；接待处应设车主或客户第一眼就能够看到的地方，并有醒目的标志；工作人员佩戴明晰的服务标示牌。

（3）进门有良好印象。让客户一进门就有一个好的印象非常重要，为此要做好以下工作：统一的内外装潢，标志醒目且美观；接待厅布置宽敞明亮，通风条件好；服务柜台式样新颖大方，色调和谐，高低适当，便于接待员随时观察到车辆的进出；客户进门时业务人员有欢迎词，大厅两边有企业服务项目的简介，墙上悬挂汽车宣传画。

（4）抬头接待服务内容醒目。业务接待柜台、零件销售柜台、收款柜台的三块标志牌颜色及文字醒目。

（5）让车主或客户有安全信任感。设立技术部，展示先进的仪器仪表和完备的技术资料；设立高级轿车维修车位，并且让车主或客户能在休息厅里直接观看到，或在监控电视上观看到高级轿车维修的全过程；展示有魅力的用品和零件，让车主或客户能直观地看到、感到配件充足、质量正宗、使用放心。

（6）出厂让客户放心。设立三包服务、跟踪服务柜台、用户投诉柜台和救援热线服务电话，显示企业维修技术、质量、服务的深度。

（7）让车主或客户感到舒适。设立宽敞舒适的客户休息室，休息室内要提供娱乐设备、报纸杂志和饮料。

（8）车间给车主或客户一种科学、合理、信任的心理感受。应该设立以下工位、车间或设施：检测诊断工位、高级轿车维修专用工位、快修工位、更换机油定期保养作业工位、一般维修工位和通路、总成大修车间和电气修理车间、先进的检测诊断仪器设备台、先进适用的维修专用工具箱、合理布局的零件仓库和工具库房、干净的洗车场、维修专用停车场等。

（9）合理的辅助供应区位。这些区位包括：油料供应站、空气泵房、废料和旧料堆放区。为防止噪声影响，钣金车间应与其他车间分隔开来。

（10）为了厂区的安全，生活区应与生产区隔离开来。

2.5 新建维修企业规模

随着全球经济一体化的发展及国内汽车维修行业与国外汽车维修行业之间交流的加深，业内人士越来越多地在谈论汽车修理厂（店）的大或小的问题，这似乎是影响着中国汽车维修业的生存以及与国际接轨、增强国际竞争力的问题。

尽管不会有任何两个厂家的经营风格完全相同，但在汽车维修行业中，修理厂（店）规模的大小会带来经营方式上的很大差异。这种差异，造成了各自市场定位以及占有率方面的不同。但不管经营方式有什么差异，有一点是相同的，那就是无论维修厂家或大或小，都要为顾客提供及时的维修和保证质量的工作。

1．汽车维修企业大规模投资的优势

在美国得克萨斯州，有一个叫 Huffinesg 的事故车修理中心，这在美国是一个大规模运作的例子。2003 年，Huffinesg 的两家事故车维修店共创利 1700 万美元，Lewisville 碰撞中心是其中的一家，这里大约有 74 名员工，他们与 16 家保险公司签订了直接维修协议，店铺面积也已经从 16 000 平方英尺变成了 45 000 平方英尺。

正如人们所想象到的，要想管理像 Huffinesg 一样的店和管理一家小店是截然不同的。像 Huffinesg 一样的维修中心会有许多的管理级别和管理职能。

其实在我国，也有像 Huffinesg 这样规模的修理店，甚至比其规模大得多的修理店也有很多。可以说，我国的一类维修企业都比 Huffinesg 在规模上要大得多，但获利能力却相差甚远。

据统计，到目前为止，全国共有汽车摩托车维修企业近 35 万家，其中一类企业 1 万家，二类企业 5.8 万家，年维修产值 300 多亿元，其中一类维修企业的产值占了国内维修总产值的 61%。另外，大与小没有一个严格的区分标准，它往往是人们的直观感受。大的汽车修理厂一般都经过了多年的发展，在设备、技术水平及维修人员的素质上，都形成了一定的规模，因而在实际的修理过程中就形成了显而易见的优势。这种优势表现在客户身上就是客户对这种修理厂的信任。他们往往愿意花很长时间，有时宁愿忍受着交通不便、维修服务态度差以及维修费用高等情况给自己带来的不悦，也不愿意去小的维修店，他们相信大厂的实力，虽然这种实力不一定是真实的。

在很长一段时间内，路边店的蓬勃发展给一些大厂带来了竞争上的压力，客源也随之流出了一部分。但实际上，经常光顾路边店的常常是一些贪图便宜的司机，或者所需要维修的部位对整车的主要性能影响不大；而真正懂得爱护车辆的司机一般很少光顾路边店，这种店从外观形象上就给人一种不信任的感觉，更不用说维修质量了。

2．汽车维修企业小规模投资的优势

维修厂因为小而不具备大维修厂的优势，从设备、技术到人员的配置，但小维修厂的灵活性，却是大厂所无法比较的。因为小，它可以采取一个经理负责制，直接管理维修技术人员，可以直接决定维修费用。只要他愿意，也可以决定在厂车辆什么时候出厂，不需要像大厂一样一切按程序进行，从而导致维修时间的延长。据调查，80%的客户反映在大维修厂维修时间过长，维修费用过高，而这些，正是小维修厂的竞争优势。

过去，我国汽车保有量低，汽车维修业不发达，在人们的观念里，往往把小维修厂与路边店等同起来。实际上，真正的小维修厂并不是所谓的路边店，它们往往拥有某些独到的维修技术，或者由于客观条件所限不能往大的规模发展。小的维修厂由于人员配置不多，而绝大部分又提倡技术领先，旨在帮助客户解决疑难问题，所以面对的管理问题相对较少，不用像大厂那样建立一个庞杂的管理系统，这样就有利于技术创新。

小维修厂的另外一个好处就是可以提供特别的服务，这也往往是大维修厂所不在意的服务领域，因为它们只注重大买卖。在小厂里，商务运作也许很慢，更多的时间耗费在特别的工作上，提供特殊服务。因此，我们常常会听到这些小厂经理说：小厂的小规模经营，维修质量并不比大厂的差。

3．大与小互为前提

大的汽车维修厂因为规模大，给顾客一种信任感；而同时，因为大，也带来了管理上诸多复杂的问题。国内的大型维修厂绝大部分是计划经济体制下的产物，人员庞杂，非生产性人员比例过大，这一方面造成劳动生产率的下降，另一方面也造成管理环节过多，直接导致管理成本的升高。从接车人员到车辆修好出厂，以及后勤保障，每一个环节都是一个小型的系统，每一个系统都要有人的管理。

大的汽车维修厂要给客户一种信任感，需要在维修的硬件、软件上进行大量的投资，添置先进的检测维修设备，聘请高素质的技术人员，修建空调客户休息室，增加客户娱乐设备，以及对外形象宣传，这些项目的投资，增加了成本，导致的直接结果，就是客户维修费用的提高，以致引起客户不满。这是维修厂与客户之间的矛盾。

小的维修厂由于厂小，不容易像大厂那样在顾客以及汽车厂商心目中树立一种信任感，导致不会像大厂一样顾客盈门，往往处于维持的状况，即使拥有某些独到的维修技术，但在对外宣传上投资不够，也会造成“养在深闺人未识”的局面。

在市场中，大与小都是相对而言。不管是大还是小，最重要的就是要根据自己的实际情况制定切实的市场战略。实际上，很多汽车维修厂很少去研究市场营销的问题，而只注重开门修车。汽车维修作为一项对客户的服务，也存在如何让客户认可的问题。

正像有的人喜欢去杂货店里买东西而有的人喜欢去大型超级市场一样，大店、小店都有自己的客户群体，要想生意兴隆、顾客盈门，关键就是要根据自己的维修经验，提供最好的维修质量和尽可能最完备的服务，让客户全方位满意。

2.6　做出经营决策

通过对以上各方面的分析，投资者应当做出经营决策。

1．如何做出选址决策

为了比较精确地对周边维修企业的状况进行分析，不妨将市场调研项目量化，采用打分制，根据每个项目的具体情况，给出0～10的得分，然后根据分析的需要进行汇总，见表2.1。

表2.1 周边维修企业状况分析表

调研项目	备注	得分
企业类别	一、二、三类企业及专修店	
生产效益	从市场占有率、人均产值等多方面分析	
经营规模	综合经营能力强弱	
服务水平	管理体制是否健全，综合服务水平如何	
管理背景	主管是否依托其社会关系拉客户，是否长期稳定	
技术实力	技术人员数量，能否适应新技术挑战	
维修设备	设备能否满足维修需求，折旧率	
车源状况	客户群体是否单一或稳定	
主要车型	维修车型及其专业化程度	
经营特色	该特色能否长期吸引客户	

在对周边维修企业进行市场分析时，对每一个维修企业都做出这样一个市场分析表，在做出投资决策和经营决策时，只要将这些量化了的项目进行横向和纵向比较，投资者就可以非常清楚地知道该怎么做出投资或经营决策。

将表2.1中的各项得分经过汇总，看最后得分是多少。对周边每个维修企业都进行调研，做出以上表格，用所有企业的总体得分再次汇总，除以企业总数，即可得到平均分。如果平均分高于60分，那么即可在此投资经营；如果平均分低于60分，则不宜在此投资。

如果周边维修企业数量较多，而且生产效益都较好，实力比较雄厚，车源相对稳定，而且被现有市场的维修企业所垄断，那么就应该重新选址。一个企业刚进入市场就用有限的力量去应付强手如林的竞争局面，必定要付出巨大代价，而且投资也难以保证顺利收回。投资者应当做出明智决策，选择容易切入市场的地理位置。

周边维修企业，即竞争对手的能力是参差不齐的。任何企业，无论其规模大小、能力强弱，都不能包打天下。市场的需求是丰富多彩的，任何地方都存在商机，关键要看投资经营者如何对周边维修企业状况进行科学分析，找到潜在的商机。

2. 如何做出投资决策

如果投资者经过市场分析，决定在某处投资，那么如何利用好市场分析表做出投资决策呢？

（1）确定竞争范围。选好了竞争范围，实际上就是找准了市场突破口。表2.1中的每一个项目都可以成为投资者所选择的市场突破口，如果将每个企业的单个项目得分汇总，再除以企业总数即可知道该地区在某个项目上的平均水平，如该地区的技术水平、服务水平、规模状况等。哪个项目的平均分比较低，即可将此项目作为投资经营者的竞争范围或市场突破口。

需要注意的是，分析市场不能只注意表面现象，市场状况每时每刻都在变化，在对周边维修企业状况进行分析时，一定要注意对潜在市场的分析，对各项目的状况进行市场预测。

（2）确定竞争对象。确定了竞争范围，下一步就是要确定竞争对象。竞争对象就是那些在竞争范围内的某些特定项目上实力相对雄厚的企业。找准了竞争对象，就要和他们展开竞争。但需要注意的是，竞争并不一定是全方位的，要根据企业自身的实际情况，确定竞争要素。

确定竞争要素，一定要全面参考行业动态、市场行情和自身企业实情，需要注意以下两个问题。

① 不要仿效周边维修企业的经营模式，最好能别具一格；在自身资金实力不够的情况下，应当采用低成本战略法，可以从简化维修工艺、加快维修速度、削减管理费用、配件低价供应等多方面入手。当维修费用相当于或低于周边维修企业时，低成本就会转化为高收益；竞争的目的不是为了挤垮竞争对手，而是为了更好地为客户服务，只有树立了这种服务意识，新建汽车维修企业才能长期产生良好的生产效益和社会效益。

② 周边维修企业状况是投资者首要考虑问题，只有对其进行周详的市场调研，得到准确而科学的信息，在做出投资决策时才有章可循，从而使新建汽车维修企业在进入市场之后争取到主动地位，并使资金得到顺利收回。

习题 2

1. 填空题

（1）企业投资方往往重视可行性报告中________的部分，而对__________或不利因素几乎没有考虑或考虑甚少，即使考虑到不利因素，也被一些主观想象所否定，在这种观念下产生的企业是相当脆弱的。

（2）可行性的再分析可大致分为七个内容：________________、周边维修企业分布状况、经营档次、______________、配件渠道、_____________和____________。

（3）经营规模小、资源有限的企业，虽然实力不够雄厚，可以集中资源，通过选择能使企业发挥自身优势的细分市场来进行__________的经营。其市场营销的重点是：寻求新的________、采用适当的________策略等。

2. 判断题

（1）竞争对象就是那些在竞争范围内的某些特定项目上实力相对雄厚的企业。（　）

（2）汽车维修企业不管经营方式有什么差异，有一点是相同的，那就是无论维修厂家或大或小，都要为顾客提供及时的维修和保证质量的工作。（　）

（3）汽车维修企业小规模投资，设备、技术及人员的配置合理，有很大的灵活性，它可以采取一个经理负责制，直接管理维修技术人员，成本低，是大厂所无法比拟的。（　）

（4）只有最合理的经营规模才能产生尽可能大的经济效益，经营规模小的企业，照样可以产生巨大的经济效益。（　）

（5）经营特色的选择是投资经营的战略核心问题，这是一件极其重要而又非常困难的管理任务。（　）

3. 简答题

（1）如何让车主或顾客有安全信任感？

（2）谈谈你对汽车维修企业经营特色的看法。

（3）请参照投资决策案例，自己决定投资额度，进行投资决策计算。

第 3 章　汽车维修企业成立

学习任务

通过本章的学习，了解汽车维修企业类别和成立的基本条件及基本程序，特别是国家标准 GB/T 16739.1～2—2004《汽车维修业开业条件》的实施（2005 年 1 月 1 日开始实施），了解汽车维修企业必须具备的人员、组织管理、设施、设备等要求与 GB 16739—1997 有何区别。

知识要点

- 汽车维修企业的分类主要依据生产规模、拥有的主要生产设备和检测设备、技术人员及生产技术工人的数量等因素。
- 汽车维修企业的开业条件是按维修企业类别的不同，规定相应的开业标准，以满足企业正常的工作秩序和确保维修质量。
- 道路运政管理机构在受理筹建立项申请时，申请人应提交的文件如下：
  - ➢ 经营项目、营业场所、法人代表或经营业主、职工人数、经营规模等书面资料。
  - ➢ 合法有效的资信证明或资金担保书。
  - ➢ 申请具有法人资格的企业应有可行性报告及主管部门的立项批准书；无主管部门的企业或经营业主应提交城市街道或乡镇以上人民政府的证明。
  - ➢ 法律、法规和规章及应提交的其他资料。

3.1　汽车维修类别及其作业范围

企业登记管理是工商行政管理机关根据国家授权，以国家相关法规、政策为依据对企业进行审核登记，从而实行登记和监督的一种行政管理制度。根据我国现行汽车维修行业现状，从汽车维修的类别和主要作业内容来看，各维修类别的作业内容和复杂程度有很大的区别，汽车维修企业作业所要求的技术条件也相差悬殊，因此国家工商行政管理机关对汽车维修企业进行了分类，这就使得不同类别的汽车维修企业进行登记时也有所区别。

3.1.1　汽车维修企业分类的必要性

汽车维修行业是一个技术复杂的服务性行业，各企业的规模、经营项目差异非常大。各汽车维修企业的技术水平、设备条件、厂房场地面积、人员的技术素质和其他生产设施等各不相同。为使汽车维修企业管理系统化、规范化、科学化，促进汽车维修企业提高维修质量，提高生产效率和经济效益，方便广大汽车用户，必须实行分类管理。

汽车维修行业管理部门根据以下条件制定各类汽车维修企业的开业条件，以确定和划分汽车维修企业的类别，并限定其经营的范围：

（1）生产规模；

（2）拥有的主要生产设备和检测设备；

（3）技术人员、生产技术工人的数量、工种的配备和技术素质；

（4）维修质量的质量保障体系及各种质量管理制度的完善程度；

（5）汽车维修企业的生产厂房、场地面积，以及生产、生活实施条件；

（6）汽车维修的技术标准、工艺文件、操作规程等的完善程度；

（7）各种计量器具是否齐全，是否符合国家的有关规定；

（8）汽车维修企业在环保、消防等方面的条件是否符合国家的有关规定；

（9）汽车维修企业的经营管理水平；

（10）汽车维修企业占有的流动资金和汽车维修配件的储备能力等。

汽车维修行业管理部门根据上述条件在汽车维修作业中的影响和作用，指定各类汽车维修企业的开业条件，确定和划分汽车维修企业的类别并限定其经营范围。

3.1.2 汽车维修企业类别及其作业范围

汽车维修是汽车维护和修理的泛称，按定义和类别可分为汽车维护和汽车修理两类。

1. 汽车维护的类别及主要作业范围

汽车维护的类别是指汽车维护按汽车运行间隔期限、维护作业内容或运行条件等划分的不同的类别或级别。其中，运行间隔期限是指汽车运行的里程间隔或时间。汽车维护的主要类别和主要作业内容如下：

（1）定期维护。定期维护指按技术文件规定的运行间隔期限实施的汽车维护，在整个汽车寿命期内按规定周期循环进行。按《汽车运输业车辆技术管理规定》中的汽车维修制度，汽车维护分为日常维护、一级维护和二级维护。各级维护的周期和主要作业内容如下。

日常维护：是日常性作业，每日由驾驶员出车前或收车后进行，中心内容是清洁、补给和安全检视等。

一级维护：由专业维修工在维修车间或维修厂内进行。间隔里程周期一般为1000～2000km。其作业的中心内容除日常维护作业内容外，以检查、润滑、紧固为主，并检查有关制动、转向等安全系统的部件。

二级维护：由专业维修工在维修车间或维修厂内进行。间隔里程周期一般为10 000～15 000km。其作业的中心内容除一级维护作业内容外，以检查、调整为主，并拆检轮胎，进行轮胎换位。

在《汽车运输业车辆技术管理规定》中，取消了原制度规定的以解体检查为中心内容的三级维护，要求在车辆维护前就应进行技术检测和技术评定，根据检测和评定结果确定附加作业项目，结合二级维护一并进行。

上述汽车定期维护的周期和作业内容只是一些基本原则，由于车型和运行条件不同，使用的燃料和配件质量的差异，导致各级维护作业的深度和周期有很大的差别。所以，可根据具体情况，按车辆使用手册上的要求确定其维护周期和作业内容。

（2）季节性维护和主要作业内容。为使汽车适应季节变化而实行的维护称为季节性维护。一般来说季节性维护可结合定期维护一并进行。主要作业内容是更换润滑油，调整油路、电路，对冷却系统的检查维护等。

（3）磨合维护和主要作业内容。磨合维护是指新车或大修车磨合期内实施的维护。主要作业内容除特别注意做好例行维护外，要经常检查、紧固外露螺栓、螺母，注意各总成应更换润滑油，并注意清洗，连接件要进行紧固，对各运行副件的间隙进行调整。

2. 汽车修理的类别及主要作业范围

汽车修理的类别是按修理对象、作业深度形式来划分的，可分为汽车大修、总成修理、汽车小修、零件修理和视情修理。

（1）汽车大修：用修理或更换汽车零部件的方法，恢复汽车的完好技术状况或安全（或接近安全），恢复汽车寿命的恢复性修理。汽车大修是对整车进行解体，对所有零部件进行检验、修理或更换。汽车大修的期限随着汽车产品质量、使用条件和平时维护状况的不同而有很大差异。车辆技术管理部门应对接近大修额定里程的车辆加强状态监控，并结合维护进行定期检测，做好技术鉴定工作，同时根据汽车大修的送修条件及时送修。

（2）总成修理：是为了恢复汽车某一总成的完好技术状况、工作能力和寿命而进行的作业，也就是总成在经过一定使用期限后，其基础件和主要零部件破裂、磨损、老化等，需要拆散进行彻底修理，以恢复其技术状况。主要总成包括发动机、车架、车身、变速器、后桥、前桥等。送修前要进行技术鉴定，达到送修条件的按规定送修。

（3）汽车小修：是用修理和更换个别零件的方法，保证或恢复车辆工作的运行性修理。主要是为了消除车辆在运行过程中和维护作业中发生或发现的故障和隐患。

（4）零件修理：是对因磨损、变形、损伤等不能继续使用的零件进行修复，以恢复其性能和寿命。它是节约原材料、降低维修费用的一个重要措施。当然，零件修理必须考虑到是否有修复的价值和符合经济的原则。

（5）视情修理：是指按技术文件规定对汽车技术状况进行诊断或检测后，决定修理的内容和实施事前的修理，也是根据鉴定结果确定修理的级别和项目。

3. 汽车维修企业分类

从汽车维修的类别和主要作业内容可以看出，各维修类别的作业内容和复杂程度有很大的区别，维修作业所要求的技术条件也相差悬殊。汽车维修企业类别的划分就是按其完成维修作业的最高类别来确定的。按照国家标准 GB/T 16739.1～2—2004《汽车维修业开业条件》规定，汽车维修企业按经营项目分为三个类别：

一类汽车维修企业（汽车大修）是从事汽车大修和总成修理生产的企业。此类企业也可从事汽车维护、汽车小修和汽车专项修理生产。

二类汽车维修企业（汽车维护）是从事汽车一级维护、二级维护和汽车小修作业的企业。

三类汽车维修企业是专门从事汽车专项修理（或维护）生产的企业和个体经营户。专项修理（或维修）的主要内容有：车身修理、涂装、坐垫及内饰、电器仪表、蓄电池、散热器、空调、润滑系统维护、车身清洁维护等。汽车维修企业可根据自身的条件，申请从事一项或数项专项修理作业。

随着汽车行业管理工作的深入，摩托车修理已在很多地方纳入汽车维修行业管理范围，并把它归入三类汽车维修企业。

这里要说明的是，在实际工作中，有的汽车维修企业专门从事某一车型的维修，如汽车制造厂设立的维修中心、特约维修站等，不属于三类汽车维修企业。因为对某一单一车型的维修也包括汽车的大修、总成修理和各级维护及小修，对于这种情况，应按其作业内容确定该企业相应类别。

3.2 汽车维修企业开业条件

汽车维修企业开业条件是指为保证汽车维修的正常生产和维修质量，各类汽车维修企业所必须具备的设备、设施、人员素质等条件。它是根据各类汽车维修企业的经营范围确定的。在《机动车维修管理规定》中规定：各类汽车维修企业和个体维修户必须具备与其经营范围、生产规模相适应的维修厂房和停车场地，且必须符合国家环境保护的要求。不准利用街道和公共场地停车和进行作业。

3.2.1 汽车维修企业开业条件

国家标准 GB/T 16739—2004《汽车维修业开业条件》规定，整车汽车维修企业允许最大作业深度为汽车大修。从维修作业内容说，汽车大修是一种比较复杂的综合作业，涉及汽车清洗、拆装、机械加工、零部件修理、电器修理、油漆、钣金等多个工种。每个工种都要求有特定的生产环境和专用、通用的检测设备，需要各工种的技术工人。因此，要能够完成汽车大修生产作业，就要求从事汽车大修的维修企业在生产场所、设备、设施、人员素质、流动资金以及安全、环保等方面必须具备相应的条件。国家标准 GB/T 16739—2004《汽车维修业开业条件》中规定了汽车整车维修企业必须具备的生产场所、设备、设施、人员素质、流动资金以及安全、环保等方面的条件，具体如下。

1．一类汽车维修企业开业条件

（略）

2．二类汽车维修企业开业条件

（1）设备条件。

① 清洁作业设备。主要包括汽车外部清洗设备、零件清洗设备。

② 补给、润滑、紧固作业设备。主要包括举升设备或地沟、机油加注器、齿轮油加注器、各种工作介质加注器、轮胎螺母拆装机或专用拆装工具、悬架弹簧螺栓螺母拆装机或专用拆装工具。

③ 试验、检测与诊断设备。主要包括发动机综合检测仪、汽缸漏气量检测仪、曲轴箱窜气测量仪、工业纤维内窥镜、润滑油质量检测仪（润滑油分析仪）、废气分析仪（从事汽油车维修）、烟度计（从事柴油车维修）、电控汽油喷射系统检测设备（从事电控汽油喷射式轿车维修）、专用自动检测设备（允许外协）、四轮定位仪（从事轿车维修）或转向轮定位仪、转向盘转动量检测仪、车轮动平衡机、车速表试验台（允许外协）、电器试验台、前照灯检测设备。

④ 专用设备。主要包括磨气门机、气门座铣削及气门与气门座研磨设备或工具、制动鼓和制动盘修理设备、制动蹄摩擦片和制动块修理设备、轮胎轮辋拆装设备、喷烤漆房（从事轿车维修）或喷漆设备、充电机。

⑤ 通用设备。主要包括钻床、电焊设备、氧-乙炔气焊设备、钎焊设备、液压或机械压力机、空气压缩机、砂轮机、钳工工作台及设备。

⑥ 计量器具。主要包括外径千分尺、游标卡尺、内径百分表、内径千分表、平尺、平板、前束尺、汽缸压力表、发动机检测专用真空表、万用表、塞尺、电解液密度计、转速表等，这些计量器具须经计量检定机构检定，并取得计量检定合格证。

（2）设施条件。生产厂房和停车场的结构、设施必须满足汽车维修和汽车小修作业的要求，以符合安全环境保护、卫生和消防等有关规定，地面应坚实、平整。停车场地界标志明显，不准占用道路和公共场所进行维修作业和停车；厂房和停车场的面积应与其生产纲领和生产工艺相适应，主要总成和零部件的维护和小修作业应在生产厂房内进行。主要设备应设置在生产厂房内。主生产厂房面积应不少于 200m^2，停车场面积应不少于 150m^2。

（3）人员条件。在二类汽车维修企业技术管理人员中，应至少有一名具有本专业知识并取得任职资格证书、为本企业正式聘用的助理工程师或技师以上的技术人员负责技术管理工作。

技术工人工种设置应与其从事的生产范围相适应，各工种技术工人数量应与其生产纲领、生产工艺相适应，直接生产工人应不少于 15 人。各工种技术工人必须经过专业培训，取得了上岗证后，才能持证上岗。各工种均由一名熟悉本工种技术的技术工人负责，其技术等级分别为：汽车发动机维修工、汽车底盘维修工、汽车维修电工、汽车维修钣金工、汽车维修漆工为中级；其他工种不低于初级。

二类汽车维修企业质量检验工作必须由专人负责。质量检验人员必须经过交通主管部门专业培训、考核并取得了“质量检验员证”后，持证上岗检验。应至少有两名质量检验员；至少配备一名经正规培训取得了正式机动车驾驶证的试车员，其技术等级不低于中级汽车驾驶员。试车员可由质量检验员兼任。

二类汽车维修企业应有两名经过专业培训并取得“会计证”的财务人员，其中有一名为经过行业培训的财务结算人员。

（4）质量管理及其他条件。国家标准 GB/T 16739—2004《汽车维修业开业条件》规定，二类汽车维修企业必须具备并执行汽车维修技术国家标准和行业标准以及汽车维修相关标准；必须具备所维护、小修汽车的维修技术资料；应具有进厂检验单、过程检验单、竣工检验单、维修合同文本和出厂合格证等技术文件；应具有并执行保证汽车维修质量的工艺文件、质量管理制度、检验制度、技术档案管理制度、标准和计量管理制度、机具设备管理制度及维修制度等。

对于安全生产、环境保护等方面，国家标准规定，企业应有与其维修作业有关的安全管理制度和各工种、各机电设备的安全操作规程；对有毒、易燃、易爆物品，粉尘腐蚀剂，污染物，压力容器等均应有安全防护措施和设备；企业的环境保护条件必须符合国家的环境保护法律、行政法规和国家环境保护部门的规章、标准；应积极防止废气、废水、废渣、粉尘、垃圾等有害物质和噪声对环境的污染与危害，按生产工艺安装、配置的环保设置设施应齐全可靠，符合环境保护法律、法规规章、标准的规定。

中外合资（合作）的二类汽车维修企业除应具备合资（合作）维修企业特定的条件，还必须具备国家标准规定的各项条件。

特约维修中心（站）进行二类汽车维修企业生产范围内的维护和小修作业时，必须具备国家标准规定的各项条件。

企业承担车辆救援维修业务，还应配备牵引车辆或救援维修工程车和通信工具等。

企业流动资金应不少于 10 万元。

3．三类汽车维修企业开业条件

三类汽车维修企业是专门从事汽车专项修理（或维护）生产的企业和个体户。国家标准《汽车维修开业条件》（第 3 部分：三类汽车维修业户 GB 16379.3—1997）规定了专项修理业户项目和设备、设施、人员、流动资金条件，见表 3.1，汽车专项修理业户可根据自身条件，从事其中一项或数项专项修理作业项目。

国家标准明确规定：业户配备的设备型号、规格和数量，生产厂房和停车场的面积，各工种技术工人的数量应与其生产纲领、生产工艺相适应；设备技术状况应完好，能满足加工、检测精度要求和使用要求；计量器具须经过计量检定机构检定，并取得计量检定合格证；生产厂房和停车场的结构、设施必须满足专项修理作业的要求，并符合安全、环保、卫生和消防等有关规定，不准占用道路和公共场所进行维修作业和停车；技术工人必须经过专业培训，取得工人技术等级证书，并经交通行业培训，取得上岗证，持证上岗。

表 3.1　三类汽车维修企业开业条件

序号	项目名称	作业间面积（m^2）	设备	人员要求	流动资金（万元）
1	车身	车间 80 停车场 40	吊装、举升设备，剪板设备，焊接设备，钻床或手电钻，除锈设备，砂轮机，空气压缩机，车身校正设备，CO_2 气体保护焊机，折弯机，其他常用工具	钣金工，中级，1 人	2
2	涂漆	车间 100 停车场 40	空气压缩机，喷烤漆房或喷漆设备，调漆设备，除锈设备，砂轮机，吸尘、通风设备，其他常用工具	漆工，中级，1 人	5
3	篷布、坐垫及内装饰修理	作业间 30 停车场 30	缝纫机，锁边机，工作台或工作案，台钻或手电钻，熨斗，裁剪及其他专用工具	缝工，中级，1 人	1
4	电器、仪表修理	作业间 30 停车场 30	电器试验台或电器性能调试仪，绕线机，烘箱，钳工工作台及设备，钎焊设备，仪表检修工作台，万用表，拉压器，台钻或手电钻，其他常用工具	电工，中级，1 人	2
5	蓄电池修理	作业间 30	充电机，熔铅设备，焊极板设备，钳工工作台及设备，电解液密度计，高频放电叉，电解液配置器具，废水处理和通风设备，万用表，台钻或手电钻，其他专用工具	蓄电池维修工，中级，1 人	1
6	散热器、油箱修理	作业间 30 停车场 30	清洗及管道疏通设备，氧-乙炔焊设备，钎焊设备，水压试验设备，空气压缩机，喷灯，工作台或作业架，其他专用工具	散热器工，中级，1 人	1
7	轮胎修补	作业间 30 停车场 30	空气压缩机，漏气试验设备，轮胎气压装，千斤顶，轮胎螺母拆装机或专用工具，轮胎轮辋拆装、除锈设备或专用工具，轮胎修补设备，其他专用工具	轮胎工，中级，1 人	2
8	安装汽车门窗玻璃	作业间 20 停车场 30	工作台，玻璃切割工具，玻璃磨边工具，其他常用工具、量具	木工，中级，1 人	2
9	空调器、暖风机修理	作业间 30 停车场 30	台钻或手电钻，氧-乙炔焊设备，烘干箱，空调作业台，暖风机作业台，压力调试仪，检漏计，水平仪，真空仪或真空泵，万用表，温度计，研磨平板，制冷剂回收、净化、回充装置，其他专用工具	空调维修工，中级，1 人	2
10	喷油泵、喷油器、化油器修理	作业间 30	喷油泵、喷油器清洗和试验设备，化油器清洗、试验设备，工作台，钎焊设备，其他专用工具、量具	发动机维修工，中级，1 人	2
11	曲轴修磨	作业间 60	曲轴磨床，曲轴校正设备，曲轴动平衡设备，平板，V 形块，百分表，外径千分尺，无损探伤设备，其他专用工具、量具	镗磨工，中级，1 人	2
12	汽缸镗磨	作业间 50	立式精镗床，立式珩磨机，压力机，吊装超重设备，汽缸体水压试验设备，量缸表，外径千分尺，塞尺，其他专用工具	镗磨工，中级，1 人	2
13	车身清洁维护	作业间 100 停车场 30	举升设备或地沟煤气车外部清洗设备，除尘、除垢设备，打蜡设备，抛光设备，其他常用、专用工具	车身清洁，3 人	1

在具体工作中，许多汽车专项修理业户从事国家标准中规定的数项作业项目。在对其作

业面积进行考核时，应以国家标准中规定面积最大的一项为基础，其余每增加一项，按该项作业面积的 30%～50%相应增加，流动资金的增加比例应视从事项目而定。

3.2.2 场地规划

汽车维修企业不论是何类别，都是汽车售后服务中的一个环节，为客户的车辆使用提供完善的、高质量的保障系统，并为客户提供优质的、便利的服务环境，促进与支持汽车制造业与销售市场的繁荣。因而汽车维修企业的场地规划十分重要，一个好的规划就像人生的一次机会，一个草率的规划将在开始操作后很快造成服务上的不良效果。

在确定场地规划前要掌握如下四点原则。

（1）将来企业发展扩张需求。要考虑事业会逐渐成长、扩张，不要因为规划不周，而阻碍企业发展。这样的例子很多，应引以为戒。

（2）充分考虑客户、员工及管理者的意见。因为这三者的意见直接关系到企业的日常经营运转，综合这三者的意见，指导场地规划会给企业日常经营带来极大的便利。例如，顾客要求维修企业要建在便于进出的街道旁，企业内要有舒适的休息室，而且要与展示厅、结算台接近；员工要求有一个良好的工作、休息环境，各工序部门之间距离相对较小，并配备卫生间、洗澡间等；管理者要求在合理的高支出下管理和保证企业的运作。为了满足顾客的各种要求和实在的利益，准备一个良好的环境，使每一个部门能够容易接近其他部门等。

（3）生产规模（包括潜在客户）的预算，决定车间工位的数目。

通过对上述三点的综合评定就可以基本确定场地规模、部门设置、规划、员工配置（直接生产员工和间接生产员工）以及包括建筑物、停车场在内的企业整体规划。下面以日产汽车的汽车维修服务站（二类维修企业以上、特约维修站）为例进行说明。

车辆位数确定：适当合理的车位规划是有效利用场地资源的重要手段，过少满足不了要求，过多则造成剩余资源浪费。合理车位数可按如下公式计算：

$$N=(A\times S\times t\times r)/T$$

式中 N——修车工位数；

A——年维修保养车辆台数（预测）；

S——每年同一台车拜访平均数；

t——单车平均工作小时；

r——员工数与全部工位数之比；

T——每一位修理工的年工作小时。

例如：某汽车修理厂年维修保养 1500 辆车，大约有 500 辆车固定在该企业修理和保养，平均每车工作时间为 3h，员工数与全部工位数之比为 1∶3，每一位修理工的年工作小时为 2000h，那么，该修理厂应有的维修工位数是(1500×3×3×1.3)/2000=8.77，计 9 个工位（不包含洗车工位）。

直接维修员工数确定：是指直接参与维修作业的员工数。该项目可依据业务环境、设备和工具效率等根据车位数计算得出

$$修理工人数=修车工位数/修车工与车位之比$$

例如：车位数是 9 个，员工与车位数之比是 1∶3，那么维修人数=9/1.3=6.9。

根据实际情况可用 6 人，也可用 7 人。

间接员工数：为了降低成本，最大限度地发挥每个人的能力，必须做到一人多能，达到饱和工作日。间接员工的总人数是根据所有直接员工人数计算的，并要考虑到所需人员的总数发展情况。一般间接员工数目为直接员工数目的 30%，如直接员工数目为 10 人，间接员工人数就为 3 人。

停车位数目：除了与销售一体化、汽车展位、本企业自用车辆车位外，维修停车位（修前、修后），应本着最低标准来定，这样做的出发点是缩短在修车辆在厂里的周期（送修的车尽快进入修车工位，修完的车尽快通知客户提车），同样也是为了充分利用场地资源。维修车位数目一般为车间维修工位的 1/6 或 1/8，其他专用车位根据实际需求而定。

钣金与油漆工位数一般依据实际业务情况而定。

建筑部分要考虑如下几点。

① 办公区域建筑：一般应包括办公室、客户休息区、室内汽车展位、接待大厅、功能部门、辅助区、员工休息区、功能间，另外还要考虑到将来的业务发展，每个功能区面积可根据业务量及场地总体面积而定。一般客户休息区在现代强调服务功能的要求下每位顾客推荐为 $3m^2$ 左右，接待大厅（已向多功能厅发展）一般在 $20m^2$ 以上，并且要在室外室内设立明显的标志牌。

② 车间：车间工位布置一般以工艺流程为准则，设有足够的安全通道，要与功能部门接近，如工具室、配件室等，其中对单车位的推荐面积为 4m×6m（对小轿车），注意通道或工作台附加长度为 0.5m，车位连接院墙附加宽度为 0.4m，车位转角为 90°，车道宽度为 4m，这样安排可使车辆很容易进入和离开此车位，而且在死角的地方可放置工具箱等物品。专项修理区（如发动机大修区）最小推荐面积为 $20m^2$，动力间为 $3m^2$。参见图 3.1。

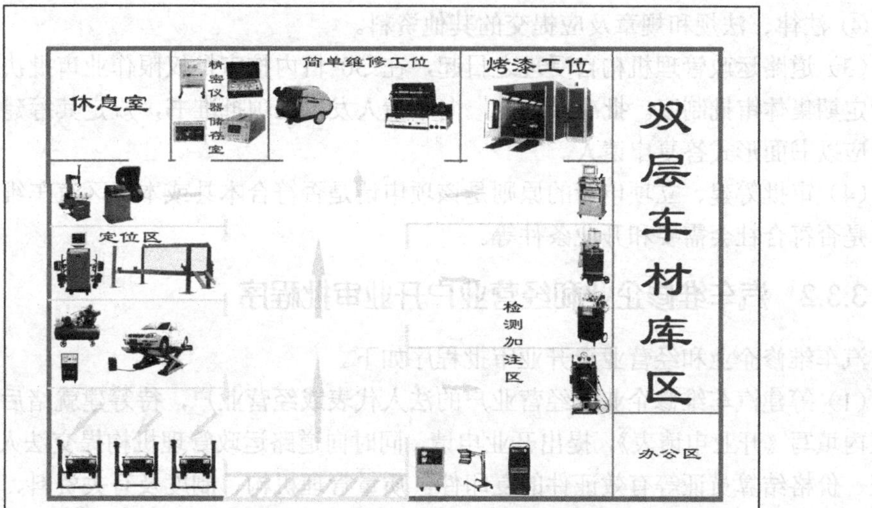

图 3.1　车间布局一角

③ 工具室：本着有利于保管、保养、方便、重不压轻、大不压小的原则，推荐面积最小为 $5m^2$。

④ 配件室：含统计、办公、仓库，一般根据企业规模、资金状况而定，推荐面积为 $80m^2$（多层累计面积）。

⑤ 其他：更衣室每人 $0.8m^2$，浴室每人 $0.6m^2$，厕所一般 10 人为 $12m^2$，20 人以上为 $33m^2$。

（4）要充分考虑选址的电力、水、污物处理、通信、交通、地方发展规划。

总之，场地规划要综合各种因素统筹规划、科学规划，尤其现代企业讲究现代气息、现代风格，无论是造型还是功能都必须有超前意识，其中每一件微小的硬件设施都将代表着企业的品牌，哪怕是小到独具特色、完美的各种指示标记的设立。场地布局分改造和新建两种，原则都是一样的，依据投资经营者的意愿与行业标准，结合修理工艺布局、服务体系构想进行总体规划。

这里需要提醒大家注意的是，国家标准《汽车维修开业条件第3部分：三类汽车维修业户》（GB 16379.3—1997）已被GB/T 16739.2—2004《汽车维修开业条件第2部分：汽车专项维修业户》所代替，并于2005年1月1日开始实施。

新旧《汽车维修开业条件》标准变化可对照本书附录A。

3.3 汽车维修企业和经营业户立项、开业、变更审批程序

3.3.1 汽车维修企业和经营业户筹建、立项程序

（1）县级以上道路运政管理机构受理筹建汽车维修企业和经营业户的筹建、立项申请。

（2）道路运政管理机构在受理筹建、立项申请时，申请人应提交的文件如下：

① 经营项目、营业场所、法人代表或经营业主、职工人数、经营规模等书面资料。

② 合法有效的资信证明或资金担保书。

③ 申请具有法人资格的企业应有可行性报告及主管部门的立项批准书；无主管部门的企业或经营业户应提交城市街道或乡镇以上人民政府的证明。

④ 法律、法规和规章及应提交的其他资料。

（3）道路运政管理机构自受理之日起，在30日内按审批权限作业审批决定，筹建立项实行定期集体审批制度。批准筹建的，向申请人发出立项批准书，规定其筹建时限，不予批准的应以书面形式答复申请人。

（4）审批筹建、立项申请的原则是该项申请是否符合本县或本地区汽车维修行业发展规划，是否符合社会需要和开业条件等。

3.3.2 汽车维修企业和经营业户开业审批程序

汽车维修企业和经营业户开业审批程序如下。

（1）筹建汽车维修企业或经营业户的法人代表或经营业户，待筹建就绪后，即可在规定时限内填写《开业申请表》，提出开业申请，同时向道路运政管理机构提交法人身份证、质检员证、价格结算员证等有效证件的复印件，质量管理机构、制度及有关资料、厂点位置分布图、厂区平面图、车间工艺布局图等有关资料，经营特约维修的业户还应提供正式的签约合同，开业申请由批准立项的道路运政管理机构受理。

（2）受理开业申请的道路运政管理机构在接到开业申请后，应当派出专门评审组织，对申请人的筹建工作按国家标准《汽车维修业开业条件》批准的立项申请的要求进行审验，并在30日内做出审批决定，审批决定应由集体研究决定。一类汽车维修企业由省级道路运政管理机构审批；二类汽车维修企业由市级道路运政管理机构审批；三类汽车维修业户由县级道路运政管理机构审批。

（3）经批准开业的，由审批机构核发《汽车维修业技术合格证》（或经营许可证）及铜制“汽车维修企业经营标志牌”，并告知申请人凭经营许可证到工商行政管理部门和税务部门分别办理法人营业执照或工商执照和税务登记手续。

（4）领取有关单证。申请人持《汽车维修技术合格证》到当地道路运政管理机构领取《汽车维修合同》、《汽车维修技术检验单》、《汽车维修工时、材料费用明细表》、《汽车维修竣工出厂合格证》等有关单证。

3.3.3 中外合资、合作汽车维修企业立项、审批程序

道路运政管理机构受交通行政主管部门委托，审批中外合资、合作汽车维修企业，并按如下程序办理申请立项手续。

（1）立项申请的手续，由中方代表办理，道路运政管理机构不直接接受外方人员的申请。

（2）受理中外合资、合作汽车维修企业立项时，申请人应提交的文件如下：

① 项目建议书；

② 可行性研究报告；

③ 合资、合作双方法人代表签订的意向书；

④ 外商的固定国籍和合法身份证明；

⑤ 外商所在国或地区的资信证明（包括合法手段取得的银行贷款），其证明资产必须大于该项目的投资总额，同时与多家企业合营时，其证明资产必须大于各项目的投资总额。

（3）道路运政管理机构在受理中外合资、合作汽车维修申请后，应在 30 日内做出审核决定。经审核后，符合规定的签注审核意见逐级上报省级道路运政管理机构；不符合规定条件的答复申请人，并退回所有申请材料。

（4）省级道路运政管理机构在收到下级道路运政管理机构上报的中外合资、合作汽车维修企业的申报材料后，应代表省级交通主管部门进行审核，在30日内做出审核决定。经审核同意的，提出审核意见并以省级交通主管部门的名义拟文上报交通部审批，不同意的退回下级呈报机构返回申请人。

（5）中外合资、合作汽车维修企业的《汽车维修技术合格证》（或经营许可证）由省级道路运政管理机构核发，接受企业所在地道路运政管理机构的行政管理。核发《汽车维修技术合格证》时，应审核该企业提供的交通部门批准立项的文件、商务部或授权机关的批准设立的文件、工商行政管理部门颁发的工商法人执照和税务机关的税务登记证。

（6）道路运政管理机构按照国内的法律、法规、规章对中外合资、合作汽车维修企业实施行政管理。

3.4 汽车维修企业或经营业户变更申请、审批程序

3.4.1 汽车维修企业或经营业户异动变更

1. 名称变更

（1）因合并、分立、联营或隶属关系等改变时，由经营者提交上级主管部门的批文或有关的联营协议等。

（2）因住所或营业场所变动，由经营者说明变动原因，提交有关文件。

（3）因扩大或缩小经营范围，应要求经营者提交原经营情况和申请计划。

2．经营权的变更

（1）转让或出售企业的汽车维修经营者，出让方按歇业程序办理，受让方持转让证明，根据具体情况分别按“名称变更”、“经营范围变更”等程序办理。

（2）向非经营者转让或出售企业的汽车维修经营者，出卖方按歇业、停业程序办理手续，受让方按开业程序办理手续。

3．租赁或承包经营权的变更

个人租赁或承包经营者因财产纠纷抵押等，引发产权和经营权的变更，由租赁或承包者持租赁或承包抵押协议书到企业所在地道路运政管理机构备案。道路运政管理机构对于经营者的变更，应认真审查，重新核定其经营范围、经济性质，确定税费缴纳方式和管理办法。

3.4.2 经营范围的变更

汽车维修企业或经营业户因故变更其经营范围的，由原批准开业的机构受理。汽车维修经营范围的变更主要是同类变更，属于扩大经营范围的企业按开业程序办理，属于缩小经营范围的企业应由经营者填报变更表。经审核同意的，换发经营证件，必要时向社会通告。

3.4.3 年度审验

（1）县级以上道路运政管理机构，应对辖区内的汽车维修企业和经营业户进行年度审验。汽车维修企业和经营业户的年度审验的时间，由省级或地级道路运政管理机构确定。

（2）道路运政管理机构应当提前向汽车维修企业和经营业户公布年度审验的具体安排和分发年度审验表。

（3）年度审验时，应向汽车维修企业和维修业户收回审验表及有关证件。

（4）年度审验的主要内容包括：

① 经营资质的评审；

② 经营行为的评审；

③ 规费缴纳的情况。

（5）年度审验结果应记录在年度审验表上，并存入分户档案中。

习题3

1．填空题

（1）汽车的运行间隔是指汽车运行的__________或__________。

（2）二级维护的中心内容除一级维护作业内容外，以__________为主，并__________，进行__________。

（3）汽车修理的类别按修理对象和作业深度划分为__________、__________和__________。

（4）二类汽车维修企业主要是从事汽车__________、__________及汽车小修作业的企业。

（5）汽车维修企业年度审验的主要内容是__________、__________、__________。

（6）国家标准 GB/T 16739—2004《汽车维修业开业条件》中取消了对开业条件中的__________的规定，在设备要求中增加了__________、__________的诊断、检测设备。

（7）新的《汽车维修业开业条件》（GB/T 16739—2004）第一部分适用于汽车整车维修企业，即原来的____________类和____________类企业，是交通行政主管部门对汽车整车维修企业开业审核和管理的__________。

2．判断题

（1）汽车维修企业不论类别都是作为汽车售后服务中的一个环节，为车辆提供高质量的保障系统，并为客户提供优质的、便利的服务环境。（　）

（2）筹建汽车维修企业和经营业户的筹建申请由乡一级以上道路运政管理机构受理。（　）

（3）道路运政管理机构自受理之日起，在15日内按审批权限作业审批决定，筹建、立项实行定期集体审批制度。批准筹建的，向申请人发出立项批准书，规定其筹建时限，不予批准的应以书面形式答复申请人。（　）

（4）经批准开业的，由审批机构核发《汽车维修业技术合格证》及铜制“汽车维修企业经营标志牌”，申请人不再需要到工商行政管理部门和税务部门分别办理法人营业执照或工商执照和税务登记手续。（　）

（5）中外合资、合作汽车维修企业立项、审批程序立项申请的手续，由中方代表办理，道路运政管理机构不直接接受外方人员的申请。（　）

（6）道路运政管理机构不能按照国内的法律、法规、规章对中外合资、合作汽车维修企业实施行政管理。（　）

（7）汽车维修企业或经营业户因故变更其经营范围的，由原批准开业的机构受理。（　）

（8）汽车维修企业和经营业户的年度审验的时间，由汽车维修企业和经营业户自己确定。（　）

3．简答题

（1）像特约维修站这样的汽车维修企业专门从事某一车型的维修，为什么不属于三类汽车维修企业？

（2）国家标准GB/T 16739—2004《汽车维修业开业条件》中关于汽车修理企业分类规定与GB 16739—1997旧的国家标准有什么不同？

（3）在做汽车维修企业场地规划时，一般要掌握哪几点原则？

（4）道路运政管理机构在受理筹建汽车维修企业立项申请时，申请人应提交哪些文件？

第4章　汽车维修企业人力资源管理

学习任务

通过本章的学习，了解人力资源管理的概念和重要意义，汽车维修企业的组织机构设置及其必要性和重要性，掌握汽车维修企业需要的组织结构类型，各部门职责内容，使学生对汽车维修企业的部门职责、人力资源管理制度有初步了解，为日后顺利上岗或进一步成为企业的中坚力量做相应的准备和努力。

知识要点

- 人力资源管理的意义。
- 汽车维修企业组织结构及部门工作职责。
- 岗位设置与工作分析的目的和意义。
- 汽车维修企业的员工培训与双赢发展。

4.1　人力资源管理概论

比尔·盖茨曾经说过，他只需要带走微软的研究团队，不久就可以重新创造另外一个微软。可见人才作为企业资源对企业生存与发展的重要性。

尽管厂房、设备、资金都是企业所需的资源，但是人、人力资源，却尤为重要。人设计、制造产品或服务，控制质量，销售产品，管理财务；人力资源为企业提供创造力，为企业建立全面的战略计划和目标。没有这些领域的人才，企业的目标也无法实现。因此，人力资源是所有资源中最重要、最特殊、最激动人心和最富于挑战性的资源，也是唯一有创造力的资源，它能为组织带来持续的竞争力。但是有了人才并不一定就能保证企业成功，如果不懂得知人善用，不进行有效的组织管理，越是优秀的人才可能越会成为组织发展的破坏因素。因此，现代企业需要人力资源管理部门。

4.1.1　人力资源的基本概念

资源是一个经济学术语，它泛指社会财富的源泉，是指能给人们带来新的使用价值的客观存在物。一般来说，资源分为两类：一是物质资源；二是人力资源。我们通常所说的管理中的“人、财、物”，“人”即人力资源，“财”和“物”均属于物质资源。

什么是人力资源，学术界尚存在不同的认识和看法。有的专家认为，人力资源是人类可用于生产产品或提供各种服务的能力、技能和知识。也有专家认为，人力资源是企业人力结构的生产力和顾客商誉的价值。还有专家认为，人力资源是企业内部成员及外部人即总经理、雇员及顾客等可提供潜在服务以及有利于企业预期经营活动的总和。更有人认为，人力资源是指具有脑力劳动或体力劳动的人的总称。

国内的有关专家总结，所谓人力资源是指存在于人体的智力资源，是指人类进行生产或提供服务，推动整个经济和社会发展的劳动者的各种能力的总称。相应的，企业人力资源是指人口资源中能够推动整个企业发展的劳动者的能力的总称。它包括数量和质量两个方面。而人才资源则是指人力资源中具有创新意识、创造能力的资源。

曾经有人问比尔·盖茨：“如果允许你离开地球到另一个星球去生活，但只能带走一样东西，那会是什么？”

比尔说：“我将会带走微软公司里最优秀的 20 个人。”

可见，人才资源是人力资源的精髓，企业资源中的核心力量。任何一个伟大企业的成功，都离不开其所拥有的人才资源。

那么，什么是人力资源管理？人力资源管理的定义也很多，归纳起来其就是：运用科学方法，协调人与事的关系，处理人与人的矛盾，充分发挥人的潜能，使人尽其好，事得其人，人事相宜，既考虑到人性的需要，又兼顾组织高效率运转，以实现组织目标的过程。简而言之，就是企业运用现代管理方法，对人力资源的获取（选人）、开发（育人）、保持（留人）和利用（用人）等方面所进行的计划、组织、指挥、控制和协调等一系列活动，最终实现企业发展目标的一种管理行为。人力资源管理的内容主要包括人力资源规划、岗位设置与工作分析、人员招聘、人员发展、员工培训、日常管理、绩效管理、薪酬福利管理、劳资关系等。

4.1.2　人力资源管理的职能

根据人力资源管理的内容，我们可以总结出它的 5 项基本职能。

1．获取

获取是人力资源管理的首要职能，是指通过人力资源规划确定企业人力资源需求，通过选择合适的招聘渠道和人员选拔方法，保证企业能够及时获得其所需要的人才。在人力资源管理的具体工作中包括人力资源规划、招聘和选拔 3 个环节。

2．整合

整合是指使被录用的员工了解企业的宗旨与价值观，接受和遵从该企业的指导，使之成为他们自己的价值观，从而建立和加强他们对组织的认同和责任感，并通过对员工个人的职业生涯规划，使其与组织的目标保持一致，使组织和员工的需要都能得到满足。

3．保持和激励

保持和激励是为员工提供所需奖酬，增加其满意感，最大限度地调动其积极性，包括人员调整、激励、绩效评价、雇员福利及服务、保健服务及事故预防等人力资源管理具体工作。

4．控制和调整

控制和调整是评估员工素质，考核其绩效，对企业的人力资源进行再配置，做出相应的奖惩、升迁、辞退、解聘等决策，使企业人员及他们的职业需要和能力与工作及职业道德动态匹配。

5．开发

开发是根据组织或岗位需要和要求，对员工实施培训，不断提高他们的知识、技能，并结合员工个人的行为特点和期望为他们提供充分的发展机会，指导他们明确未来的发展方向和道路，激发他们的潜能。

企业的人力资源管理就是对人力资源的获取、整合、保持、调整与开发的过程。现代企业应充分发挥人力资源管理这5项职能的作用，高度重视“人”的工作，不仅表现在对员工的管理与控制上，更重要的表现为如何找到人与事的最佳结合点，提高员工对企业的满意度和忠诚度。

4.1.3 人力资源管理的意义

实践证明，重视和加强企业人力资源管理，对于促进生产经营的发展，提高企业劳动生产率，保证企业获得最大的经济效益有着重要的现实意义。

1. 有利于促进生产经营的顺利进行

劳动力是企业劳动生产力的重要组成部分，只有通过合理组织劳动力，不断协调劳动力之间、劳动力与劳动资料和劳动对象之间的关系，才能充分利用现有的生产资料和劳动资源，使它们在生产经营过程中最大限度地发挥作用，并在空间上和时间上使劳动力、劳动资料和劳动对象形成最优配置，从而保证生产经营活动有条不紊地进行。

2. 有利于调动企业员工的积极性

企业中的员工是有思想、有感情、有尊严的，这就决定了企业人力资源管理必须设法为劳动者创造一个适合他们需要的劳动环境，使他们安于工作、乐于工作、忠于工作，并能积极主动发挥个人劳动潜力，为企业创造出更有效的生活经营成果。因此，企业必须善于处理好物质奖励、行为激励以及思想教育工作三个方面的关系，以保证员工旺盛的工作热情，充分发挥自己的专长，努力学习技术和钻研业务，不断改进工作，从而达到提高劳动生产率的目的。

3. 有利于现代企业制度的建立

科学的企业管理制度是现代企业制度的重要内容，而人力资源的管理又是企业管理中最为重要的组成部分。一个企业只有拥有第一流的人才，才会有第一流的计划、第一流的组织、第一流的领导，才能充分而有效地掌握和应用第一流现代化技术，创造出第一流的产品。否则，如果一个企业不具备优秀的管理者和劳动者，企业的先进设备和技术只能付诸东流。提高企业现代化管理水平，最重要的是提高企业员工的素质。可见，注重加强对企业人力资源的开发和利用，搞好员工培训教育工作，是实现企业管理由传统管理向科学管理和现代管理转变不可缺少的一个方面。随着现代企业制度的逐步建立，企业人力资源管理将越来越显得突出和重要。

4. 有利于减少劳动耗费，提高经济效益

经济效益是指进行经济活动所耗费的和得到的比较。减少劳动耗费的过程，就是提高经济效益的过程。所以，合理组织劳动力，科学配置人力资源，可以促使企业以最小的劳动消耗，取得最大的经济成果。

4.2 汽车维修企业组织结构

4.2.1 管理幅度与管理层次

1. 管理幅度

如果一个组织的最高领导者是一个“万能”的领导者，那么并不会存在划分部门的必要性，因为这个“万能”的领导者可以指挥和监督一切活动而无须借助他人的帮助。但现实世界的管理者做不到这一点，因为人类存在着身体的、生理的、心理的和社会的种种限制，每一个管理者所能直接指挥和监督的下属人数总是有限的，这个限度就称为管理幅度，或者称为管理宽度、管理跨度。所谓管理幅度（span of control），是指主管人员直接领导、指挥并监督其工作下属的数量。从形式上看，管理幅度仅仅表示了一名领导人直接领导的下级人员的人数，但由于这些下级人员都承担着某个部门或某个方面的业务，所以，管理幅度的大小，实际上意味着上级领导人直接控制和协调的业务活动量的多少。从一定意义上来讲，正是由于管理幅度的存在，当组织规模扩大到一定程度时，就自然产生了部门划分的需要，并由此产生了管理层次。

2．管理层次

所谓管理层次，就是在职权等级链上设置的管理职位的级数。当组织规模相当有限时，一个管理者可以直接管理每一位作业人员的活动，这时组织就只存在一个管理层次。而当规模的扩大导致管理工作量超出了一个人所能承担的范围时，为了保证组织的正常运转，管理者就必须委托他人来分担自己的一部分管理工作，这使管理层次增加到两个层次。随着组织规模的进一步扩大，受托者又不得不进而委托其他的人来分担自己的工作，以此类推，于是形成了组织的等级制或层次性管理结构。

从一定意义上来讲，管理层次是一种不得已的产物，其存在本身带有一定的副作用。首先，层次多意味着费用也多。层次的增加势必要配备更多的管理者，管理者又需要一定的设施和设备的支持，而管理人员的增加又加大了协调和控制的工作量，所有这些都意味着费用的不断增加。其次，随着管理层次的增加，沟通的难度和复杂性也将加大。一道命令在经由层次自上而下传达时，不可避免地会产生曲解、遗漏和失真，由下到上的信息流动同样也困难，也存在扭曲和速度慢等问题。此外，众多的部门和层次也使得计划和控制活动更加复杂。一个在高层显得清晰完整的计划方案会因为逐层分解而变得模糊不清、不协调。随着层次和管理者人数的增多，控制活动会更加困难，但也更为重要。

可以用汽车维修企业内部几种不同的管理模式来举例。在不同规模的汽车维修企业里，常可把流程组织模式分为三种情况，分别是一级管理、二级管理、三级管理模式。一级管理模式即业务接待员直接将维修项目派给每个工人，这样的管理模式工作路线最短，工作效率高，但企业风险很大，适用于 15 人以下的小型维修厂；二级管理则是业务接待员将接收到的维修项目先派给班组，然后班组再经过协调，让班组内的某个工人进行修理；三级管理比二级管理分工更精细，没有交叉，它的工作路线长，效率较低，是业务接待员→车间→班组→工人这样一种模式，这种模式适用于 30 人以上的维修厂，企业工作承受的风险很小。这三种不同的模式具有不同的管理层次，各有各的利弊，应视维修企业的规模而定。

3．管理幅度和管理层次之间的关系

管理幅度与管理层次之间的关系十分密切。首先，它们具有反比例的数量关系。管理层次受到组织规模和管理幅度的影响，它与组织规模成正比，组织规模越大，成员越多，则层次越多；在组织规模已定的条件下，管理层次与管理幅度成反比。管理幅度增大，管理层次减少；反之，管理幅度越小，则管理层次就越多。其次，管理幅度与管理层次之间存在互相制约的关系，其中起主导作用的是管理幅度。

在承认管理幅度制约管理层次，并在二者的关系中居于主导地位的同时，也应看到管理层次对管理幅度亦存在一定的制约作用。之所以存在这种反向的制约关系，原因是管理层次与管理幅度相比，具有较高的稳定性。一个组织不可能也不应该频繁地改变管理层次，因而一旦根据管理幅度的要求设立了若干管理层次，只要在一定期间内，企业的管理幅度没有发生全局性的且比较大的变化，管理层次就不宜改变，这就要求管理幅度在一定程度上服从既定的管理层次。

4.2.2 影响管理幅度的因素

（1）主管及下级的素质、能力。主管人员的综合能力、理解能力、表达能力强，则可以迅速地把握问题的关键，对下属的请示提出恰当的指导建议。同样，如果下属人员具备符合要求的能力，受到过良好的系统的培训，则可以在很多问题上根据自己的主见去解决，从而减少向上司请示的时间。这样，管理的幅度便可适当宽些。

（2）工作内容和性质。主管人员所处的管理层次，员工的工作复杂程度，都决定了管理幅度的大小。工作中出现的问题是复杂的、较困难的或涉及方向性战略时，则管理幅度不宜过大。

（3）组织沟通的类型及方法。下属人员相互沟通较易或采用有效的控制技术，对下属考核的制度较健全，则管理幅度可加大。

（4）主管对下级授权的合理与明确程度。适当的授权可减少主管的监督时间和精力，可增大管理宽度。权责划分明确，也可增大管理幅度。

（5）计划与控制的明确性与难易程度。事前有良好的计划，可增大管理幅度。

（6）组织的稳定性，也影响到管理幅度。

此外，组织的规模和管理层次，组织环境的稳定程度、下级人员空间分布等因素也会影响管理幅度。

4.2.3 扁平形组织与耸立形组织

在组织设计中，综合考虑影响管理层次的各种因素，其结果是，人员数量大体上相同的企业，便可能产生两种典型的组织结构：一是耸立结构形式，即管理层次较多，而管理幅度较小；二是扁平结构形式，管理层次较少，而管理幅度较大，如图 4.1 所示这两种结构形式的特征不同，前者高而瘦，后者扁且平。

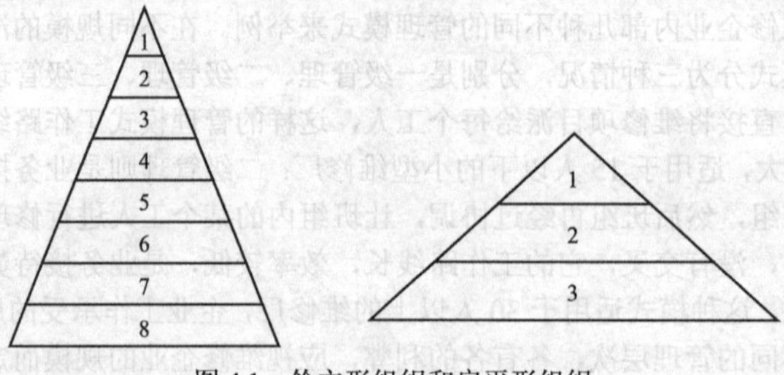

图 4.1 耸立形组织和扁平形组织

1. 耸立形组织的优缺点

耸立结构相对于扁平结构来说，具有如下优点：

（1）主管人员的管理幅度较小，能够有充足的时间和精力，对下属进行面对面的、深入具体的领导。

（2）由于主管人员的管理幅度较小，精力集中，所以一般不需要设副职或助手，从而有利于明确领导关系，建立严格的责任制，避免职务不清和多头指挥。

（3）主管人员和人数较少的下属所组成的集体规模较小，由此可产生许多好处，主要是：易于保持团结；每个成员有更多的机会参与决策，更好地了解集体的目标；在决策过程中，易于协调和取得一致，决策时间短。

（4）因层次多，各级主管职务相应较多，能为下属提供晋升机会，促使其积极努力工作，提高自身素质。

总之，耸立结构在合理的界限内，能迅速有效地解决问题，保证领导的有效性，这是它的突出优点。

不过，耸立结构由于层次相对较多，也存在下列缺点：

（1）由于层次较多，需要配备较多的管理人员，加之层次间和部门间不可缺少的协调工作，造成管理费用较大。

（2）信息的上传下达要经过多个层次，速度慢，并容易产生失真和误解。

（3）使计划和控制工作较为复杂。在最高领导层本来是明确、完整的计划，经过自上而下逐层分解细化，有可能失去原先的明确性和协调性。由于管理层次和主管人员的增加，以及计划工作的复杂化和信息沟通的困难，使得控制工作的难度也随之加大。

（4）最高领导层与基层人员及活动相隔多个层次，不容易了解基层的现状，需要及时处理层层上报来的问题，如不注意，就将出现不明下情、办事拖沓等官僚主义现象。

（5）主管人员和下属所构成的较小的集体，可以利用的各种专门人才不一定齐全，遇有复杂任务将难以胜任。

以上缺点，当管理层次过多时，将会表现得十分突出，以致压倒前面的那些优点。即使在正常界限内，相对于扁平结构来说，这些也是它的不足之处。

2．扁平结构的优缺点

扁平结构由于管理层次相对较少，所以同耸立结构相比，扁平结构有以下优点：

（1）它的信息传递速度快、失真少。

（2）管理费用少。

（3）便于高层领导了解基层情况。

（4）主管人员与下属能够结成较大的集体，有利于解决较复杂的问题。

（5）主管人员领导较多的下属，工作负担重，因而更乐于让下级享有更充分的职权，各自独当一面，这不仅能激发下级的干劲，而且有利于他们在实践中磨炼，提高管理能力，从而为培养干部创造良好条件。

但是，同耸立结构一样，扁平结构也存在不可避免的缺点，主要有：

（1）领导人员的管理幅度大，负荷重，精力分散，难以对下级进行深入具体的领导。

（2）对领导人员的素质要求越高，而且管理幅度越大，要求就越严格、越全面。当缺乏这样的干部时，只得配备副职从旁协助。这样，正副职之间的职责不易划清，还可能产生种种不协调的现象。

（3）管理人员与下属结成较大的集体，固然有利于承担复杂任务，但同时随着集体规模的扩大，协调和取得一致意见就会变得更加困难。

3．耸立结构和扁平结构的选用与现实意义

从耸立结构和扁平结构的优缺点分析可以看出，这两种结构形式各有千秋，都不是十全十美的，对它们的评价不能绝对化。关键是要根据企业的具体条件，选用适宜的结构形式，才能扬其长而避其短，取得良好效果。耸立形式的适用条件是：企业人员素质（包括上级领导和下属的素质）不很高，管理工作较为复杂，许多问题的处理不易标准化或者管理基础差，实现日常管理工作科学化与规范化尚需长时间的努力，生产的机械化、自动化水平不高。如果企业的具体条件与此相反，则采用扁平结构形式比较适宜。可以这样说，组织设计人员对不同结构形式的选择过程，实质上就是从企业既定的现实条件出发，权衡不同方案的利弊，选择总体效果比较满意的方案。

4.3 汽车维修企业组织结构的基本类型

4.3.1 岗位设定

在汽车维修企业里，有许多个重要的岗位，分别为：企业负责人、技术负责人、汽修业务员、价格核算员、总检验员、进厂检验员和机修主修人员、电子电器维修主修人员、车身修复主修人员、车身涂漆主修人员、采购员等，这些岗位搭建成了一个正常运行的维修企业。每一个不同的岗位都有不同的工作职责，下面就对几个重要部门的职责和岗位职责加以介绍，见表 4.1 和表 4.2。

表 4.1 几个重要部门的工作职责

序号	部门名称	工作职责
1	企业负责人（厂长）	（1）全面负责维修企业的行政管理工作，组织制定各项规章制度，并督促贯彻实施 （2）负责定期组织召开厂生产会议，布置生产工作任务，研究解决生产中出现的问题 （3）主持建立修理厂的管理体系，开展内部审核，确保管理体系的持续有效运行 （4）负责主持召开厂务会，研究决定厂内的事项，布置工作任务 （5）全面负责和主管修理厂的交通、生产、消防安全管理工作 （6）负责指定修理厂的改革和发展规划，并根据市场情况，调整经营策略 （7）负责督促管理人员贯彻执行工艺规程和操作规程，确保维修质量 （8）负责全厂劳动力的组合和调配以及管理人员的工作安排 （9）负责督促、检查安全生产和文明生产进度情况，落实经济责任制，制定合理的奖罚制度
2	技术负责人（副厂长）	（1）负责根据厂生产会议决定，及时下达各车间的生产计划，并督促按时完成 （2）负责贯彻执行企业颁发的技术标准和工艺规程，研究生产中出现的问题，并制定攻关措施 （3）负责生产的统一指挥和平衡调度，生产中的质量管理及新技术新工艺的应用，根据生产特点优化劳动组合，挖掘生产潜力 （4）组织建立修理厂的管理体系和开展内部审核工作，确保管理体系有效运行 （5）负责员工的安全生产教育，督促执行各项安全操作规程，定期组织安全检查，及时消除事故隐患 （6）负责贯彻执行各项定额管理和检查制度，督促机械设备的管理与维护，组织员工理论学习和操作培训 （7）负责文明生产管理，定期检查各车间的文明生产和环境卫生情况
3	办公室	（1）负责起草厂综合文字材料及作好文件、资料的收发、登记、整理和保管工作 （2）负责厂内各种会议的通知、会场准备、会议记录 （3）负责厂证明信、介绍信、印章的管理和使用以及外来单位来访人员的接待工作 （4）负责检查各车间执行各项规章制度的情况，并以书面形式向厂长汇报 （5）负责工会、调解、女工、计生及劳动力的管理等工作 （6）负责厂宣传工作的组织开展和报刊杂志的征订及发放工作 （7）负责厂办公用品、卫生用品、劳保用品的采购、领发、保管 （8）负责检查各车间的劳动纪律和环境卫生
4	生产部	（1）负责全厂的生产安全管理工作，指定安全管理制度，搞好特种设备、特种岗位人员的安全防护工作，定期进行安全检查，并做好记录 （2）负责协调各车间生产以及顾客方的业务联系 （3）负责编制机加工产品、配件维修、修旧利废和各种设备保养的生产计划，并检查、督促计划的执行 （4）负责编制每月的生产任务的产值、工时费、材料消耗报表，分析生产任务完成情况及材料的消耗情况，汇总报厂领导

续表

序号	部门名称	工作职责
4	生产部	（5）负责对各种维修、机加工合同进行评审，并按合同的要求安排好生产工作 （6）负责各种维修、机械加工业务，工时费和材料费的定价 （7）做好生产方面的设备配置、工具配置和工具室的管理工作 （8）负责对各车间、部门领用材料的定额管理，编制材料消耗定额指标或计划，按领用材料审批制度严格管理
5	技术质检部	（1）负责督促车间执行保养工艺规程和操作规程，按质、按量做好保养工作和返修落实工作 （2）负责解决和处理保养车辆、机具设备在保养、使用和维修过程中出现的技术问题 （3）负责车辆维修、机械加工、设备维修过程中需要的模具、夹具以及技术革新、改造项目的设计，图纸绘制、审核工作 （4）负责组织、开发、指导修旧利废工作，编制设备保养计划、量具、仪表的定期检验计划，并督促落实完成 （5）及时发现质量的不合格及隐患，积极配合处理或采取纠正预防措施 （6）负责应用适当的统计技术对维修过程能力和维修质量情况进行记录、分析，定期报厂领导，为确保维修过程能力及维修质量提供信息 （7）负责车辆进出厂检验、机械产品、各种维修总成的入库检验 （8）现场监督车辆的解体，指导作业人员严格执行工艺规程，制止违反工艺规程的操作行为，确保过程受控 （9）负责对重要总成基础件配件报废的鉴定，对有质量问题的外购配件以及顾客提供产品做出处理 （10）负责各种设备、量具、仪表的验收管理工作，编制设备保养计划、量具、仪表的定期检验计划，并督促落实完成
6	财务部	（1）负责对厂里的各项资金使用情况进行监督、检查、控制 （2）负责收支情况统计和成本核算工作，及时提供成本分析报告供厂领导参考 （3）按时编制财务报表，完善财务的档案管理工作 （4）负责做好各种分类账，审核和保管各种原始凭证 （5）负责购开发票和办证，采购和发放厂办公用品 （6）负责全厂员工工资、加班费、津贴等造册、发放工作 （7）负责填报各种财务报表，做好增值税申报表和台账，按时纳税
7	车间	（1）认真贯彻执行技术标准、工艺规程和质量检验制度，确保保修质量，为运营车辆提供良好的技术保障 （2）搞好保修材料消耗的管理，严格领用制度 （3）搞好安全生产，严格执行安全操作规程，定期对易燃易爆电气设备、消防设备等进行全面检查，杜绝工伤、触电、火灾等事故的发生 （4）搞好班组建设工作，做好各项考核指标完成情况记录，建立完善的台账 （5）搞好定置工作和文明生产，确保工作环境的整洁 （6）搞好维修工人的优化组合，确保生产任务的完成 （7）掌握员工的思想信息，做好员工的思想政治工作
8	配件部	（1）收集市场信息，反馈客户意见，努力开拓配件销售市场 （2）做好库房的各项管理工作，做到防火、防盗、防丢失、防损坏，严格账、卡、物的管理，做好计算机的输入工作 （3）保证车间零配件及时、准确地供应 （4）根据市场需求、公司需要，调整零配件的合理库存 （5）提供配件订购清单 （6）每月提供配件库存、订购、外购、内部领用等真实、有效的情况报表或报告 （7）每季度进行一次盘库，提出配件的销售价格的建议

表4.2 各部门成员担任的职责

序号	岗位名称	工作职责
1	汽修业务员	（1）接待车主，受理车主的维修项目 （2）与技术部联系、监测、确诊修理项目 （3）确定维修项目的工期、价格 （4）确定零配件供应方式及价格 （5）车辆的交接登记 （6）受理车主的附加要求 （7）填写综合单、及时发给车间及有关部门 （8）最佳项目和配件、同客户的交车工作 （9）负责车钥匙的保管和传递登记手续 （10）出厂车的验收、与客户的交车工作 （11）延迟车的客户联系工作，（小修提前1小时、大修提前1天）及时报告车主 （12）建立客户档案，对客户进行跟踪服务 （13）建立业务档案，填写业务接待的各种报表（包括业务接待统计表） （14）负责客户的结账、收银工作、按期上报营收统计表 （15）开具完工车的放行条，以及按规定开具保用证 （16）负责客户的咨询解答工作，开发新客户市场 （17）做好客户委托的购养路费、保险等工作
2	总检验员	（1）总检验员肩负维修车辆质量把关的重责，应领导其他检验员完成质检任务 （2）负责维修车辆拆检后追加修理项目的检验 （3）负责对维修项目的质量检查，负责修理过程的随机抽检 （4）负责汽车维修竣工出厂检验和签发二级维护合格证 （5）负责维修车辆技术档案的填写、维修质量的统计 （6）负责原材料、外购件和外协件的验收 （7）负责对报废零部件的审核 （8）负责解决车辆维修中发生的疑难问题 （9）负责指导维修人员贯彻和执行有关的汽车维修标准，提高工人的技术素质 （10）协助车间对计量器具、仪器仪表的检验和调校，以及设备的安全检查工作 （11）负责处理维修质量投诉和事故车辆的维修质量分析
3	检验员	（1）负责对重要总成基础件及配件报废做出鉴定意见；对有质量问题的外购件及顾客提供的问题配件提出退货鉴定意见 （2）负责现场监督车辆的解体，按工艺规程进行现场指导，制止解体时的违规现象 （3）负责对车辆维修过程中的检验工作，制止违反修理工艺规程的操作现象，随时处理维修过程中的技术问题 （4）负责生产过程及竣工出厂后的返修调度工作，按工种列出返修项目及要求，并规定完成时间 （5）负责按车间检验验收制度对各道工序的完成情况进行严格检验，填写各道工序、工种的检验单，并在车辆修理验收记录上签字 （6）负责发动机、底盘、机加工产品、配件质量的抽检工作
4	采购员	（1）负责拟订维修材料采购计划，报领导审批后实施采购 （2）负责了解维修工作安排和维修工程所需材料，及时采购，杜绝停工待料 （3）掌握各种材料的质量标准、产地、价格，采购质优价廉的材料，降低维修成本 （4）负责办理材料入库手续，并按规定向财务部门提供有效的购物凭证
5	仓管员	（1）坚守岗位，按时开门，仓库严禁闲杂人员入内。自觉遵守厂部各项管理制度 （2）仓管人员要认真研究业务知识，互相学习，扎扎实实把本职工作做好 （3）材料及零配件进库要验收，未验收而进库的发现破损及质量问题由仓库管理员负责

续表

序号	岗 位 名 称	工 作 职 责
5	仓管员	（4）材料进库后要立卡、入账，并做到账、卡、实物三符合，月底要上交厂部当月进、存、销核算表，以便厂部统计生产进度 （5）库管员和账管员要及时计划常用件和易损件的购买工作 （6）修理工领料要派工单，由库管员填写材料单，领料人签名，大总成件要有厂部审批手续 （7）领新料必须交旧料，严格执行领新交旧制度 （8）加强对旧料的管理，上交旧料贴上标签，出厂时交还车主 （9）材料及零配件的价格要合理，严格执行价格制度，不能随便加价，车主和厂部查到要追究库管员职责 （10）仓库计划员要做好采购计划工作，尽量做到储备合理，提高资金周转率
6	车间主任	（1）积极完成厂部下达的各项任务，模范遵守厂部各项规章制度 （2）抓好车间调度、派工工作，合理安排劳动力，协调班组关系，做到均衡生产 （3）切实抓好车间质量管理，严格检验，发生质量事故要做出鉴定分析，及时报厂部处理 （4）抓好车间文明生产，抓好劳动纪律和安全生产工作，严格操作规程 （5）负责车间员工培训工作，不断提高员工的思想素质、业务素质和技术素质，定期对工人进行考核 （6）抓好车辆维修工期管理，落实到点，积极组织好检测诊断、剖检，配件部等有关部门的关系 （7）认真做好车间各项统计，按时上报各种报表，建立车间业务技术档案 （8）抓好车间工具、设备、辅助消耗量的管理，厉行节约，杜绝浪费 （9）有权对车间员工提出表扬、批评和权限范围内的奖励和处分（超过权限范围内要上报厂部审批）
7	机修主修人员	（1）严格遵守机工安全操作条例，保证持证上岗 （2）接到施工单后，首先进行项目确认、故障确认，如发现与施工单标注不同的项目，立即与前台业务联系，征得确认后，方可施工 （3）严格按工艺、质量管理程序施工，加强自检、互检 （4）爱护车间的一切设备，并按其技术要求使用，不得超范围使用，不得超负荷使用 （5）妥善保管与使用公司配置给个人使用的工量器具 （6）文明生产，杜绝野蛮操作，做到有水不落地，配件不落地 （7）认真作业，准确判断，提高维修质量 （8）工作时间不得随便串岗，工作场地、车间、停车场禁止吸烟 （9）上班时间不得饮酒，严禁酒后开车、试车 （10）施工作业时妥善保护待修车辆，施工作业前，首先套好把套、椅套、叶子板垫、脚垫 （11）完工后，所有与施工相关的文件必须填写清楚，完整上交，完工后的车辆必须内外清洁干净，不允许有漏油、漏水现象，不允许有手印、脚印、污迹 （12）不允许擅自动用客户车辆，不允许在车内休息、吸烟、听收音机，不允许动、拿车内任何物品 （13）上班时要工装整洁，精神焕发，不得蓬头垢面、衣着不整 （14）团结互助、礼貌待客、以诚待客、虚心好学、不断进取
8	电子电器主修人员	（1）严格遵守电工安全工作条例 （2）严格遵守设备仪器仪表技术使用条例 （3）严格执行用电设备保养保修条例 （4）严格执行用电设备报批、使用、报废管理规定 （5）下班后注意车间用电设备是否断电，并拉闸 （6）充电设备如需连续使用，注意留人职守

续表

序号	岗位名称	工作职责
8	电子电器主修人员	（7）在进行汽车电气设备维修时，需断电检查，如需带电作业注意防火 （8）在汽车上作业时，注意自身搭铁，避免静电引起火花 （9）电工须持证上岗（须经国家鉴定部门考核的），学徒工不得单独作业 （10）在电控汽车上禁止做跳火试验，以免烧坏控制系统元件 （11）认真按施工单指定项目进行作业，如需增项，须预先请示前台业务并与客户联系，获准后方可实施增项，并予以文字说明 （12）认真执行工艺质量保证程序，优质完成各项任务

4.3.2 汽车维修企业组织结构的基本类型

为了实现企业的科学管理，提高企业的经济效益和社会效益，根据企业的规模，本着精简和高效的原则，特设立各职能部门。各部门之间应分工负责，各司其职，互相促进，成为一个有机的整体。

根据不同规模不同类别的汽车维修企业，应有不同的组织结构，下面分别以不同类别的汽车维修企业应具有的部门以及从属关系来进行分析。

汽车维修企业组织结构一般应设有部门和岗位如图4.2所示（参照）。

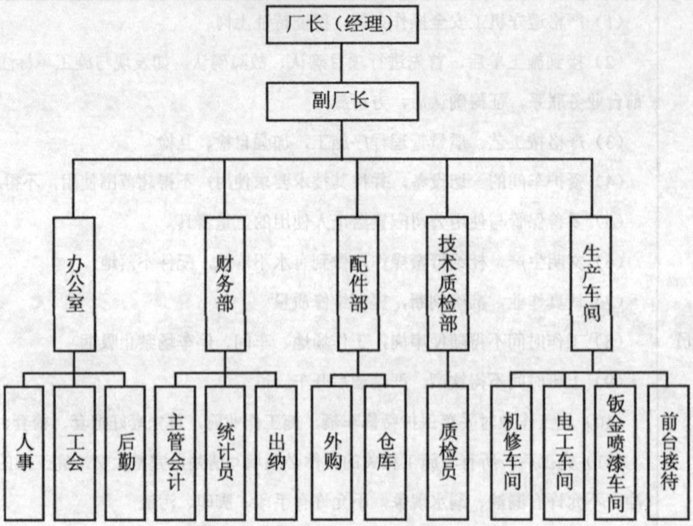

图4.2 汽车维修企业组织结构图

案例

深圳市某汽车连锁有限公司属于一类企业。公司从事汽车维修、美容及保险等业务，以中高档汽车大修、中修、小修及事故修复为主；公司为中国保监会保险代理商，可为顾客代办车辆年审，代买保险及事故理赔等服务。公司以热情接待、保证质量、完善售后三大项目为基本运作模式。公司内部全面实现计算机化联网管理，可为每一维修车辆建一档案，随时进行跟踪及售后服务。公司的组织结构图如图4.3所示。

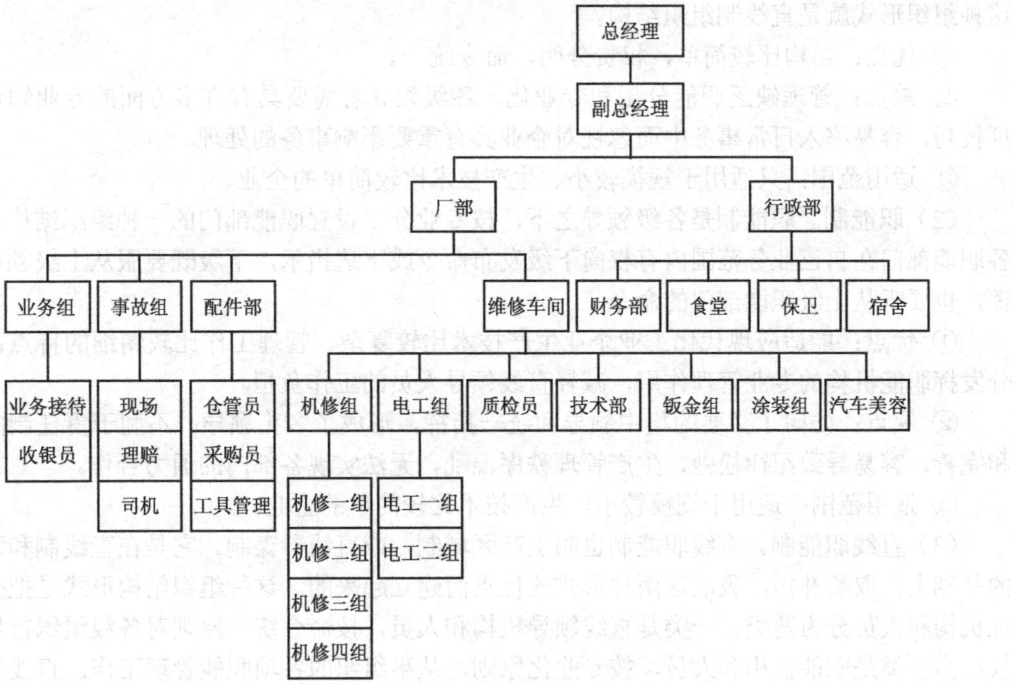

图 4.3　某一类汽车维修企业组织结构图

4.4　汽车维修企业组织结构的设计

4.4.1　组织结构设计概述

1．概念和目的

组织是为了实现某种目标，而由具有合作意愿的人群组成的职务或职位的结构，是人们为实现共同目标而形成的一个系统集合。它的功能在于分工和协调，是保证目标实施的必要手段。

所谓组织结构设计，就是把为实现组织目标而需要完成的工作，不断划分为若干性质不同的业务工作，把一个单位的有关组织要素，如战略任务、责权、工作流程等合理组织并加以制度化，把这些组织要素组合成若干部门，并确定各自职责和职权的动态设计过程。简单地说，组织结构设计就是对组织内的层次、部门和职权进行合理的划分。

组织结构设计的目的就是根据组织的需要，即总目标和总任务，明确组织的目标和任务，勾画出组织必须完成的全部任务，并为组织任务的完成提供制度保证和支持，规定组织任务完成的方法、方式，确保组织任务的高效完成。组织结构设计的结果就是要形成能够达到上述目的的组织结构。

2．职责归属

组织结构设计是建立在企业战略规划基础上的一项工作，涉及岗位设置、人力资源规划、人员编制等工作以及组织结构设计等。在企业中，组织结构设计一般由发展规划部或人力资源部来完成。

3．组织结构

（1）直线制。直线制是一种最早也是最简单的组织结构形式，从企业最高管理层到最底层以垂直系统建立各级机构，各级领导者执行统一指挥的管理职能，不设专门的职能机构，这种组织形式就是直线制组织结构。

① 优点：结构比较简单，权责分明，命令统一。

② 缺点：管理缺乏职能分工和专业化，各级领导者需要具有许多方面的专业知识和管理技巧，容易陷入日常事务中而忽视对企业具有重要影响事务的处理。

③ 适用范围：只适用于规模较小、生产技术比较简单的企业。

（2）职能制。职能制是各级领导之下，按专业分工设置职能部门的一种组织结构形式。各职能部门在自己业务范围内有权向下级发布命令或下达指示，下级既要服从上级领导的指挥，也要听从上级职能部门的命令。

① 优点：能适应现代化工业企业生产技术比较复杂、管理工作比较精细的特点；能充分发挥职能机构的专业管理作用，减轻直线领导人员的工作负担。

② 缺点：妨碍了必要的集中领导和统一指挥，形成了多头领导；不利于责任制的建立和完善，容易导致纪律松弛，生产管理秩序混乱，无法实现各部门的通力合作。

③ 适用范围：适用于规模较小，生产技术比较简单的企业。

（3）直线职能制。直线职能制也叫生产区域制，或直线参谋制。它是在直线制和职能制的基础上，取长补短，吸取这两种形式的优点而建立起来的。这种组织结构形式是把企业管理机构和人员分为两类：一类是直线领导机构和人员，按命令统一原则对各级组织行使指挥权；另一类是职能机构和人员，按专业化原则，从事组织的各项职能管理工作。直线领导机构和人员在自己的职责范围内有一定的决定权和对所属下级的指挥权，并对自己部门的工作负全部责任。而职能机构和人员则是直线指挥人员的参谋，不能对直接部门发号施令，只能进行业务指导。

① 优点：既保证了企业管理体系的集中统一，又可以在各级行政负责人的领导下，充分发挥各专业管理机构的作用。

② 缺点：职能部门之间的协作和配合性较差，容易产生脱节和矛盾，办事效率低。

③ 适用范围：适用范围较广，许多企业目前都采用的形式。

（4）事业部制。事业部制是一种高层集权下的分权管理体制，是分级管理、分级核算、自负盈亏的一种组织结构形式，即一个企业按地区或按产品类别分成若干个事业部，从产品的设计、原料采购、成本核算、产品制造，一直到产品销售，均由事业部及所属工厂负责，实行单独核算，独立经营，企业总部只保留人事决策、预算控制和监督大权，并通过利润等指标对事业部进行控制。

还有某些事业部则按区域来划分。总体来说，事业部必须具有三个基本要素，即相对独立的市场、相对独立的利益和相对独立的自主权。

① 产品事业部制。按照产品或产品系列组织业务活动，在经营多种产品的大型企业中早已显得日益重要。产品部门化主要是以企业所生产的产品为基础，将生产某一产品有关的活动，完全置于同一产品部门内，再在产品部门内细分职能部门，进行生产该产品的工作。这种结构形态，在设计中往往将一些共用的职能集中，由上级委派以辅导各产品部门，做到资源共享。典型组织结构示例如图 4.4 所示。

- 优点：适应企业的扩展与业务多元化要求，有利于采用专业化设备，并能使个人的技术和专业化知识得到最大限度的发挥；同时每一个产品部门都是一个利润中心，能独立评估其绩效，而在同一产品部门内有关的职能活动协调比较容易，比完全采用职能部门管理更有弹性。
- 缺点：需要的具有全面管理才能的人才不易找到；每一个产品分部都有一定的独立权

力，高层管理人员有时会难以控制；产品分部间会因为资源、内部交易等问题发生冲突，导致不同产品线间的不协调和信息不畅通。

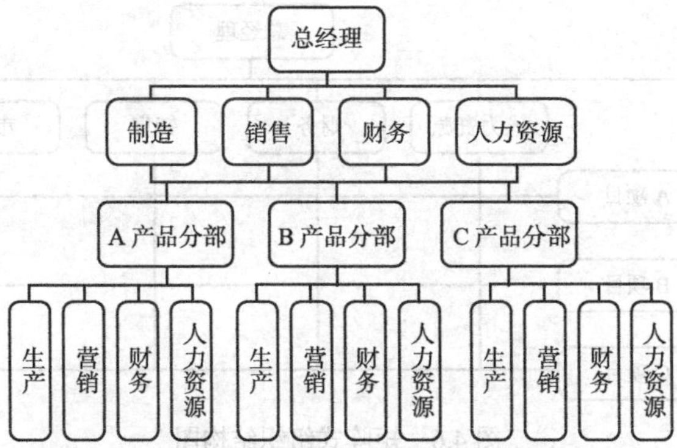

图 4.4　产品事业部制组织结构图

- 适用范围：最适合在变化迅速和不稳定环境中经营的企业。

② 区域事业部制：又称区域部门化。对于在地理上分散的企业来说，按地区划分部门是一种比较普遍的方法。一个国家的每一个地区可能会有截然不同的爱好和需要，企业可能发现在当地生产销售更能满足该地区的特殊需要。其原则是把某个地区或区域内的业务工作集中起来，委派一位经理来主管其事。这种组织结构形态，在设计上往往设有中央服务部门，如采购、人事、财务、广告等，向各区域提供专业性的服务。典型组织结构示例如图 4.5 所示。

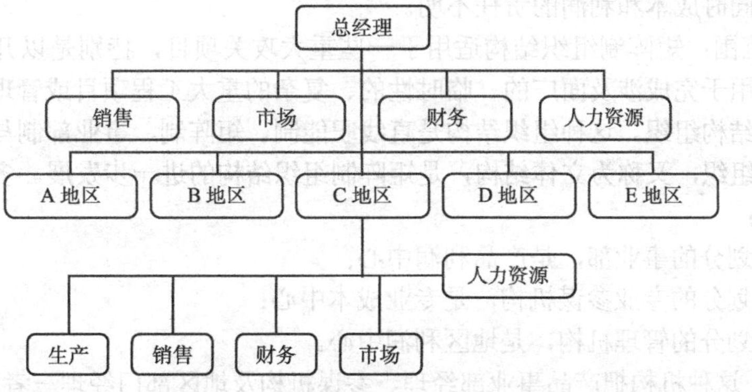

图 4.5　区域事业部制组织结构图

- 优点：每一个区域都有相应的权力和责任，都是一个利润中心，部门能根据不同地区的特殊需要妥善解决市场需求，有利于地区内部协调，也有利于培养通才管理人员。
- 缺点：随着地区的增加，需要更多具有全面管理能力的人员，而这类人员往往不易得到；每一个区域都是一个相对独立的单位，加上时间、空间上的限制，总部难以控制，难以维持集中的经济服务工作。各地区间也会因为资源等问题产生冲突。
- 适用范围：特别适用于规模大的企业，尤其是跨国企业。

（5）矩阵制。在组织结构上，把既有按职能划分的垂直领导系统，又有按产品（项目）划分的横向领导关系的结构，称为矩阵制组织结构。典型组织结构示例如图 4.6 所示。它的特点表现在围绕某项专门任务成立跨职能部门的专门机构上，如组成一个专门的产品（项目）小组去从事新产品开发工作，在研究、设计、试验、制造各个不同阶段，由有关部门派人参加，力图做到条块结合，以协调有关部门的活动，保证任务的完成。这种组织结构形式是固定的，人员却是变动的，需要谁，谁就来，任务完成后就可以离开。项目小组和负责人也是临时组织和委任的，任务完成后就解散，有关人员回原单位工作。因此，这种组织结构非常适用于横向协作和攻关项目。

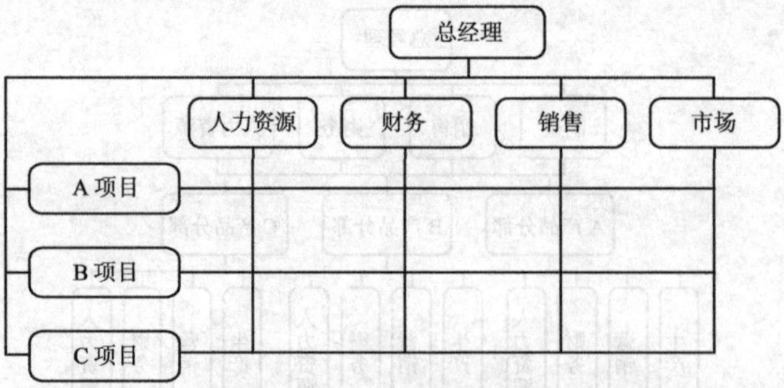

图4.6 矩阵式组织结构图

① 优点：机动、灵活，可随项目的开发与结束进行组织或解散。由于这种结构是根据项目组织的，任务清楚，目的明确，各方面有专长的人在新的工作小组里，能沟通、融合，能把自己的工作同整体工作联系在一起，为员工提供了发展职能技能和一般管理技能的机会。它还加强了不同部门之间的配合和信息交流，克服了直线职能制组织结构中各部门互相脱节的现象。

② 缺点：一个员工有时必须既向项目经理汇报，也需要向原部门领导汇报工作，造成冲突压力，使员工感到无所适从。各部门利益不一致，各部门间难以调和，常把时间浪费在会议决策中。同时成本和利润的责任不明。

③ 适用范围：矩阵制组织结构适用于一些重大攻关项目，特别是以开发与实验为主的单位。企业可用于完成涉及面广的、临时性的、复杂的重大工程项目或管理改革任务。

（6）多维结构组织。这种组织结构是直线职能制、矩阵制、事业部制与时间、地区结合为一体的结构组织，又称为立体结构，是矩阵制组织结构的进一步发展。多维结构主要包括三类管理机构：

- 按产品划分的事业部，是产品利润中心；
- 按职能划分的专业参谋机构，是专业成本中心；
- 按地区划分的管理机构，是地区利润中心。

① 优点：这种机构把产品事业部经理、参谋机构及地区部门经理三者的管理协调起来，有利于使产品事业部和地区部门以利益为中心的管理同参谋机构以成本为中心的管理较好地结合起来；同时，协调产品事业部之间、地区部门之间的矛盾，有助于及时互通信息，集思广益，共同决策。

② 适用范围：适用于跨国企业或规模庞大的跨地区企业。

4.4.2 组织结构设计原则

不同的组织通过应用上述组织结构设计原则的不同组合，构成了不同类型的组织结构的设计。随着环境的变化，组织也日益复杂化，组织结构设计的原则也不是一成不变的。不同的组织、部门应当根据自身面对的组织环境的确定性与不确定性的组合情况，来考虑不同的设计，即应当采用系统的、应变的组织结构设计程序或原则。

（1）管理幅度与层次适度原则。组织工作的目的是使人们更有效率地合作，由于人作为自然界生物的先天条件所限，一个管理人员可以有效管理下属人员的数量是有限的。管理幅度的选择对组织层次和组织效率有很大影响，应根据影响管理幅度的各种权变因素，选择和确定合适的管理幅度范围。

（2）权责对等原则。职权是把组织紧密结合起来的黏合剂，职责是对权力运用的制约，权责对等是组织正常运行的基本要求。有权无责容易产生盲目指挥，不计后果；有责无权则会严重挫伤员工的积极性。

（3）集权和分权相结合原则。集权是企业组织生产经营管理权限较多地集中在组织最高层管理者手中；分权则是一种组织的权力分散状态，是组织中最高层管理者逐步通过有系统的授权而形成的。

（4）合理划分部门原则。部门化就是将不同的工作以及相应的人员组编成可以管理的单位。创建可管理的单位的过程，通常是组织结构设计的第一步。决定部门化的最普遍的基础是职能、产品、顾客、地区，这些也是划分部门的一般基础。

（5）统一指挥原则。统一指挥原则是企业组织管理的一个基本原则，是建立在明确的权力系统之上的，保证政令畅通和效率提高，是这项原则的基本目的和根本要求。为了确保统一指挥，应注意保持信息通道畅通，切忌多头领导，不能越级指挥。

4.4.3　汽车维修企业组织结构的设计

怎样让企业内众多人员步调一致，同心协力，向着共同的目标迈进，汽车维修企业亦需要一个明确的组织机构。组织机构是企业实现战略目标和构造核心竞争力的载体，也是企业员工发挥各自优势获得自身发展的平台。

设置组织机构的目的是帮助企业围绕其核心业务建立起强有力的组织管理体系。明确机构内各岗位的具体位置及相对职责范围，一个有效的组织机构必须目标明确，功能模块清晰，工作的指派确定，不应朝令夕改，不应随意增减功能模块。

4.5　岗位设置与工作分析

4.5.1　岗位设置

岗位是组织结构中的基本单位，它是实现组织整体目标所需承担的局部职责的最小集合，是维系业务流程的基本单位。

岗位设置是为了实现组织目标、激发员工的潜力、提高组织效率，为其他人力资源工作提供基础的岗位优化配置。岗位作为一个组织的基本结构单位，是企业的细胞，它通过岗位职责和价值的体现，承担了企业业务战略的最终落实和实施。它从横向角度对业务进行描述，然后从纵向角度看各部门间和部门内部岗位间的功能划分，最后确定岗位和职责。

4.5.2　工作分析

[案例] 华益国际食品有限公司

华益国际食品有限公司是一家生产方便面的外商独资企业。由于开创初期实施了卓有成效的经营战略，使产品一炮打响，并迅速占领了市场。随着市场的扩大，企业规模也急剧扩张，生产线由初期的 2 条扩展到 12 条，人员也增至上千人，随之而来的是管理上暴露出种种问题，最为突出的是薪酬问题。各部门人员都觉得自己的付出比别人多，而得到的并不比别人多，所以都认为薪酬不公平，戏称这是资本主义的大锅饭。生产部门的人员强调自己的劳动强度大。确实，在炎热的夏季，车间温度高达 40 多度，每天都有人晕倒，劳动强度可想而知。经营部门的人员强调整天在外边跑业务，既辛苦又承受着很大的心理压力。还有的部门强调自己责任重大，等等。大家各执一词。又快到分奖金的时候了，究竟该怎么分配？唐总经理决定聘请外界专家协助解决。专家们经过一番调查研究，决定从工作分析开始……

1. 工作分析的基本含义

工作分析就是通过观察和研究，确定关于某种特定职务的性质的一种程序。也就是说，工作分析就是把每个职务的内容加以分析，清楚地掌握该职务的固定性质和组织内职务之间的相互关系的特点，从而确定该职务的工作规范，并确定工作人员在履行职务上应具备的技术、知识、能力与责任。

工作分析的实质就是研究某项工作所包括的内容及工作人员必需的技术、知识、能力与责任，并区别工作与其他工作的差异；亦即对某一职位工作的内容及有关因素做全面的、有系统的、有组织的描写或记载。

工作分析与其他人力资源管理职能的关系十分密切。

2. 工作分析的目的与意义

在人力资源管理领域内，工作分析的主要目的有两个。① 工作分析所得到的关于工作人员的技术、知识、能力等方面的要求资料可以作为人员选拔的依据，从而达到人与工作的最佳匹配；② 工作分析中所得到的工作规范的资料可以作为工作绩效考核的依据，通过考核决定奖惩，并通过奖惩等激励手段调动工作人员的工作积极性，从而产生最佳的组织行为，以使其组织的交通得到最大限度的发挥，最有效地实现组织的目标。

工作分析对于人力资源管理有很重要的作用。具体地讲，工作分析有以下7个方面的作用：

（1）选拔和作用合格的人员；

（2）制订有效的人事预测和人事计划；

（3）设计积极的人员培训和开发方案；

（4）提供考核、晋升和作业标准；

（5）提高工作和生产效率；

（6）建立先进、合理的工作定额和报酬制度；

（7）加强职业咨询和职业指导。

4.6 人力资源规划

4.6.1 人力资源规划的概念

人力资源规划是对“未来人员的需求和供给之间可能差异的分析，或是对人力需求与供给做出的估计。

人力资源规划分中长期规划和年度计划。一般来说，长期规划是 10 年以上，中期规划是 1～10 年，年度计划即当年计划。年度计划是执行计划，是中长期规划的贯彻和落实，中长期规划对企业人力规划具有方向指导作用。

4.6.2 人力规划的内容

人力资源规划一般包括岗位职务规划、人员补充规划、教育培训规划、人力分配规划等。

岗位职务规划主要解决定员定编问题。要依据近远期目标、劳动生产率、技术设备工艺要求等状况确立相应的组织机构、岗位职务标准，进行定员定编。

人员补充规划就是在中长期内使岗位职务空缺能从质量上和数量上得到合理的补充。人员补充规划要具体指出各级各类人员所需要的资历、培训、年龄等要求。

教育培训规划是依据公司发展的需要，通过各种教育培训途径，为公司培养当前和未来所需要的各级各类合格人员。

人力分配规划是依据各级组织机构、岗位职务的专业分工来配置所需的人员，包括工人工种分配、干部职务调配及工作调动等内容。

4.6.3 职工的分类

依据编制人力规划的要求，可以把汽车维修企业职工划分为以下六类。

（1）管理人员。管理人员的需要量，可按与修理工人的比例和组织机构的定员来确定。

（2）修理技术人员。修理技术人员需要量，一般按与修理工人的比例和技术人员的层次结构来确定。

（3）修理工。修理工的需要量，可根据工时确定，也可按设备定员确定，或者将两者结合起来按企业规模与定员确定。

（4）学徒工。学徒工的数量，主要根据公司生产发展情况、公司培训能力、培训时间长短来确定。

（5）服务人员。服务人员可以按公司的进厂台次或客户流量来确定。

（6）销售人员。销售人员可以按公司的汽车年销售量来确定。

4.6.4 职工的需求预测

职工的需求预测是根据发展的要求，对将来某个时期内所需职工的数量和质量进行预测，进而确定人员补充的计划方案实施教育培训方案。

职工需求预测是编制人力规划的核心和前提条件。预测的基础是发展规划和年度预算。对职工需求预测要持动态的观点，考虑到预测期内劳动生产率的提高、工作方法的改进及机械化、自动化水平的提高等变化因素。

职工需求预测的基本方法有以下三种。

1. 经验估计法

经验估计法就是利用现有的情报和资料，根据有关人员的经验，结合本公司的特点，对公司职工需求加以预测。经验估计法可以采用“自下而上”和“自上而下”两种方式。“自下而上”是由直线部门的经理向自己的上级主管提出用人要求和建议，得到上级主管的同意；“自上而下”的预测方式就是由经理先拟定出总体的用人目标和建议，然后由各级部门自行确定用人计划。最好是将“自下而上”与“自上而下”两种方式结合起来运用，先由提出职工需求的指导性建议，再由各部门按指导性建议的要求，会同人事部门、技术部门、职工培训部门确定具体用人需求；同时，由人事部门汇总确定全公司的用人需求，最后将形成的职工需求预测交由公司经理审批。

2. 统计预测法

统计预测法是运用数理统计形式，依据目前和预测期的经济指标及若干相关因素，作数学计算，得出职工需求量。这类方法中采用最普遍的是比例趋势法，回归分析和经济计量模型比较复杂，用得也不多。

（1）比例趋势分析法。这种方法通过研究历史统计资料中的各种比例关系，如管理人员与工人之间的比例关系，考虑未来情况的变动，估计预测期内的比例关系，从而预测未来各类职工的需要量。这种方法简单易行，关键就在于历史资料的准确性和对未来情况变动的估计。

（2）经济计量模型法。这种方法是先将职工需求量与影响需求量的主要因素之间的关系用数学模型的形式表示出来，依此模型及主要因素变量，来预测职工需求。这种方法比较复杂，一般只在管理基础比较好的大公司里才采用。

3. 工作研究预测法

工作研究预测法就是通过工作研究（包括动作研究和时间研究），来计算完成某项工作或某件产品的工时定额和劳动定额，并考虑到预测期内的变动因素，确定职工需求。

4.6.5 职工的供给预测

（1）分析目前的职工状况，如职工的部门分布、技术知识水平、工种、年龄构成等，了解职工的现状。

（2）分析目前职工流动的情况及其原因，预测将来职工流动的态势，以便采取相应的措施避免不必要的流动，或及时给予替补。

（3）掌握职工提拔和内部调动的情况，保证工作和职务的连续性。

（4）分析工作条件（如作息制度、轮班制度等）的改变和出勤率的变动对职工供给的影响。

（5）掌握职工的供给来源和渠道。职工可以来源于内部（如富余职工的安排，职工潜力的发挥等），也可来自于外部。

对职工供给进行预测，还必须把握影响职工供给的主要因素，从而了解职工供给的基本状况。

1. 地区性因素

（1）企业所在地和附近地区的人口密度；
（2）其他公司对劳动力的需求状况；
（3）当地的就业水平、就业观念；
（4）当地的科技文化教育水平；
（5）企业所在地对人们的吸引力；
（6）本身对人们的吸引力；
（7）当地临时工人的供给状况；
（8）当地的住房、交通、生活条件。

2. 全国性因素

（1）全国劳动人口的增长趋势；
（2）全国对各类人员的需求程度。

4.7 培训与发展

事业的成败取决于人，没有人就没有企业，松下电器公司既是“制造电器用品”的公司，又是“造就人才”的公司（松下幸之助，松下电器公司创始人）。

工欲善其事，必先利其器。企业招聘到适合的优秀人才，并不等于拥有了优秀的员工。作为企业的管理者，应该清楚地认识到，企业竞争力取决于企业的创新能力，而创新能力源于企业员工素质的提高，提高员工素质必须加强人员培训。因此，开发员工的潜力，规划员工的发展，是每一位管理者应尽的责任。由于知识经济的冲击，组织和员工个人都需要在企业核心竞争力和个人工作技能与素质方面加以提高，只有这样才能适应信息社会发展的需要，才能在未来站稳脚跟。培训是人力资本投资的重要形式，是开发现有人力资源和提高员工素质的根本途径。

这里我们引用三星集团创始人的一句话来对人才培训做个概述："自从三星创业以来，我一直花 80%的时间吸收和培养人才。我一直相信，企业的成败就在于员工的素质高低。"

人才培训包括培训与开发两个阶段。培训是企业通过各种方式帮助员工获得相关知识、技能，转变观念和态度的过程。开发则是指企业为帮助员工适应未来工作需要而开发其潜能的各种活动。培训关注的是员工目前的工作能力与近期的工作表现；开发则着眼于为他们未来的工作需要做好准备。

4.7.1　人才培训的重要意义

1．提高员工知识与技能水平

大量高新技术的应用需要员工掌握越来越多的技能，因此，员工需要经过培训与开发，由原来的单一技能型转向多种技能型，这能有效地防止员工技能的老化与退步，培养员工工作的主动性和积极性。

2．改善企业绩效

培训与开发可以改变员工的观念、态度，提高他们的技能水平，提高生产效率，从而带来整个企业绩效的提高。

3．节约企业成本

因技能得不到进一步的提高，有经验与有能力的员工常常会流失，所以培训已成为企业留住人才的手段之一。保留员工能力的提高，可以降低由于员工流失所增加的人工成本和组织成本；同时，稳定的员工队伍能够提高顾客的保持率，为企业带来价值的增加。

4．提高员工满意度

一方面，企业对员工的培训与开发，可以让员工感受到企业对自己的关系与重视；另一方面员工技能的提高会带来自身业绩的提高，这两方面都能提高员工满意度。同时培训可以给员工灌输新知识、新观念，以此调和或改变其价值观，帮助员工改善工作态度，树立正确的职业观和价值观。

5．形成企业竞争优势

培训与开发能够改变员工的知识、技能、态度、忠诚感，激发学习力与创造性等，这些都是人力资本的构成要素，人力资本又与组织资本共同构成企业核心能力的来源。因此，培训与开发能够打造企业核心竞争力，形成企业的竞争优势。

4.7.2　员工的学习过程

在知名企业中存在着许多管理者与员工可采纳的学习过程：培训、提高、教育，这几个过程可以覆盖从正式的到非正式的，从特定的技能提高到广泛的教育项目等培训体系。

1．培训

培训是通过练习，使受训者达到期望的状态或标准。在管理中，培训往往有另一个人（培训者）的介入，其目的是在一个特定的时段内使受训者的技能得到提高。

2. 提高

提高是建立在增长、成熟的理论基础之上的概念。提高意味着个人（有时是小组）在能力、知识和态度上的加强，其目的在于使受训者达到特定的职业要求或工作目标。它通常是一个受控制的过程，按个人或小组规划，并牵涉许多学习方法的综合运用。

3. 教育

管理教育是正式传授商业知识的方法，它独立于工作环境之外，但必须与工作的要求相关联。教育的目的包括更广泛的思维和认知能力的提高，管理者理性思考能力的加强，把短期行为转化为战略考虑，以及分析新的情况并做出战略决策的能力的获得。

丰田公司销售员的培训范例：

日本丰田素有“销售的TOYOTA”这项美誉，在日本就有超过35 500位优秀销售人员。这些销售人员都要经过一年的训练期，才能成为一位正式的销售人员。新人进入公司后的前四个月交由机械部门训练，让销售人员对汽车的构造有透彻的了解。接下来的两个月，开始接受销售训练，训练的重点分为两个部分，一个是“人间性”，另一个是“科学性”。

“人间性”指的是销售人员要了解客户的人性面、感情面及客户所处的立场，也就是通常所说的“情商”的培养，同时还要注重销售人员所需的毅力、诚实、态度等的修行；而“科学性”的重点是计划性地销售商品知识的充实及销售技巧的训练。经过训练后，新进的销售人员配属到各分公司、营业所，由分公司营业所的资深销售人员带领做实战练习，自我评估是否接受过正确的专业销售训练。

丰田对销售人员采用的看法是，除了极端胆怯及没有毅力的人以外，都能被训练成一位优秀的销售人员，与其辩才无碍。能注意倾听、心胸开朗的销售者更容易成为一流的销售人才。

日本丰田汽车销售公司认为，同商品的好坏一样，左右销售的另一个关键因素，就是推销员。有人说：“丰田不仅出汽车，也出人才。”神谷正太郎总经理曾在东京丰田宠儿汽车销售中心率先录用大学毕业生，把他们送到销售部门。为了迎接家庭用车的到来，他迅速描绘出了新推销员做人的态度，并下决心，要起用和培养有文化知识的推销员，以消除汽车销售方面难以预测的销售因素。

神谷正太郎的销售理论是“车的需要是创造出来的”。接受这个理论的总经理加藤诚之则主张：推销员不是自然形成的，而是“培养教育出来的”。这个很具有学者风度的加藤，为把培养推销员的教育加以科学系统化做了很大的努力。当一个访问者感叹丰田教学场所的建筑相当宏伟壮观时，加藤诚之回答说：“在这里进修和听课的人，是将成为第一流推销员的人们，他们即将奔赴推销汽车这种现代化商业战场，让他们在一个狭小的环境里，是涌现不出来明快的判断能力和为克服面临的困难而寻求可能性的积极精神的。所以，有这种规模的设施是理所当然的。我们对待平素为推销而战斗的人们，不应有失礼貌。”

丰田汽车销售公司进修中心建成于1974年，在这里授课的技师指导，全部都是从汽车销售公司和丰田销售店挑选出来的具有销售经验的人。为了经常了解新的市场情况，防止重复使讲课有新的内容，选任讲师采取2年轮换制。

进修的学员，一次25人为一班，从全国的销售店招收。从一般推销员到管理人员和经营者，分别听专门化的各部门的讲座。还有一种以研究学习的形式进行的讨论会，即“企业高级管理人员讲习会”，在这里主讲的是某大学的3名教授。每年陆续招收销售店的高级管理人员24名，采取4天的集中训练，用案例研究法进行学习。在一年之内，有1.5万左右的管理人员轮流集中在这里接受学习教育。

培养推销员的做法是，全国的丰田销售店，在每年 4 月，大约吸收 3500 名新的推销员参加公司工作。负责对这些新人进行教育训练的，是在进修中心学完了“训练员讲座”的人，称为训练员。他们是工作岗位上的副课长或股长，兼任这里的业务指导和教育工作。他们一面在工作岗位上从事实际业务，一面积极从事销售技术和销售态度教育的检验。新参加工作的员工在进公司之前，首先要进行基础理论课的学习，要学习销售理论、销售的社会作用、推销员的立场和资格、举止动作的礼法、商谈的一般规则等销售学的基础讲座。另外，东京丰田宠儿汽车销售中心还有 BS 制度。B 是“兄弟（Brother）”，S 是“姊妹（Sister）”的意思，这就是说在同一工作岗位，已参加工作一两年的前辈，要同新参加工作的人结成一对“兄弟”或“姊妹”，不仅在工作上，而且在日常生活上为新参加者做顾问，大体上以一年为期，然而，实际上继续保持这种关系的也不少。

其次，教授销售时的顺序：推销员首先推销自己的人品，取得顾客的信任，从而创造一种能够亲热交谈的氛围。然后为了使顾客对车有兴趣，推销员要说明车的效用，大力宣传商品的优越性。

最后推销出售价格。如果前两个重要条件能很好地被理解，那么按适当的价格出售是能够做到的。以上三点叫做“销售三原则”，规定为销售的基本态度。

销售汽车在日本以“访问”为主。通过访问活动，对不太想买车的人，积极地说明车的使用效能，以便使他感到有购买的必要。这种活动叫做“访问销售”。因此，访问技术贯穿训练的每一步。作为进公司前教育的一部分，还通过扮演角色的办法，学习说话方法和销售的态度。丰田推销员的特点是，根据访问实行计划销售，每天辛辛苦苦反复开展的访问工作，正是为了落实销售计划。

销售计划是在以下要素的基础上制定的。

- 商品：销售车的种类、竞争的其他车种。
- 销售地区：负责推销的地区。
- 买主：负责推销地区的所有的顾客。

推销员在调查这三个要素实际情况的基础上制定销售计划。由于训练员热心地传授这套业务技能，所以要不了多长时间，推销员就可以自己制定计划。为销出每月分配的辆数而制定的“访问计划”，要订出 1 天、1 周、1 个月、3 个月、半年、1 年的计划方案。也就是说，一天的访问计划是基础。推销员一定要填写销售报告，在分析研究这些报告之后，再预测今后销售的可能性。此外，推销员要不定期仔细地考虑顾客的特点。在这些实际情况的基础上，确定下一次概率高的销售计划。

4.7.3 培训分类

1. 新员工培训

新员工培训，又称为入职培训，是企业将聘用的员工从社会人转变成为企业人的过程；同时也是员工从组织外部融入到组织或团队内部，成为团队一员的过程。员工只有逐渐熟悉、适应组织环境和文化，明确自身角色定位，规划职业生涯发展，才能不断发挥自己的才能，推动企业的发展。对企业来讲，在此期间，新员工感受到的企业价值理念、管理方式将会直接影响新员工在以后工作中的态度、绩效和行为。成功的新员工培训可以起到传递企业价值观和核心理念、塑造员工行为的作用，它在新员工和企业以及企业内部其他员工之间架起了沟通和理解的桥梁，为新员工迅速适应企业环境并与其他团队成员展开良性互动打下了坚实的基础。

2．在职员工培训

在职员工培训是指为提高在职员工的技术技能水平，由企业直接实施或委托其他培训机构对本企业员工实施的培训。

3．经理人培训

经理人培训是指企业对中高层管理者进行的培训。经理人不仅是专项管理人才，而且是负责企业日常经营管理的复合型人才。经理人要具备三个方面的素质：专业知识、管理艺术、管理思想。

经理人培训的目标是，打造一支既符合企业发展需要又有创造力的管理者队伍。通过培训，企业将各项管理素质反复灌输给管理人员，使他们不仅成为运转良好的机器，而且知识和独立思考能力得到丰富和发展。唯有如此，企业才能迅速地跟上不断变化的市场需要。

习题4

1．填空题

（1）管理幅度和管理层次之间具有__________关系，并存在互相__________的关系，其中起主导作用的是__________。

（2）一个管理者可以直接管理每一位作业人员的活动，这时组织就只存在__________管理层次。而当规模的扩大导致管理工作量超出了一个人所能承担的范围时，为了保证组织的正常运转，管理者就必须委托他人来分担自己的一部分管理工作，这使管理层次增加到__________层次。

（3）由于管理幅度的存在，当组织规模扩大到一定程度时，就自然产生了部门划分的需要，并由此产生了__________。

（4）所谓管理幅度（span of control），是指主管人员直接领导、指挥并监督其下属工作的__________。

（5）负责组织、开发、指导修旧利废工作，编制设备保养计划、量具、仪表的定期检验计划，并督促落实完成，是__________部门的工作职责。

（6）汽车维修企业组织结构的设立是本着__________和__________的原则。

（7）选用适宜的结构形式，才能扬其长而避其短，取得良好效果。耸立形式的适用条件是：企业人员素质（包括上级领导和下属的素质）__________，管理工作__________，许多问题的处理不易标准化或者管理基础差，实现日常管理工作科学化与规范化尚需长时间的努力，生产的机械化、自动化水平不高。如果企业的具体条件与此相反，则采用扁平结构形式比较适宜。

2．思考题

（1）你心目中的汽车维修企业的组织结构有哪些部门和岗位，为什么？

（2）企业对员工进行培训的意义和方法？

第 5 章　现代汽车维修企业管理过程

学习任务

通过本章的学习，了解我国汽车维修行业的发展过程以及未来汽车维修行业发展的趋势和方向，掌握汽车维修行业的发展特点，了解有关汽车维修制度的变革情况。

知识要点

- 我国汽车维修业的发展过程和特点；
- 现代汽车维修业发展的趋势和新的维修观念；
- 汽车维修行业的自身特点。

5.1　现代维修企业管理职能

管理职能是指管理的职责和功能。企业管理的职能是按企业管理工作的基本过程、基本内容以及企业管理的任务和作用来进行分类的。无论是古典管理学家还是现代管理学家，对管理职能的研究都包括了计划、组织、控制这三大基本职能。随着企业管理实践的不断发展，决策、激励、创新三个方面的职能，在现代企业管理中受到高度重视，这对维修企业也不例外。

5.1.1　计划职能

1. 计划职能概述

所谓计划职能，就是计划工作，包括制定计划的一系列的相关活动。根据其工作的主要内容，计划职能可定义为：预测未来、确定目标、制定未来行动方案的管理过程。

计划职能是管理过程的首要环节，居于统帅地位和领先地位。计划职能在管理中的作用主要表现为两个方面：导航作用和协调作用。

2. 计划工作的主要内容

计划工作所包括的内容是围绕着编制计划所进行的各项工作归类的，主要包括：调查研究企业外部环境和内部条件的状况及其影响因素；预测未来发展的动向；确定企业的长期目标和近期目标、总体目标和分目标；制定和选择实现目标的方法；编制出各项计划。以上工作一环扣一环，相互衔接，构成了计划工作的总过程。

5.1.2 组织职能

1．组织职能概述

组织职能即组织工作，是指建立企业的组织机构和管理体制，即根据企业生产经营活动的特点和要求通过任务分类和人员分工，设置组织机构，配备相应的人员，明确规定各部门、各单位的职责范围、管理权限和协作沟通关系，建立一整套能够有效执行企业生产经营管理任务的组织机构体系和管理制度。

2．建立和完善企业组织机构应遵循的基本原则

（1）有效性原则。维修企业组织机构的设置必须从企业实际出发，服从生产经营需要，注重实效。机构的建立、调整、增设、撤销、合并以及部门之间的联系方式都要从企业实际需要出发，保证能有效地实现企业目标，能有效地开展各项工作，能有效地控制。在设定组织结构时，应遵循的原则是：因事设岗，因岗设职，切忌因人设岗。

（2）专业化、系统化原则。各部门、单位应尽可能按专业化原则设置，以便使工作精益求精和提高效率。

（3）统一指挥原则。建立统一命令、统一指挥的系统，形成等级链。

（4）权责对等原则。上级要向下级授权，各级领导要有职有权，职权和责任要对等相称。责任到人就要权力到人，不能有责无权。

3．集权与分权相结合原则

企业中的权力分派应该合理化，应正确处理集权与分权的关系。集权是统一目标经营的需要，分权则是灵活应变经营的需要。应实行统一领导、分级管理、统分结合的管理体制。汽车维修企业在这一方面尤其要重视，正确处理好厂级领导、科室领导、车间、班组的权力分配，做到权力到位，职责到位。

5.2 汽车维修企业的生产管理

5.2.1 汽车维修服务流程

服务的核心就是执行流程，汽车维修服务工作中的关键过程分成十个环节，环环相扣，首尾相接。服务核心执行流程包括预约服务、进站接待、车辆诊断、项目确认、休息接待、维修工作、内部交车、交车结账、用户回访、投诉处理，如图5.1所示。

汽车维修业务流程（或叫业务场景）如下：

（1）当顾客打电话预约、陈述汽车故障或故障现象时创建维修委托单。

（2）为每个计划的维修活动或操作创建一个独立的维修项目，包括需要使用的汽车零配件。软件系统中自动为维修项目和汽车零配件报价。自动计算总的维修价格。可打印维修报价单给客户。

（3）检查所有必需的汽车零配件都有库存。

（4）给客户报价，经客户确认同意后，打印维修委托书并签名。

（5）汽车进厂后，如果是已经预约并已经开了委托单的，可进入车间安排检测、维修。否则从第一步开始。经检测再次确认维修项目，或增加或减少，与车主沟通确认。

（6）车间进行派工，按照系统设定，分配工时自动计算工资，打印派工单给维修工。维修工开始实施维修项目。

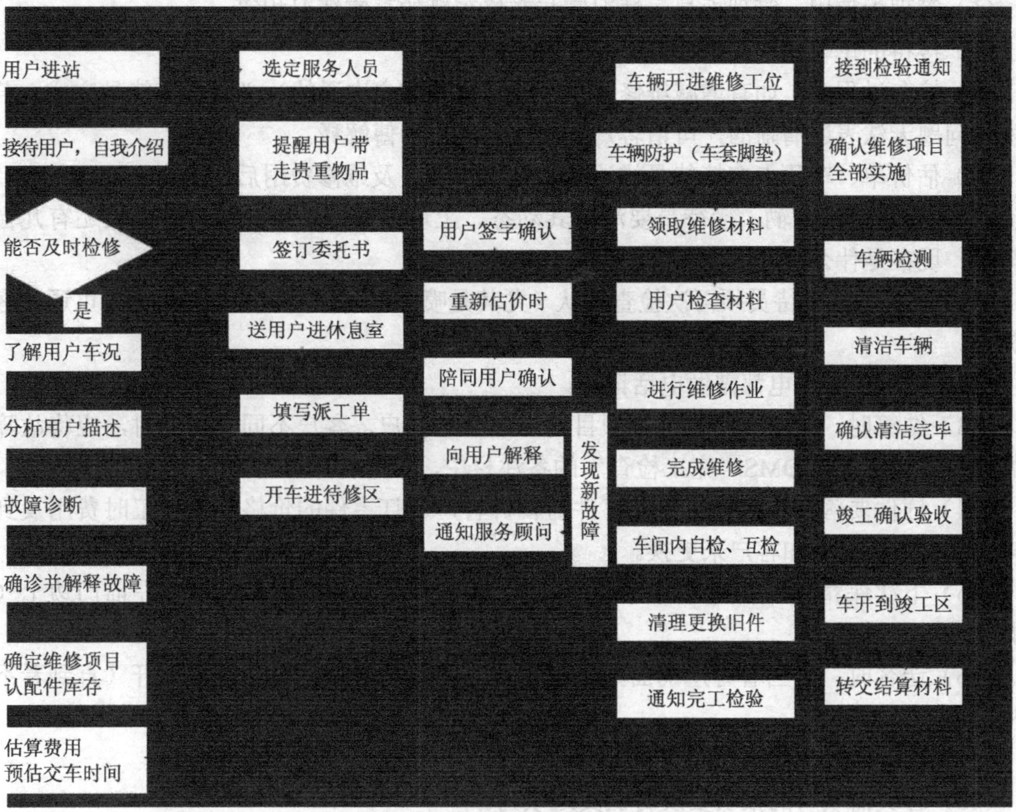

图 5.1　汽车维修服务流程

（7）需要零配件的向配件仓库领用，仓库开领料单，并打印出来，领料人员签名可取走。

（8）根据维修进度，车间进行一定的调度。

（9）车间维修完工后，进行维修检测。车间主管确认后，可在维修结算单或车间调度审核为完工。

（10）财务人员进入结算单确认领用配件和维修项目后，系统自动计算实际维修金额。可打印维修结算单给客户确认后，进行财务结算并审核。审核时可生成维修服务跟踪记录，可打印汽车出厂放行条。

（11）可开具发票，并记录发票信息。

（12）车主凭汽车出厂放行条经门卫确认后可出门。

5.2.2　汽车维修前台接待职责和流程

1．前台接待员职责注意事项

（1）出迎及时，问好。新用户递交名片。（例：您好！请问有什么可以帮助您？）

（2）受理车辆需检查车身外观是否完好、内部功能是否使用正常以及是否有贵重物品等，都应与客户一一确认后，让其签字。

（3）始终保持微笑服务（包括领导/同事）。

（4）值班人员上班准时站在引导台（午休时间除外），并且做好引导台及前台卫生，以及上班的准备事项（计算机开机/电话转移/单据整理等）。

（5）递水及时。时时关注客户，不要让他有被冷落的感觉。

（6）管理板使用。管理板显示情况需与在修车辆的真实情况相符。

（7）接待的车辆要跟踪全程直至目送客户离去。

（8）接车过程中，如有增减维修项目（或是需与客户沟通的）必须由接待员完成。若是技术性问题无法表述清晰的，可请客户到接待台，让师傅解释。

（9）估价单、车历卡在接待员描述清楚维维修项目及维修费用后，由客户确认签名。

（10）对在维修车辆，接待员要清楚其动态。上班的第一件事就是查看今天还有几台在修车辆，现在是什么状态，什么时间交车。

（11）完检后，接待员须再次检查确认（尤其是喷漆、大修及事故车）后，方可通知客户来提车。

（12）接听所有来电都需做电话记录。

（13）结算时，发现有增加维修项目的，须告之客户，客户不同意增加时，应将故障及需做维修项目记录在DMS“完工检查”的备注栏中，并且打印让客户签字确认。

（14）订件要落实。接待员需在订件前告诉客户所订零件的价格、换件工时费用及到货日期，到货后及时通知客户来更换。

（15）下次保养公里数及时间在结算时告之客户，并将保养提示卡贴在左前门边上（标准胎压贴纸处）。

（16）送客时，需当着客户的面摘下三件套，并致谢寒暄，目送客户离开（直到看不到后视镜为止）。

（17）问诊表、快修单填写完整规范。

（18）各类需填写的报表要及时认真地填写。

（19）试车需经客户同意，并尽量让客户一同试车。

（20）尽量不要让客户进入车间，若必须进入车间的客户，须挂参观牌。

（21）重视客户提出的每一个问题，并且尽量满足。

（22）接待员次日休息，需将当日未交车辆情况转交给其他接待员。

2. 汽车维修前台接待流程介绍

汽车维修前台业务接待员，可以说是一家维修企业专业化形象的代言人，通过其工作有助于平均分配企业每天的工作量，增加维修单的销售工时数及零件数，为企业增加利润，同时减少返工量，提高劳动效率，进而优化客户的满意度和忠诚度。

第一步：汽车维修前台接待流程预约。

此步骤最重要的是：要让预约客户享受到预约的待遇，要与直接入厂维修客户严格区分开。这是决定此客户下次是否再次预约的关键因素。公司开业先期，此步骤比较难做。主要是因为开始业务量较小，预约和直接入厂维修的客户从维修的时间来看区别不大。

安排客户预约的方法有几种：

（1）让客户知道预约服务的各种好处。

（2）在客户接待区和客户休息室放置告示牌，提醒客户预约。

（3）在对客户回访跟踪时，宣传预约业务，让更多的客户了解预约的好处。

（4）由接车员经常向未经预约直接入厂的客户宣传预约的好处，增加预约维修量。

第二步：汽车维修前台接待流程接待。

客户将车辆停好后，由引导人员将其带入维修接待区域并根据公司要求介绍给某个接车员。此步骤其实就是一个接车员与客户沟通的过程，也是一个问诊的过程。此过程接车员应注意几个问题：

（1）汽车维修前台接待流程问诊时间最少 7 分钟，这样的好处是：

① 可以更多地准确地了解客户的需求。

② 可以为公司挖掘潜在的利润。

③ 可以更多地了解客户性格，有利于后续的工作。

④ 可以和客户建立一定的感情基础，有利于后续的工作。

汽车维修前台接听电话的工作流程如图 5.2 所示。

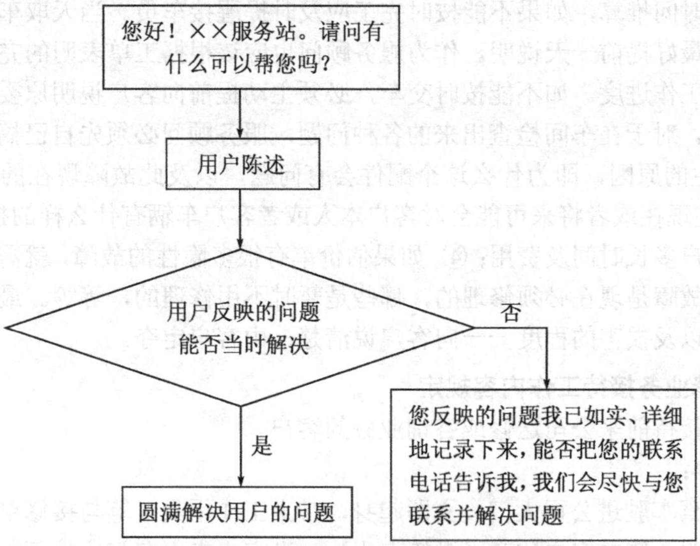

图 5.2　接听电话的工作流程

（2）汽车维修前台接待流程技术方面的问题如果接车员自己解决不了，必须向车间的技术支持求助，不可擅自做主。

（3）汽车维修前台接待流程查验车辆要认真仔细，但是不可让客户感觉我们防他就像防贼一样。例如，查验车辆外观时，可以说："×先生，您看这里有块刮蹭，什么时候您有时间，咱走个保险，我帮您把它修了"。或者"您看这块伤，您要是从这里上的保险，都不用您费什么事，我们直接就帮您把他修了，手续特别简单"。这样说既可以解决客户对于接车员查验车辆外观的抵触情绪；又可以间接地帮助公司创造利润。

（4）汽车维修前台接待流程查验车辆的同时，要当着客户的面铺三件套。即使客户客气说不用了等话语，也要坚持这样做。

（5）明确向客户建议，取走车内的贵重物品，并为客户提供装物品的袋子。如果有些物品，如导航仪、mp3 等物品，客户不愿拿走，接车员可以将物品收到前台的储物柜中，并记录在查车单上。如果是大件物品，可以记录在查车单上，并向调度室说明此情况。

第三步：汽车维修前台接待流程打印工单。

工单是一个合同，要注意在客户签字之前，必须向客户说明几个问题：

（1）工单中所做哪些服务项目。

（2）工单中的服务项目工料合计约需要多少费用（估算值与实际值上下不能超过 10%）。

（3）工单中的服务项目所需的大概时间。对于高端客户，时间看的可能比钱还重要。

（4）是否要保留更换下来的配件，放后备箱还是什么地方。

（5）是否洗车。

这就是“五项确认”。另外还要注意：① 所维修的项目如果不是常见的维修项目，先要向配件咨询是否有货，多长时间到货；② 将客户车辆的车钥匙拴上钥匙卡，记明车牌号、工单号、接车员名字、车型、车辆颜色、车辆停放位置；③ 如果客户有钥匙链，还要在工单明显处注明。

第四步：汽车维修前台接待流程实时监控。

此步骤就是监督工作的进程，主要体现在两方面：

（1）完工时间。对于完工时间，在部门间的协作规定中，应该有这样的规定：维修技师根据工单的完工时间推算，如果不能按时完工应及时提醒接车员。当天取车的至少提前半小时，隔天取车的最好提前一天说明。作为服务顾问也应该根据工单表明的完工时间，及时向车间控制室询问工作进度。如不能按时交车，必须主动提前向客户说明原委并道歉。

（2）估价单。对于在车间检查出来的各种问题，服务顾问必须先自己搞清楚几个问题：① 隐形故障发生的原因，即为什么这个配件会有问题，以及此故障现在的实际损害程度；② 此隐性故障在现在或者将来可能会对客户本人或者客户车辆有什么样的损害；③ 维修此故障需要花费客户多长时间及费用；④ 如果估价单有很多隐性的故障，就需要接车员本人来替客户甄别哪些故障是现在必须修理的，哪些是暂时不用修理的，等等。最好把各个故障到底是怎么回事，以及损害的程度一一向客户说清楚，由客户定夺。

3．汽车维修业务接待工作内容规定

（1）业务厅接待前来公司送修或咨询业务的客户。

① 工作内容：

- 见到客户驾车驶进公司大门，立即起身，带上工作用具（笔与接修单）走到客户车辆驾驶室边门一侧向客户致意（微笑点头）：当客户走出车门或放下车窗后，应先主动向客户问好，表示欢迎（一般讲“欢迎光临！”）；同时作简短自我介绍。
- 如客户车辆未停在本公司规定的接待车位，应礼貌引导客户把车停放到位。
- 简短问明来意，如属简单咨询，可当场答复，然后礼貌地送客户出门并致意（一般讲“请走好”、“欢迎再来”）。如属需诊断、报价或进厂维修的，应征得客户同意后进接待厅商洽；或让客户先到接待厅休息，维修企业工作人员检测诊断后，再与客户商洽。情况简单的或客户要求当场填写维修单或预约单的，应按客户要求办理手续。
- 如属于新客户，应主动向其简单介绍本公司维修服务的内容和程序。
- 如属于维修预约，应尽快问明情况与要求，填写《维修单预约单》，并呈交客户；同时礼貌告诉客户请记住预约时间。

② 工作要求：接待人员要文明礼貌，仪表大方整洁、主动热情，要让客户有“宾至如归”的第一印象。客户在客厅坐下等候时，应主动倒茶，并示意“请用茶”，以表示待客礼貌诚恍。

（2）业务答询与诊断。

① 工作内容：

- 在客户提出维修养护方面诉求时，接待人员应细心专注聆听，然后以专业人员的态度、通俗的语言回答客户的问题。
- 在客户车辆需进行技术诊断才能作维修决定时，应先征得客房同意，然后开始技术诊断。
- 接待人员对技术问题有疑难时，应立即通知技术部专职技术员迅速到接待车位予以协助，以尽快完成技术诊断。

- 技术诊断完成后应立即打印或填写诊断书，明确车辆故障或问题所在，然后把诊断情况和维修建议告诉客户；同时，把检测诊断单呈交客户，让客户进一步了解自己的车况。

② 工作要求：在这一环节，维修企业接待人员要态度认真细致，善于倾听，善于专业引导。在检测诊断时，动作要熟练，诊断要明确，要显示出本公司技术上的优越性、权威性。

（3）业务洽谈。

① 工作内容：

- 与客房商定或提出维修项目，确定维修内容，收费定价、交车时间，确定客户有无其他要求，将以上内容一一填入《进厂维修单》，请客户过目并决定是否进厂。
- 客户审阅《进厂维修单》后，同意进厂维修的，应礼貌地请其在客户签字栏签字确认；如不同意或预约进厂维修，接待人员应主动告诉并引导客户到收银处办理出厂手续，领《出厂通知单》，如有我方诊断或估价的，还应通知客户交纳诊断费或估价费；办完手续后应礼貌送客户出厂，并致意“请走好，欢迎再来”。

② 工作要求：与客户洽谈时，要诚恳、自信、为客户着想，不卑不亢、宽容、灵活，要坚持“顾客总是对的”的观念。对不在厂维修的客户，不能表示不满，要保持一贯的友好态度。

（4）业务洽谈中的维修估价。

① 工作内容：

- 与客户确定维修估价时，一般采用“系统估价”，即按排除故障涉及的系统进行维修收费。
- 对一时难以找准故障涉及系统的，也可以采用“现象估价”，即按排除故障现象为目标进行维修收费。这种方式风险大，维修企业人员定价时应考虑风险价值。
- 对于维修内容技术会含量不高，或市场有相应行价的，或客户指定维修的，可以用“项目定价”，即按实际维修工作量收费。这种方式有时并不能保证质量，应事先向客户作必要的说明。
- 维修估价洽谈中，应明确维修配件是由维修企业提供还是由客户方提供，用正厂件还是副厂件；并应向客户说明，凡客户自购配件，或坚持要求关键部位用副厂件的，维修企业应表示对技术质量不作担保，并在《进厂维修单》上说明。

② 工作要求：这一环节中，业务接待人应以专业人员的姿态与客户洽谈，语气要沉稳平和，灵活选用不同方式的估价，要让客户对公司有信任感。应尽可能说明本公司价格合理性。

（5）业务洽谈中的承诺维修质量与交车时间。

① 工作内容：业务洽谈中，要向客户明确承诺质量保证，应向客户介绍我公司承诺质量保证的具体规定。要在掌握公司现时生产情况下承诺交车时间，并留有一定的余地。特别要考虑汽车配件供应的情况。

② 工作要求：要有信心，同时要严肃，特别要注意公司的实际生产能力，不可有失信于用户的心态与行为。

（6）办理交车手续。

① 工作内容：

- 客户在签订维修合同（即维修单）后，接待人员应尽快与客户办理交车手续。

- 接收客户随车证件（特别是二保、年审车）并审验其证件有效性、完整性、完好性，如有差异应当时与客户说明，并作相应处理，请客户签字确认差异。
- 接收送修车时，应对所接车的外观、内饰表层、仪表座椅等作一次视检，以确认有无异常、如有异常，应在《进厂维修单》上注明。
- 对随车的工具和物品应清点登记，并请客户在《随车物品清单》上签字（详见《随车物品清单》），同时把工具与物品装入为该车用户专门提供的存物箱内。
- 接车时，对车钥匙（总开关钥匙）要登记、编号并放在统一规定的车钥匙柜内。
- 对当时油表、里程表标示的数字登记入表。如即时送车于车间修理的，车交入车间时，车间接车人要办理接车签字手续。

② 工作要求：视检、查点、登记要仔细，不可忘记礼貌地请客户在《进厂维修单》上签名。

（7）礼貌送客户。

① 工作内容：客户办完一切送修手续后，接待员应礼貌告知客户手续全部办完，礼貌暗示可以离去。如客户离去，接待员应起身致意送客，或送客户至业务厅门口，致意："请走好，恕不远送"。

② 工作要求：热情主动、亲切友好、注意不可虎头蛇尾。

（8）为送修车办理进车间手续。

① 工作内容：

- 客户离去后，迅速清理《进厂维修单》，（这时通过计算机，一些车辆统计报表也可同时登记），如属于单组作业的，直接由业务部填列承修作业组；如属于多组作业的，应将《进厂维修单》交车间主管处理。
- 由业务接待员通知清洗车辆，然后将送修车送入车间，交车间主管或调度，并同时交随车的《进厂维修单》，并请接车人在《进厂维修单》指定栏签名，并写明接车时间，时间要精确到分钟。

② 工作要求：认真对待、不可忽视工作细节，更不可省略应办手续。洗车工作人员洗完车后，应立即将该车交业务员处理。

（9）追加维修项目处理。

① 工作内容：业务部接到车间关于追加维修项目的信息后，应立即与客户进行电话联系，征求对方对增项维修的意见。同时，应告诉客户由增项引起的工期延期。得到客户明确答复后，立即转达到车间。如果客户不同意追加维修项目，业务接待员即可口头通知车间并记录通知时间和车间受话人；如果同意追加，即开具《进厂维修单》填列追加维修项目内容，立即交车间主管或调度，并记录交单时间。

② 工作要求：咨询客户时，要礼貌，说明追加项目时，要从技术上作好解释工作，事关安全时要特别强调利害关系。要冷静对待此时客户的抱怨，不可强求客户，应当尊重客户选择。

（10）查询工作进度。

① 工作内容：业务部根据生产进展定时向车间询问维修任务完成情况，询问时间一般定在维修预计工期进行到70%～80%时。询问完工时间、维修有无异常。如有异常应立即采

取应急措施，尽可能不拖延工期。

② 工作要求：要准时询问，以免影响准时交车。

（11）通知客户接车。

① 工作内容：

- 做好相应交车准备：车间交出竣工验收车辆后，业务人员要对车做最后一次清理；清洗、清理车厢内部，查看外观是否正常，清点随车工作和物品，并放到车上。结算员应将该车全部单据汇总核算，此前要通知、收缴车间与配件部有关单据。
- 通知客户接车：一切准备工作之后，即提前一小时（工期在两天之内），或提前四小时（工期在两天以上包括两天）通知客户准时来接车，并致意："谢谢合作！"如不能按期交车，也要按上述时间或更早些时间通知客户，说明延误原因，争取客户谅解，并表示道歉。

② 工作要求：通知前，交车准备要认真；向客户致意、道歉要真诚，不得遗漏。

（12）对取车客户的接待。

① 工作内容：

- 主动起身迎候取车的客户，简要介绍客户车辆维修情况，指示或引领客户办理结算手续。
- 结算：客户来到结算台时，结算员应主动礼貌向客户打招呼，示意台前座位落座，以示尊重；同时迅速拿出结算单呈交客户；当客户同意办理结算手续时，应迅速办理；当客户要求打折或其他要求时，结算员可引领客户找业务主管处理。
- 结算完毕，应即刻开具该车的《出厂通知单》，连同该车的维修单、结算单、质量保证书、随车证件和车钥匙一并交到客户手中，然后由业务员引领客户到车场作随车工具与物品的清点和外形视检，如无异议，则请客户在《进厂维修单》上签名。
- 客户办完接车手续，接待员送客户出厂，并致意思："××先生（小姐）请走好。""祝一路平安！欢迎下次光临！"

② 工作要求：整个结算交车过程中，动作、用语要简练，不让客户觉得拖拉烦琐。清点、交车后客户接收签名不可遗漏。送客要至诚。

（13）客户档案的管理。

① 工作内容：客户进厂后业务接待人员当日要为其建立业务档案，一般情况，一车一档案袋。档案内容有客户有关资料、客户车辆有关资料、维修项目、修理保养情况、结算情况、投诉情况，一般以该车《进厂维修单》内容为主。老客户的档案资料表填好后，仍存入原档案袋。

② 工作要求：建立档案要细心，不可遗失档案规定的资料，不可随意乱放，应放置在规定的车辆档案柜内，由专人保管。

（14）客户的咨询解答与投诉处理。

① 工作内容：

客户电话或来业务厅咨询有关维修业务问题，业务接待人员必须先听后答，听要细心，不可随意打断客户；回答要明确、简明、耐心。答询中要善于正确引导客户对维修的认识、引导对我公司实力和服务的认识与信任；留意记下客户的工作地址、单位、联系电话，以利今后联系。客户投诉无论电话或上门，业务接待员都要热情礼貌接待；认真倾听客户意见，并做好登记、记录。倾听完意见后，接待员应立即给予答复。如不能立即处理的，应先向客户致意：表示歉意并明确表示下次答复时间。

处理投诉时，不能凭主观臆断，不能与客户辩驳争吵，要冷静而合乎情理。投诉对话结束时，要致意："××先生（小姐），感谢您的信任，一定给您满意答复"。

② 工作要求：受理投诉人员要有公司大局观，要有"客户第一"的观念，投诉处理要善终，不可轻慢客户。客户对我方答复是否满意要做记录。

（15）跟踪服务。

① 工作内容：根据档案资料，业务人员定期向客户进行电话跟踪服务。跟踪服务的第一次时间一般选定在客户车辆出厂两天至一周之内。

跟踪服务内容有：询问客户车辆使用情况，对我公司服务的评价，告之对方有关驾驶与保养的知识，或针对性地提出合理使用的建议，提醒下次保养时间，欢迎保持联系，介绍公司新近服务的新内容、新设备、新技术，告之公司免费优惠客户的服务活动。做好跟踪服务的纪录和统计。通话结束前，要致意："非常感谢合作！"

② 工作要求：跟踪电话时，要文明礼貌，尊重客户，在客户方便时与之通话，不可强求。跟踪电话要有一定准备，要有针对性，不能漫无主题，用语要简明扼要，语调应亲切自然。要善于在交谈中了解相关市场信息，发现潜在维修服务消费需求。并及时向业务主管汇报。

（16）预约维修服务。

其工作内容如下：

- 受理客户提出预约维修请求，或我公司根据生产情况向客户建议预约维修，经客户同意后，办理预约手续。
- 业务员要根据客户与我公司达成意见，填写预约单，并请客户签名确认。
- 预约时间要写明确，需要准备价值较高的配件量，就请示客户预交定金（按规定不少于原价的二分之一）。

预约决定后，要填写《预约统计表》；要于当日内通知车间主管，以便到时留出工位。预约时间临近时，应提前半天或一天，通知客户预约时间，以免遗忘。

（17）业务统计报表填制、报送。

① 工作内容：周、月维修车的数量、类型、维修类别、营业收入与欠收的登记、统计及月统计分析报告由业务部完成，并按时提供财务部、分管经理、经理，以便经营管理层的分析决策。

② 工作要求：按规定时间完成报表填报，日报表当日下班前完成，周报表周六下班前完成，月报表月末一天下班前完成。统计要准确、完整，不得估计、漏项。

（18）本制度使用以下十七种表格：

（1）进厂维修单	（2）维修追加项目单	（3）维修估价单
（4）维修预约单	（5）维修结算单	（6）汽车检测诊断报告单
（7）出厂通知单	（8）售后服务卡	（9）跟踪服务客户电话记录表
（10）跟踪服务电话登记表	（11）跟踪服务信函登记表	（12）维修预约登记表
（13）客户档案资料表	（14）随车物品清单	（15）业务统计表（周、月）
（16）行业相关市场情况报告表	（17）公司业务状况分析报告表	

5.3　汽车维修企业的控制

在确定了目标，制定出计划，计划方案付诸实施以后，就需要开始进行控制活动。控制活动就像驾驶员操纵转向盘，以保证行驶过程中不偏离轨道。在企业各项计划的实施过程中，没有控制就不能保证各项活动按预期的方向和要求进行，控制是管理过程中不可缺少的一项重要基本职能。

5.3.1　控制的概述

1．控制职能的含义

企业管理的控制职能，是指管理者按计划和标准对生产经营活动进行监督、检查、衡量和纠正，以确保企业的目标以及为此而拟订的计划得以实现的管理活动。西方管理学家法约尔对控制下的定义是："在一个企业里，控制就是要验证一下是否各项工作都与计划相符合，是否与下达的指示及已定原则相符合。控制的目的在于指出工作中的缺点和错误，以便纠正并避免重犯。对物、对人、对行动都可进行控制。"

2．决定控制的必要性因素

（1）外部环境的影响。计划从构思、制定到执行一般都要经历较长的时间。在这段时间内，组织的外部环境必然会发生变化，从而影响已定的计划和目标。为了适应变化的环境，组织必须有一个有效的控制系统，来根据变化的环境采取相应的对策。计划的时间跨度越大，控制就越显得重要。

（2）组织内部的影响。受到组织内外部因素的影响，组织成员的思想、组织的结构、产品的结构和组织的业务活动范围都有可能发生变化。计划的变化对计划的执行也会产生影响。

（3）组织成员的素质影响。计划要靠人去执行和实现，而人有不同的才能、动机和工作态度，人们对计划的理解也不相同，因而，人的素质对计划的执行影响也很大。上述因素的存在，使计划的执行过程充满了不确定性，为保证计划执行不偏离正确的方向并实现组织目标，就必须将控制工作穿插在计划实施当中。控制工作不仅能衡量计划的执行速度、发现偏差并采取纠正措施，在许多情况下，它还可以确立新的目标、提出新的计划，甚至改变组织结构、改变人员配备以及在领导方法上做出重大改革。

5.3.2　控制的基本过程

1．控制的基本前提

（1）必须有明确、完整的计划。控制要有标准，而计划提供了控制的标准，因此计划越明确、全面和完整，控制的效果就越好。

（2）必须有明确完整的组织机构。控制的组织机构是指：一是要有专司控制职能的组织机构，即明确由何部门、何职位、何人来负责何种控制工作。这是因为没有明确的控制机构，控制职能就无法落实。二是对各部门、各岗位的职责必须有明确规定。这是因为只有通过控制工作发现偏差，才能明确应由谁来承担责任和应由谁来采取必要的纠正措施，控制也才能有效果。

2．控制的基本要素

任何有目的的活动都需要进行控制，控制活动一般经过如下三个进程：

（1）拟订标准。控制标准是开展控制工作的依据。制定控制标准的依据是计划、组织目标以及具体工作的专业规范。

（2）监督检查。偏差信息是指实际工作情况或结果与控制标准之间的偏离情况。只有了解、掌握了偏差信息，才能决定是否应该采取纠正措施以及采取怎样的纠正措施。

（3）纠正偏差。这是根据偏差信息以及偏差产生的原因而采取的一系列措施，其目的在于消除偏差、保证计划的顺利进行。纠正措施应建立在对偏差原因进行正确分析的基础上。

5.3.3 控制的类型

控制的种类很多。按照不同的方法，可将控制分为不同类型，见表 5.1。

表 5.1 控制的类型

分类原则	控制类型
1．按控制活动的性质划分	（1）预防性控制 （2）纠正性控制
2．按控制点的位置划分	（1）预先控制 （2）过程控制 （3）事后控制
3．按控制的来源划分	（1）正式组织控制 （2）群体控制 （3）自我控制
4．按控制的程度划分	（1）集中控制 （2）分散控制
5．按控制的信息划分	（1）反馈控制 （2）同期控制 （3）前馈控制

1．预防性控制与纠正性控制

（1）预防性控制：是以避免产生错误、尽量减少日后的纠正活动为目的的控制活动。预防性控制活动能减少资金、时间及其他资源的损耗，像规章制度、工作程序、人员训练和培训等都属于预防性的控制措施。使用这种控制措施，要求对系统运行过程中的关键点有比较深刻的理解，要能预见问题。

（2）纠正性控制：是指在出现偏差时，使行为或实施进程返回到预先确定的或所希望的水平。采用纠正性控制往往是由于管理者没有预见性，或者管理者认为某些事情在出现错误之后实施控制比提前进行控制更容易些。

2．预先控制、过程控制与事后控制

（1）预先控制：位于受控活动的开始点，是在活动开始之前实施的控制。预先控制都是预防性控制，但是，预防性控制并不都是预先控制，有些过程控制也属于预防性控制。

（2）过程控制：是在活动的进行过程中实施的控制。过程控制一般都在现场进行，控制的内容应该和被控制对象的工作特点相适应。

（3）事后控制：是在活动结束后的控制，位于活动过程的终点。是历史最久的控制类型，传统的控制办法几乎都属于这种类型。但是，事后控制有一个致命的缺陷，即由于整个活动已告结束，活动中出现的偏差已在系统内部造成损害。

3．正式组织控制、群体控制与自我控制

（1）正式组织控制：是由管理人员设计和建立起来的一些机构或人员来进行控制。

（2）群体控制：基于群体成员们的价值观念和行为准则，是由非正式组织维持的控制。非正式组织有自己的一套行为规范，虽然这些规范往往是不成文的，但对其成员却有很大的约束力。群体控制可能有利于达成组织目标，也可能给组织带来危害，所以要对其加以引导。

（3）自我控制：是有意识地按某一行为规范进行的控制。这种控制成本低、效果好。但它要求人员有较高的素质，要求上级给下级以充分的信任和授权，还要把个人活动与成果报酬联系起来。

相比之下，正式组织控制、群体控制是由个人以外的力量实施控制，也叫做外部控制。这三种控制有时是一致的，有时又是互相抵触的，这取决于一个组织的文化。有效的管理控制系统应该综合利用这三种控制类型并使它们尽可能和谐一致，防止它们互相冲突。

4．集中控制与分散控制

（1）集中控制：是指控制指令的发出、信息的流动都来自一个控制中心，各种管理活动都要按照事先规定的程序进行。这种控制便于整体协调，有助于维持统一的总体目标；但信息传输效率低，适应性差，控制过程复杂。

（2）分散控制：是一种分级控制。控制指令的发出、信息的流向都是多向的和多中心的，其优、缺点与集中控制正好相反，即信息传输效率高、适应性强、控制过程简单，但难以进行整体协调。

5．反馈控制、同期控制与前馈控制

（1）反馈控制：就是利用组织系统过去的情况来指导现在和将来。它所利用的信息是受控系统的输出信息，控制的目的是防止已经发生或即将出现的偏差继续发展或今后再度发生。

（2）同期控制：是与工作过程同时进行的控制。其特点是在行动过程中，一旦发生偏差，马上予以纠正。其目的就是要保证本次活动尽可能地少发生偏差，改进本次而非下次活动的质量。它的两项基本职能是：技术性指导和监督。

（3）前馈控制：又称为指导将来的控制，是不断利用最新的信息进行预测，并把预测的结果同所期望的结果进行比较，再根据比较的结果采取相应的措施来调整投入及实施活动，以达到预期的结果。这种控制利用的不是系统的信息，而是系统的输入信息及主要扰动信息。其目的在于防止所使用的各种资源在质和量上产生偏差，在系统运行过程的输出结果受到影响之前就做出纠正。

5.3.4 汽车维修企业管理控制的主要内容

1．维修进度控制

对维修生产进度和工作进度进行控制是为了保证维修企业中的各项活动能按时完成。这是对顾客实施服务承诺的第一步，是汽车维修企业与客户接触的开端。维修进度慢会导致生产效率低下，企业效益下降；维修周期过长，影响客户用车，将导致客户对汽车维修企业产生信任危机，使企业所修车辆数大幅度下降，最终的结果是不言而喻的。

汽车维修进度的确定依据一般是：根据车辆检测情况定出确切的修理项目，根据标准维修工时再结合车主的要求，通过协商来确定维修周期。企业生产管理部门据此下达生产任务书并在维修过程中加以严格控制，确保维修工作如期完成。

2．维修质量控制

生产过程中的维修修理质量控制就是汽车维修企业以国家颁布的汽车维修行业质量标准为依据进行各工序的控制，以保证维修的品质。

汽车维修企业的维修质量控制是由专业人员和专业部门来完成的。汽车维修企业内部设有质量检验部门，建立质量检验制度，并常设专职检验员来控制维修的各道工序来保证整体维修质量。具体来说，包括以下几个方面：

（1）技术副厂长对全厂车辆维修质量负总责。

（2）质量检验科负责质量保证体系的具体实施与管理；负责对质量检验员的培训与管理；对技术厂长负责。

（3）总检验员和过程检验员是质量控制的具体执行者。

（4）在车辆维修施工过程中，修理厂实行“自检”、“互检”和范围“专项检验”的“三检”制度，以确保修理质量。

3．费用控制

费用控制包括成本控制和资金控制。成本控制是对成本形成过程的控制，是按照各项消耗定额和目标成本标准，控制各项费用的支出。资金控制是对企业资金运作情况进行监督和分析。

4．行为控制

行为控制就是对企业员工的行为进行控制，使之更有效地趋向于企业目标。

汽车维修企业对员工行为的控制，重点要放在服务理念方面。在员工中要树立“服务至上，客户第一”的思想和规范员工的语言，切实做到认真、得体和热情。

案例

某公交公司大修厂（一类汽车维修企业）质量控制体系，如图5.3所示。

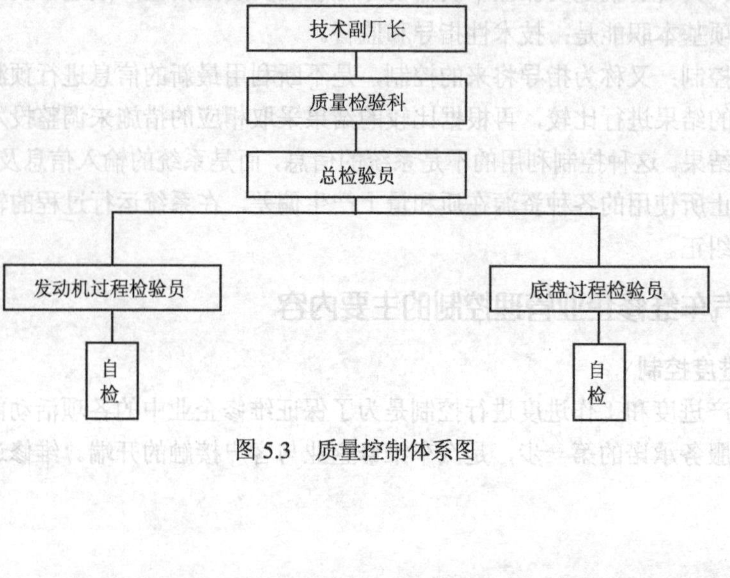

图5.3　质量控制体系图

5.4 汽车维修企业的领导

5.4.1 领导的含义

领导就是某一具体社会系统中的组织主体根据其所处环境和客体的实际情况确定本系统的目标和任务，获得和动用各种资源及手段，制动和致变客体，从而达到既定目标，完成该系统共同事业的主导性、支配性、决定性行为过程和强效社会工具。

据此可知，只要是社会系统中的主导性、支配性、决定性、社会行为和社会运作过程，那就是领导。他具有统治、服务、影响、权力、权威、社会生活和人类历史等方面的本质。

5.4.2 领导的基本素质

不同的领导素质在构成领导人才和参与领导实践的过程中分别发挥着不同的作用。根据这些作用，领导的基本素质概括为如下四个层次：

（1）核心性领导素质，包括政治素质、道德素质和思想素质。

（2）经验性素质，包括职业素质、社会素质和生活素质。

（3）智能性素质，包括能力素质和智慧素质。

（4）基础依托性素质，包括教育素质、文化素质、心理素质和身体素质。

5.4.3 领导过程的内容

领导过程是领导主体实施领导的具体行为过程，也是领导现象产生、展现和结果的社会运作过程。考察任何一个领导者或一个领导机构，会发现没有一个领导主体是不决策、不用人的；也没有任何一个领导主体是不动员人、财、物、关系、权力等资源来落实决策的，因而也就没有一个领导主体不需要在人群中做组织、指挥和驾驭的工作，以把领导决策变成集体行动的。一旦要组织这么多资源、尤其是要组织人群这种最复杂的力量去实现领导目标，就必定有指挥、控制和反馈等实际行为需要。因而，领导过程的内容就包括：决策、用人、组织、动员、指挥、控制和驾驭等诸环节。

1. 决策

决策就是通常讲的“拍板”，即出主意、定方向、拟计划、提任务、想对策、拿办法，是领导履行职能职责的最重要行为。

2. 动员、指挥与组织落实

决策做出以后，就要组织、动员和指挥来加以落实了。动员与指挥、组织落实一样，都是领导过程中以“事”为主线、为目标、为取向的领导活动，这些活动是执行决策的具体操作过程，没有这个过程，领导就只能是一句空话。所以这个过程是最实质性的领导活动之一，其中包含并运用了大量的权力、权威，是行动中体现领导作用力的资源效用过程。

3. 控制

控制就是领导牢牢把握领导系统、领导过程和整个被领导系统的过程。这是实现有效领导的关键环节之一，主要包括沟通、协调、团结、批评、监督等方面的内容。

4. 用人

用人是领导过程中关于人事领导和组织领导的关键环节。自古有云：“得人者昌，失人者亡。”这说明了领导工作中人事的重要性。所以用人是领导者的重要责任。要按照“因事择人、竞争择优、适才适用、充分信任”这四项人才选用原则来选好人才和用好人才。

5. 驾驭

驾驭是领导者通过沟通、协调、激励等具体工作而实现领导目标的称谓。

（1）沟通的含义。一般意义上的沟通是指人与人之间的联络交流，是群体相互理解的桥梁、团结的枢纽和统一步调的有效机制。具体就是指领导为实现领导目标而与上下左右互通信息、交换情况，以求得思想上统一和行动上相互呼应配合的内务性保障活动。

（2）协调的含义。协调是领导者为了更好地实现领导目标而采取不同的方法和手段协同各方面的力量和步调以达到相互配合、形成最大合力和支持力的具体过程。

（3）激励的含义。为了使下属能够按照所要求的方式活动，通过用物质、精神、知识等手段来调动下属的积极性去完成确定的某一特定的目标，这就是激励。

作为现代汽车维修企业的领导，不仅要熟悉汽车专业知识，更重要的是要具备企业管理知识，熟练运用领导技能技巧，严格管理，充分调动员工的积极性，使企业不断成长壮大。

5.5 汽车维修企业管理者

没有先进的管理机制和理念，再先进的技术和设备都难以转化成经济效益，只有先进的管理机制和理念才能推动技术到效益的转化，这里面管理者的管理能力和技巧将起着重要的作用。

5.5.1 汽车维修企业管理者与管理者的角色

何谓管理，至今众说不一。有人说管理就是通过别人去把某件事情办好，有人说管理是创造一种良好的环境以完成预定目标的活动。管理科学创始人之一的法约尔则认为：“管理就是计划、组织、指挥、协调和控制”。美国管理大师西蒙则说：“管理就是决策”。上述说法虽然表述不同，但无疑都揭示了管理概念的不同侧面，也启迪我们了解管理的实质及一般特征。管理的一般特征如下：

（1）管理的目的是有效地实现组织预期的目标；

（2）管理的实质是协调；

（3）管理既是科学又是艺术；

（4）管理具有结合性和应用性。

综上所述，管理就是管理者通过计划、组织、领导和控制等职能用于管理对象，使之协调，以达到预期目标的活动过程。

在管理活动或管理学中所说的管理者，是指从事管理工作的人员。管理者在组织内通常要扮演人际关系、信息传递以及决策制定等方面不同的角色。

1. 人际关系方面的角色

（1）挂名首脑。其特征活动是迎接来访者、签署法律文件等。

（2）领导者。其特征活动是从事所有的有下级参与的活动。

（3）联络者。其特征活动是从事外部委员会工作，约束其有外部人员参加的活动。

2. 信息传递方面的角色

（1）监听者。其特征活动是收集各种信息，保持私人接触。

（2）传播者。其特征活动是举行信息交流会，用各种方式传达信息。

（3）发言人。其特征活动是举行新闻发布会、向媒体发布信息等。

3．决策制定方面的角色

（1）创新者。其特征活动是制定战略，检查决策执行情况，开发新项目等。

（2）混乱驾驭者。其特征活动是制定战略，检查混乱和危机的原因等。

（3）资源分配者。其特征活动是调度、咨询、授权，从事涉及预算的各种活动和安排下级的工作。

（4）谈判者。其特征活动是在主要的谈判中作为组织的代表，参与工会进行的合同谈判。

由于管理活动中组织类型的不同，组织内处于不同层次的管理者其扮演角色的侧重点是不同的，这就是管理者角色的变动。

4．组织中的管理层次

管理层次是指组织中按管理职位划分的不同阶层组成结构。一般划分为高层、中层和基层。高层又称为决策层，中层又称为执行层，基层又称为操作层。

5．管理者角色变动

由于组织中的管理者分别处于不同管理层次，从事不同层次，不同岗位的管理工作，所以他们在组织运行中多角色上的扮演频率、程度等均不同，见表 5.2。

从表 5.2 中可以看出，高层管理者最重要的角色是决策角色，其他次之。中层管理者的角色分配基本是一致的，就是说各种角色的侧重点基本相同。基层管理者最重要的角色是人际关系的角色，其他次之。

表 5.2　管理者角色变动

	决 策 角 色	信 息 角 色	人际关系角色	
高层管理者				中层管理者
中层管理者				基层管理者

5.5.2　汽车维修企业管理者的素养

作为一个企业经营者，在经营活动中应自觉履行对社会、集体和对他人的责任，这是职业道德对经营者的要求。这种道德义务一般不以享受某种权利为前提，而是会或多或少地牺牲企业利益或个人利益。履行道德义务是自觉自愿的，不能带有功利目的，也不需要外力强制。

企业经营者履行职业道德义务应做到以下几点：

（1）要正确理解和贯彻执行国家的有关方针、政策、法律和法规。

（2）要学习企业管理知识，积极掌握和应用各种管理手段，努力提高生产经营活动的经济效益。

（3）要处理好雇主与雇员之间、企业与企业之间、企业与国家之间的相互关系，特别是利益关系，不能损人利己。

（4）要自觉遵守和维护财经纪律，不得泄漏有关经济机密，不从事违法活动，不使用以假乱真、以次充好等骗人手段。

此外，要保持企业持续发展，将企业做大做强，作为企业经营者还需具备以下八大素质。

素质一：欲望——创业的最大推动力

佛经上有一句话，叫做“无欲则刚”。意思是说，一个人如果没有什么欲望，他就什么都不怕了。和尚在寺院里修炼一辈子，末了没有一个不想上西天；道士整日闭关打坐，末了没有一个不想白日飞升的，可见虽然“无欲则刚”，但要做到“无欲”是一件多么困难的事。

（1）强烈的欲望是创业成功的关键因素。因为欲望，而不甘心，而创业，而行动，而成功，这是大多数白手起家的创业者走过的共同道路。丝宝集团的梁亮胜现在很有名，上了《福布斯》中国富豪榜，但寻究当年，梁亮胜也不过是一个打工仔。只是这个打工仔有点与众不同。1982 年，梁亮胜带着他的太太，和所在内地工厂的其他 40 多名工人一道被派往中国香港工作。当时“一家在香港只有四五平方米的住房。那是一间不到 30 平方米的房子，住了三家人，除去公用厨房、洗手间、走道，房间之小难以想象。他们两口子住厅，另两家各租了一间房，因为别人白天上班时要走厅，他就从厅里拉一块塑料布，留一个过道，他们夫妻两人只能挤在沙发上睡。那时，梁亮胜的梦想就是自己有个楼房。

即使是在这样艰苦的条件下，梁亮胜还是每天晚上坚持去上学。在中国香港的 3 年时间里，他系统学习了航运、英语、国际贸易和经济管理等课程。后来自己开小公司，再后来就办起了丝宝集团，出品了舒蕾、风影洗发水等。现在梁亮胜站在成功者的角度说：回头来看，一起到香港的 40 多人现在都还在工厂里做工，因为他们满足现状，觉得现在做工比原来在内地做工好多了。梁亮胜这话的意思就是说：是欲望促使了他的成功。因为他觉得自己可以做得更好，赚更多的钱，过更好的生活，他要给自己当老板，做自己的主人。而原来一起随他到香港做工的 40 多个工友，却没有他这样的欲望，所以他们 20 年前给别人做工人，20 年后仍然只能给别人做工人，为别人赚钱。

梁亮胜给刚开始创业的经营者诠释了一个道理：强烈的欲望是个体户创业者必备成功的要素。如果一个小公司经营者没有做强做大公司的欲望，或者只满足于小本经营的买卖，那么他最终也只能做一个平庸的小老板，跟一个普通的员工没什么两样，当然也不能算是一个真正成功的创业者。

（2）创业者的欲望高于现实，不同于普通人。我们说的创业者的欲望是不安分的，是高于现实的，需要踮起脚才能够得着，有的时候甚至需要跳起来才能够得着。上海有一个文锋国际集团，老板陈浩是一个 40 多岁的男人。1995 年，他揣着 20 万元钱来到上海，从一个小小的公司做起，现在已经在上海拥有了 30 多家大型美容院、一家生物制药厂、一家化妆品厂和一所美容美发职业培训学校，并在全国建立了 300 多家连锁加盟店，个人资产超过亿元。他常说这样一句话：“一个人的梦想有多大，他的事业就会有多大。”所谓梦想，不过是欲望的别名。你不难想象欲望对一个人的推动作用有多大。

（3）创业者的欲望往往来自外界的刺激。成功创业者的欲望，许多来自于现实生活的刺激，是在外力的作用下产生的，而且往往不是正面鼓励型的。刺激的发出者经常让承受者感到屈辱、痛苦。这种刺激经常在被刺激者心中激起一种强烈的愤懑、愤恨与反抗精神，从而使他产生一些“超常规”的能力，这大概就是孔子说的“知耻而后勇”。一些创业者在创业成功后往往会说：“我自己也没有想到自己竟然还有这两下子。”

素质二：自信——创业成功的保证

自信，是对自己能力和本事的信任。这种信任所起的时效，不仅是“现在时”，也包括“将来时”。自信可以分为两种：一种叫观念性的自信。拥有这种自信的人，自身现在的水平、实力、本领并不一定很强，但他相信自己会不断发展、越来越好，因此，他敢于尝试、追求成功、不怕失败、乐观充实。另一种是实力性的自信。这类人已形成了独特的人生优势，有实力有本事。这里的实力并不是说与他人相比自己多么成功，而是相对他自己而言的——能驾驭好他的生活，获取属于他自己的内在的成功和幸福。

案例

作为创业的经营者，在欲望的驱使下，首先是对自己满怀信心的，如果一个人对自己没有自信，就不会大胆地去创业，也就只能安于现状，安于为老板打工。谈及自信，梁伯强不能不谈。在财富道路上，梁伯强不是一个幸运儿。他曾经几次被命运打倒在地，但最后又倔强地爬起来。他积累的财富几度灰飞烟灭，但又一次次在他"再来一次"的喊声中重新聚拢。1998年4月的某一天，梁伯强在一张别人用来包东西的旧报纸上，偶然读到一篇文章。文章说，1997年10月27日，时任国务院副总理的朱镕基，在中南海会见全国轻工企业第五届职工代表时说："(你们)要盯住市场缺口找活路，比如指甲钳，我们生产的指甲钳，剪了两天就剪不动指甲了，使大劲也剪不断。"梁伯强一了解，轻工部成立专案小组以寻求突破这个问题的方案，但都没有从根本上解决。如果换作一个对自己信心不足的人，他会认为，连轻工部都没有解决好的难题，我怎么能行呢？但自信的梁伯强不一样，在得知这些情况后非常兴奋，因为他做了10多年的五金制品，他有信心铸出高质量的指甲钳。于是，经过不懈的努力，"非常小器·圣雅伦"指甲钳就应运而生了。现在，梁伯强号称"世界指甲钳大王"。一个一向不顺的创业者，在蹉跎了半辈子后，终于靠自己的信心改变了命运，因而一举成功。

当你总是问自己我能成功吗？这时，你还难以撷取成功的果实。当你满怀信心地对自己说我一定能够成功时，收获的季节离你已不太遥远了。

素质三：韧性——成功创业的必备品格

韧性，从某种程度上来讲就是指意志的忍耐力，就是不屈不挠的精神。意志的忍耐力就是把痛苦的感觉或某种情绪抑制住，不使其表现出来的能力。

一名成功的创业者在执行决策和处理问题时，对忍受困难、痛苦、挫折有长久的承受力，对于突发的一些事情，在情绪上能够把握住自己，不大喜大悲，有足够的自制力，这有利于稳定士气、平衡心态、积蓄力量，等待时机一到，马上行动，赢得最后的胜利。

作为一个创业经营者，要在果断性、忍耐性和顽强性上磨炼自己。人的一生之中难免遇到挫折，要想事业有成，就要敢于面对现实，不怕挫折。忍耐是一种追求的韧性，是一种追求的策略。一个追求更大的成功的人，往往不得不忍受小的失败和牺牲。然而，忍耐必须是有价值的，一个跪着的人的忍耐是不会有什么意义的。不同的人对忍耐有不同的感受，相同的忍耐又会塑造出不同的人生。无论是谁，在人生中有时总难免身陷逆境。身陷逆境，一时又无力扭转面临的颓势，那么最好的选择就是暂且忍耐。事物总是在不断地运动和变化，可以在忍耐中等待命运转折的时机。

案例

高德康曾经这样描述他的创业经历：那时候他做裁缝，组织了一个缝纫组，靠给上海一家服装厂加工服装赚钱，每天要从村里往返上海购买原料，递送成品。"从村里到上海南市区的蓬莱公园，有100多公里路。我骑自行车每天要跑个来回，骑了几次车就不行了。于是我就挤公共汽车，背着重重的货包挤上去，再挤下来，累得满头大汗。因为我挤车也是上班时间，车挤得不得了。我背着货包好不容易挤上去，车上的人闻到我一身臭汗，就把我推下来，有一次把我的腰都扭伤了。有时候他们还要骂一句'你这个乡下人，乡巴佬'。神气得不得了……可是包重呀，你把我推下来，我怎么办？那个时候我是哭也哭不得。我想那些人一点都不理解我，有时甚至考虑还要不要和上海人做生意？但是不去上海，家里就没有活干，吃不上饭。只能去，乖乖地去。做生意龙门要跳，狗洞要钻，没有办法的，只能受点委屈。”在这种情况下，高德康以极强的韧性忍着。后来他的事业终于做大了，波司登已经成为中国羽绒服第一品牌。

创业既然是一个不断摸索的过程，创业者就难免在此过程中不断地犯错误。作为一个创业者，遭遇挫折、碰上低潮都是常有的事，在这种时候，忍耐就是治疗方寸大乱的良方。在忍耐中不断反省，就会在忍耐中崛起。

素质四：诚信——成功创业者的根本原则

“诚信”，顾名思义是诚实和守信。“诚信”乃做人之原则，做企业之必需，也是社会文明程度的一个标志。

诚信是一个人乃至一家企业生存的根本，是企业核心竞争力的重要组成部分，也是一个企业长期战略发展的有机组成部分。诚信的意义不仅在于一笔交易的成败赚赔，而在于它标志着一个企业的品质。诚信是一种最平实、最容易实现的状态。这与企业经营管理的观念直接相关。如果一切以利益为主，唯利是图，诚信确实很难做到；但如果对做事情有一个长远的目标，并且时刻清楚达成这种目标所需要的原则与态度，那么，诚信就会成为自主的选择。古人说“民无信不立”，我们说“事无信不成或成而不久”。

案例

有这样一个故事：一个顾客走进一家汽车维修店，自称是某运输公司的汽车司机。“在我的账单上多写点零件，我回公司报销后，有你一份好处”。他对店主说。但店主拒绝了这样的要求。顾客纠缠说：“我的生意不算小，会常来的，你肯定能赚很多钱！”店主告诉他，这事无论如何也不会做。顾客气急败坏地嚷道：“谁都会这么干的，我看你是太傻了。”店主火了，他要那个顾客马上离开，到别处谈这种生意去。这时顾客露出微笑并满怀敬佩地握住店主的手：“我就是那家运输公司的老板，我一直在寻找一个固定的、信得过的维修店，你还让我到哪里去谈这笔生意呢？”

做企业其实就像做人，人做好了企业也就成功了。试问有谁愿意跟一个不讲信誉、信口雌黄的人交朋友呢？同样，又有谁愿意跟一个不讲诚信的企业开展商务往来呢？

一个人的信用、信誉不是从天而降的，不是想有就有的，而是一点一滴、实实在在累积起来的。在一个创业者的信誉里，应装着太多对自己的约束、对别人的承诺，也装着太多超人的付出。然而，一旦信誉确立起来，它的威力和作用之大，几乎是难以用金钱数目去估计的。挣钱易，挣信誉难！所以，作为新的创业经营者，诚信尤为重要，它将成为你今后开创新天地的坚实的基础，也将成为你积累的一个广泛的人脉空间。

素质五：眼界——见多识广是成功创业的捷径

“一个人的心胸有多广，他的世界就会有多大。”广博的见识、开阔的眼界，可以很有效地拉近自己与成功的距离，使创业活动少走弯路。

眼界意味着什么？如果你是一个创业者，开阔的眼界意味着你不但在创业伊始可以有一个比别人更好的起步，有时候它甚至可以挽救你和你的企业的命运。眼界的作用，不仅表现在创业者的创业之初，它会一直贯穿创业者的整个创业历程。所以我们也可以说：一个创业者的眼界有多宽，他的事业也就会有多大。

案例

科宝整体厨房如今在国内非常有名，但是科宝在起步时，并不是做整体厨房的，专业是抽油烟机。后来科宝的创始人蔡明发现不少顾客在买了抽油烟机以后，还会向他订做几格吊柜、橱柜，以便放置一些厨房用品甚至是冰箱等电器。这时候科宝才开始有意识地向整体厨房方面转型。“那时我们理解的整体厨房就是做几个柜子，把燃气灶和其他厨房用具放一块就行了。这种状况一直持续到 1999 年 5 月。我去德国科隆参加每两年举行一次的家具配件展，算是开了眼界。看了展会，我发现自己以前做的东西，那哪能叫整体厨房，简直就是垃圾。”展会后，蔡明从德国直接去了意大利，雇了一个意大利司机，从北边的威尼斯出发一直南下。“我让那司机帮我安排好路线，一路上，只要门上写着‘Cucina（意大利语厨房）’，我就进去看。看了几十个厂家，每个厂家都有几十个甚至是上百个款式。古典的、现代的、大众的、前卫的，各种流派都看了个遍。到最后，看到‘Cucina’我就想吐。”这一路看了 20 多天，蔡明回到国内，下令把他们以前做的东西全部推倒重来。欧洲的各种流派、款式，融进自己的理念。科宝，或者说蔡明，在做整体厨房若干年后，一直到 1999 年的欧洲之行，才明白什么叫真正的整体厨房。这就是行千里路的作用。开阔眼界后的老板，将原本平庸的企业带入了一个全新的境界。与此同时，老板自己也进入了一个新境界，发现了一个新天地。

素质六：商机敏感——创业者成功的基本素质

创业者的敏感，是对外界变化的敏感，尤其是对商业机会的快速反应。

案例

陈索斌是一个有经济学硕士的头衔、在美国留过学的“海归”。陈索斌所学与蜡烛无关，在创业之前他亦从未与蜡烛行业有过任何接触。为什么他会选择时尚蜡烛作为自己的创业方向呢？原来 1993 年的一天晚上，陈到一位朋友家中谈事，突然遇到停电，朋友的妻子赶紧找出一截红蜡烛点上，烛光下红彤彤的蜡烛冒着一股股地黑烟，忽明忽暗。朋友的妻子在旁边抱怨说：“如今卫星都能上天了，怎么这蜡烛还是老样子，谁要是能捣鼓出不冒黑烟的蜡烛，说不定能得个诺贝尔奖什么的。”就是这样一句话触动了陈索斌，于是就有了“金王”。不久，“金王”成了中国的时尚蜡烛之王。随着“金王”的成功，陈索斌自然而然也就成了亿万富翁。对蜡烛黑烟的抱怨，相信不只陈索斌一个人听到过，为什么只有他抓住了这个机会呢？这只能归结于陈索斌比一般人具有更为强烈的商业敏感。

有些人的商业感觉是天生的，如胡雪岩，更多人的商业感觉则依靠后天培养。如果你有心做一个优秀的公司经营者，做一个成功的创业者，你就应该像训练猎犬一样训练自己的商业敏感度。良好的商业感觉，是创业者成功的最好保证。

素质七：胆识——成功创业者应该具有的果敢判断力

作为一名成功的公司经营者，光有商机的敏感度是不够的，还需要有非凡的胆识。试想，如果面对到来的商机而犹豫不决，不敢做决定，那势必会让机会从眼前溜走。古今中外，成大事的都是有胆识者。胆识本是两种不同的感觉，胆是胆量，识是见识。但唯有胆与识结合在一起，才有价值。有胆无识，鲁莽行事，难成大器；有识无胆，一步三看，亦无所获。所以，胆与识的高度对立统一才能如虎添翼，才是制胜法宝。

案例

创业本身就是一项冒险活动。大凡成功人士都有一种敢拼敢闯的风险精神，企业界人士犹然。当年周枫带人做婷美，一个500万元的项目，做了2年多，花了440万元还是没有做成。眼看钱就没有了，合作伙伴都失去了信心，要周枫把这个项目卖了。周枫说，这样好的项目不能卖，要卖也要卖个好价钱。合作伙伴说，这样的项目怎么能卖到那么多钱，要不然你自己把这个项目买下来算了。周枫就花5万元钱把这个项目买了下来。原本大家一起还有一个合伙公司，作为代价，周枫把在这个合伙公司的利益也全部放弃，据说损失有几千万元。单干的周枫带着23名员工，把自己的房子抵押了，跟几个朋友一共凑了300万元。他把其中5万元存在账上，另外的钱，他算过，一共可以在北京打2个月的广告。从当年的11月到12月底，他告诉员工，这回做成了咱们就成了，不成，你们把那5万块钱分了，算是你们的遣散费，我不欠你们的工资。咱们就这样了！这些话把他的员工感动得要哭，当时人人奋勇争先，个个无比卖力，结果婷美成功了。周枫成了亿万富翁，他的许多员工成了千万富翁、百万富翁。现在很多的大学教授、市场专家分析周枫和婷美成功有诸多原因，其实事情没有这么复杂。说白了，不过是一个合适的产品，加上一个有胆识的领导，再加上正确的营销手段，才有了这样一桩成功的案例。

创业需要胆量，需要冒险。冒险精神是创业家精神的一个重要组成部分。但创业家的冒险，迥异于冒进。有一个故事：一个人问一个哲学家，什么叫冒险？什么叫冒进？哲学家说，比如有一个山洞，山洞里有一桶金子，你进去把金子拿了出来。假如那山洞是一个狼洞，你这就是冒险；假如那山洞是一个老虎洞，你这就是冒进。这个人表示懂了。

冒险是这样一种东西，你经过努力，有可能得到，而且那东西值得你得到。否则，你只是冒进，死了都不值得。创业者一定要分清冒险与冒进的关系，要区分清楚什么是勇敢，什么是无知。

素质八：激情——造就真正的成功者

我们很难左右天晴还是天阴，却可以保持良好的心境；我们很难改变自己或别人的命运，却可以笑对人生。积极的心态、永恒的激情将使你成为强者、勇敢者、胜利者、成功者。

作为创业的经营者，创业之初必定会遇到这样那样的琐事或者不顺心的麻烦事，它们会慢慢吞噬你的自信，磨灭你的激情。在这种情形下，就更需要时时保持积极的心态，充满激情与活力地经营公司，带着永恒的激情，果敢冷静地决策。否则，如果没有永恒的激情，就会惰性十足，小富即安，沉沦世俗，向困难低头，并导致功亏一篑。那样，最终的失败就在前头呢！

那么，什么是永恒的激情呢？

一个具备永恒激情的人，会自始至终勤勤恳恳、兢兢业业地不断努力，不断摒弃别人的冷嘲热讽而更加斗志昂扬、坚定必胜信念，不断去学习有用的新东西，不断调查、分析、研究市场和项目，不断挖掘和寻找创业资源（包括资金、技术、市场等），不断克服一个又一个困难和解决经营过程中遇到的各种矛盾，不断总结失败的教训和成功的经验，不断扩充自己的实力和规模，不断进行二次创业、三次创业……最终从成功走向更大的成功！

具备了永恒激情的人，会常怀一种积极的心态面对生活，面对工作，面对这样那样的琐事。因为他们明白：漫漫长夜，迎来清晨；走过黑暗，就是光明；久寒之后必逢春，久旱之后有甘霖；山穷水尽疑无路，柳暗花明又一村。无论大小事，不管在何时，保持积极的心态，拥有良好的心境，必定能造就真正的成功者。

所以，大凡成功的创业者，无不对生活和工作充满激情与活力，无不时刻注意保持积极的心态，从容面对这样那样的打击和挫折，并时刻把握商机，以待一飞冲天。作为一个创业经营者，更应该明白：有了积极的心态，才有积极的理念、积极的思维；有了积极的心态，才有积极的情绪、积极的动机；有了积极的心态，才有不断的创新、不断的上进；有了积极的心态，才有积极的壮举和成功的人生！

总之，作为创业的经营者，在欲望的推动下，在自信的鼓舞下，需时时磨炼自己坚强的意志力，但更需要时时保持高昂的工作激情和拼搏精神，这样才能不断地把事业向前推进，不断壮大。

我们认为一个经营者创业需要的是综合素质，每一项素质都很重要，不可偏废。缺少哪一项素质，将来都必然影响事业的发展。有些素质是天生的，但大多数可以通过后天的努力改善。如果你能够从现在做起，培养自己的素质，你的创业成功一定指日可待。

5.5.3 汽车维修企业管理者的能力

成功的管理者应具备各种能力最关键的要具备创新能力、转化能力、应变能力和组织协调能力。

1. 创新能力

创新能力是指管理者在组织或自己所从事的管理领域中善于敏锐地发现旧事物的缺陷，准确地捕捉新事物的萌芽，提出大胆新颖的推测和设想（创意），继续进行周密的论证，拿出可行的方案来付诸实施。

管理者的管理创新能力是其内在素养和社会、组织等因素相互影响产生的一种效应。心理学认为，一个人的创新能力与本人的气质、情绪、习惯、态度、观念、才能等各方面素养有着密切关系。富有创新能力的管理者，一般有下列主要特征：

（1）兴趣广泛。对任何事物都有一种好奇心理，往往能从平凡中发现奇特，从习以为常的现象中找到“异常”之处，从细微中见到不足。

对环境有敏锐的洞察力。能及时找出实际存在的与理想模式之间的差距，能觉察到别人未予注意的情况和细节，能不断发现人们的潜在需要和潜能，并巧妙地加以运用。

（2）具有系统思维和辩证思维的特征。善于从多角度看问题，善于举一反三、触类旁通，想出较好的点子和办法，提出非同凡响的主张。

（3）具有独立意识。对现成的事物和看法不盲从，勇于跳出一般观念的思维习惯，坚持自己的主张，坚定地走自己的路。

（4）具有自信心。深知所做事情的价值，即使遭到阻挠和困难，也不改变初衷，总是勇往直前，直到成功。

（5）直面困境。敢于对常人无法忍受的困境鼓足勇气，大胆探索，不屈不挠，不怕失败，直至取得突出的成果。

2. 转化能力

转化能力是指优秀管理者将创意转化为可操作的具体工作方案的能力。管理者在转化过程中常用以下技巧：

（1）综合技能。综合技能是把各种可行的途径方法综合起来系统化，将其规范成一种可帮助创意实施的综合方案。综合也是一种创造，将现有的综合了，就可能产生新的思路和方法。

（2）移植技能。移植技能是管理者通常能在管理中将其他领域的一些方面或者非管理领域中的一些方法创意转化到管理实践中，结果往往能得到意外的成功。

（3）改造技能。改造技能是管理者用现有的方法、途径进行改造，从而找到一个适合的创意，使之向实施方案转化。这要求管理者不仅应有管理方面的创意，还要有实践方面的创意，并有实践的能力。

（4）重构技能。重构技能是管理者将现有的实践方法、步骤、技巧，根据管理的创意要求进行重新组合，从而构造实现创意的新方法、新途径，以推动创意的顺利实施。或者说是要打破现状、按照新的构想重新进行的决心和能力。

（5）创新技能。创新技能是管理者在转化过程中的创新。这是因为转化过程实际上也是一个创新的过程，转化能力在转化过程中也表现为创新能力。

3．应变能力

应变能力是指主观思维的一种“快速反应能力”，是管理者创造能力的集中表现。管理本身就是应变的产物，没有良好的应变基础，在管理实施过程中就容易出现问题。管理者的应变能力表现在很多方面，其中主要体现为以下几点：

（1）能在变化中产生应对的创意和策略。在环境和条件发生明显改变时，管理面对的是非程序性、突发性、危机性问题，或者在日常管理中，也不断遇到新的问题、陌生的人和事，都需要有应变能力，在这些变化的环境与条件下，能够迅速悟出创意以及制定一整套应变方案，就能获取成功。现代管理中的危机管理就是探讨与解决这方面管理的问题。

（2）能审时度势，随机应变。不变是相对的，变是绝对的，变化有急变和渐变之分，以不变应万变，说的是身处某种变化之中的心态，某种方法，它并不具有普遍性。在管理中并没有不变的道路，竞争的环境与市场中，不变可能是追求的宗旨，而变化创新是其过程和现实。应变能力就是要善于判断当时的形势，虽不能产生完整的创意，但也能找到应对之策。这种能力非常重要。

（3）在变化中识别方向，持之以恒。管理的过程是一个动态的过程，也就是说，管理本身是在变动的环境，甚至变化了创意和实施方案的状态下进行的。管理者应变能力的强弱还表现在这一动态过程中，是否能采取应变的对策并识别创新方向，继续推动管理向最后取得成功的方向前进，这是非常重要的。

4．组织协调能力

组织协调能力主要是指管理者在管理活动中，精于组织，善于协调，把组织成员团结到为实现组织目标而齐心协力的工作中去的能力。组织协调能力主要表现为以下几点：

（1）管理者能在实施管理的一群人中培养出一种团队精神，即齐心协力、积极主动争取成功的精神。团队精神在管理的过程中有其特殊的效用。实践证明，在没有团队精神的组织行为过程中，会产生严重的“搭便车”行为，从而导致合作的崩溃。

（2）能够有效地根据管理过程中各个阶段不同资源配置的要求，组织不同资源并让其在各自的位置上正常运作。

（3）能够强化个体与整体的协调与反馈。个体的特点是分散性，这种具有分散性的个体必须与整体协调一致，才能形成整体的能力，从而保证管理目标的达成。因此，管理者需要具备较强的组织协调能力。

5.6　汽车维修企业的管理艺术

5.6.1　客户沟通

汽车的故障千变万化，进入汽车维修企业修理的车辆车型繁多，就客户群而言，有零散私车和大型车队。但在市场竞争激烈的今天，客户（车主）们的要求却是一致的，那就是维修服务的质量要高，个性化服务要多，维修的价格要低。而现在汽车维修企业的厂房投资、仪器设备投资、技术投资、人才的投资及与客户关系的投资却越来越高，企业如何在这种新的环境下继续生存和发展，如何与客户建立稳定、良好的合作伙伴关系是汽车维修企业的重要工作之一。

客户（车主）与汽车维修企业、维修服务人员在任何时刻都可能发生服务接触。正是在这些接触过程中使客户对汽车维修企业得到了解和信任，每一项服务都能够给客户带来最生动、最深刻的印象，从而改变客户的满意度和忠诚度。一次不愉快的服务就可能导致修理业务的失败，使企业丧失客户，在经济上蒙受损失。所以与客户的沟通工作就显得尤其重要。

汽车维修企业与客户的沟通工作主要有以下几个方面。

1．维修前沟通

在客户没有修理需求时，维修企业主动为客户提供咨询、保养等方面的服务，向客户介绍本维修企业的服务项目、技术水平、维修价格等内容，使客户对企业有一定的了解，成为客户车辆维修的首选对象。

2．维修中沟通

（1）详细了解客户车辆故障症状，提出修理方案。

（2）提出修理费用预算。

（3）跟踪修理过程，将修理方案以外出现的需修项目及时通知客户。

（4）协调其他未尽事宜。

（5）车辆修完后及时通知客户接车。

3．维修后沟通

（1）出厂后三天内电话回访，询问车辆状况，跟踪服务。

（2）如车辆出现抛锚，及时安排抢修。

（3）通知客户车辆定期回厂检修维护。

5.6.2　员工沟通

汽车维修企业的员工沟通工作对企业的健康发展尤其重要。因为维修企业的员工工作性质与产品单位的员工有较大的区别，他们在工作时大都直接面对客户，其一言一行都能对客户产生较大的影响，能左右客户对企业的信任度。所以维修企业要与员工保持畅通的沟通渠道，认真抓好员工的思想动态和需求，解决他们在工作中遇见的实际问题，齐心协力，共同做好优质服务，提高修理质量、企业经济效益和个人收入，达到双赢的目的。企业应着重抓好以下几方面的沟通工作：

（1）企业理念和管理要求的沟通。

（2）薪酬的沟通。

（3）主人翁思想的沟通。

（4）服务规范的沟通。

（5）行为规范的沟通。

5.6.3 企业文化

1. 企业文化的定义

企业文化就是企业信奉并附诸于实践的价值理念，也就是企业信奉和倡导并在实践中真正实行的价值理念。它包括企业环境、价值观、文化网络、礼仪等内容。

2. 企业文化的构成

企业文化基本分为三个层面。

（1）精神文化层。企业精神文化的构成包括企业核心价值观、企业精神、企业哲学、企业伦理、企业道德等。

（2）制度文化层。制度文化包括企业的各种规章制度以及这些规章制度所遵循的理念，包括人力资源理念、营销理念、生产理念等。

（3）物质文化层。企业物质文化的构成包括厂容、企业标志、厂歌、文化传播网络。

企业的精神层为企业的物质层和制度层提供思想基础，是企业文化的核心；制度层约束和规范精神层和物质层的建设；而企业的物质层为制度层和精神层提供物质基础，是企业文化的外在表现和载体。

这三者互相作用，共同形成企业文化的全部内容。

案例

通用电气公司奇迹的诞生

1. 背景资料

美国通用电气公司（简称GE）的历史最早可追溯到1878年爱迪生创建的电灯公司。1892年，爱迪生通用电气公司和托马斯-休斯敦电气公司合并，命名为通用电气公司。目前，该公司在全球100多个国家经营生产，并在26个国家拥有250多个工厂，员工近几年来达30万人，销售额、利润长期居于世界500强前列。1998年7月7日，GE成为第一家市场价值超过3000亿美元的企业，与1981年相比，17年间市价增值25倍。据《财富》杂志1999年全球企业500强排行榜资料显示，GE当年的营业收入为1004.69亿美元，利润为4092.96亿美元，资产额为3559.35亿美元。

2. 以文化变革促企业发展

（1）掌握自己的命运。GE在1981年时，生产增长远远低于日本的同类公司，技术方面的领先地位已经丧失，公司的利润在15亿美元左右徘徊。当时的总裁琼斯任命韦尔奇接替他的位置。韦尔奇上任后，从文化变革入手创建了一整套企业文化管理模式。韦尔奇指出："世界在不断地变化，我们也必须不断变革。我们拥有的最大力量就是认识自己命运的能力，认清形势、认清市场和顾客、认清自我，从而改变自我，掌握命运。"这个阶段企业确立的目标是"使组织觉醒，让全体员工感到变革的必要性"。

为此，韦尔奇提出了著名的"煮青蛙"理论：如果你将一只青蛙丢进滚烫的热水中，它会立即跳出来以免一死。但是，你将青蛙丢进冷水锅中逐渐加热，则青蛙不挣扎，直到死亡，因为到水烫得实在受不了时，青蛙已经无力挣扎。韦尔奇告诫员工，GE公司决不能像冷水中的青蛙那样，面临危险而得过且过，否则不出10年企业必定衰败。这个改革过程经历了5

年，在这5年中韦尔奇顶住了来自各方面的压力。当时员工关心的是自己的晋升和职业保障而不关心企业的改革和文化的变革。韦尔奇启发大家：公司必须在竞争中获胜，必须赢得顾客才可能提供职业保障，企业发展了，职工才有晋升的机会。一句话，是市场和顾客提供了职业保障和职位。企业必须面对现实、面对市场、满足顾客的要求，才可能保障员工的基本需求和所有福利。他努力使 GE 人感到 GE 是自己的事业，是实现理想和自我价值的场所，并应以此心态经营企业。

韦尔奇认为，管理的关键并非是找出更好的控制员工的方法，而是营造可以快速适应市场动态和团结合作的文化机制，并给员工更多的权力与责任，以便让员工与管理者实现互动。美国康柏计算机公司董事长杰明·罗森指出，正是由于韦尔奇对该公司的企业文化作了成功的改革，创立了快速适应市场动态和团队合作的文化机制，使GE成为企业界的奇迹。

（2）情感问题与人的潜能。韦尔奇认为，原先的科学管理回避企业中人的情感问题，而人总是带着情感工作的。韦尔奇努力开发情感发掘潜能的巨大力量，主张要赢得员工的“心”和“脑”，公司员工心往一处想，企业才有凝聚力，大家开动脑筋，人的聪明才智才能发挥出来。心和脑的潜能都用在企业的发展上，大家都来为企业的未来描绘蓝图，为实现企业的目标而努力，企业就无往而不胜。

韦尔奇认为，真正的沟通不是演讲、文件和报告，而是一种态度，一种文化环境，是站在平等地位上开诚布公地、面对面地交流，是双向的互动，只要花时间做面对面的沟通，大家总能取得共识。GE 有一个培训中心，每年可以培训 1 万名企业骨干，在这个培训中心，企业员工可以和总裁进行面对面的辩论，也可以抒发不满，提出问题和建议，目的是培养员工自信、坦率和面对现实的勇气。对于员工提出的问题，主管必须采取行动，组织员工目标小组提出解决方案。到目前已经有20万人参与了这项活动。公司为此抓了4项工作：① 建立信赖；② 赋予员工权力；③ 清除不必要的工作，缓解员工过度的负荷；④建立 GE 新范例，把公司塑造成不分彼此的新组织——消除公司各职能部门的障碍，除去阻碍人们彼此合作的“管理阶层”、“职员”、“工人”之类的标签，铲除公司对外联系的高墙，进一步搞好服务顾客，满足顾客的工作。

（3）聘用和选拔优秀的管理者最为关键。聘用和选拔管理者是企业最难处理的问题，也是企业最关键的问题。韦尔奇说过，只顾企业的短期利益，任何人都能做到，只顾长期利益，任何人也都能做到，如何平衡这两者最难，能妥善地平衡这两者的管理者才是最好的管理者。琼斯用了7年的时间才将韦尔奇从一批优秀的候选人中选拔出来。在人力资源管理中，选拔人才的科学管理方法是最重要的。GE的选拔人才分为三个阶段：

第一阶段：由EMS（公司选聘专业委员会）负责人进行初评和筛选，并向总裁汇报。EMS是员工关系科层制度内的一个精英主体，它的主要功能就是评估合乎规划和最具体的主管规划，这些人员除了记载候选人的绩效表现外，还根据他们的主观印象、评价等制作“成就分析报告”。

第二阶段：由总裁亲自对被圈在小范围内的候选人进行面试、笔试等综合测评。内容包括对意志力、机智、聪明才智、自信、变革意识、自我管理能力、同情心、吃苦耐劳精神等15个项目进行测评。

第三阶段：将 EMS 制作的成就分析报告和总裁的测评意见提交董事会，由董事会做出最后裁决。

上述 GE 的选聘程序反映了西方大企业成熟和模式化的选拔人才方法，一丝不苟的琼斯坚持挑选总裁必须对每一个候选人做长期的考察，最后理性地确定最具有资格的人选。

（4）GE的企业文化理念的核心。一个公司的文化从一定意义上说是企业家管理理念的集中体现。为了使企业能更好地沟通，在硬件上，韦尔奇通过他著名的数一数二论来裁减规模，进而构建扁平化结构，重组GE；在软件上，则尽力试图改变整个企业的文化与员工的思考模式。韦尔奇看到：如果你想让列车每小时再快10公里，只需要加一马力；而若想使车速增加一倍，你就必须要更换铁轨了。资产重组可以一时提高公司的生产能力，但若没有文化上的改变，就无法维持高生产力的发展。

韦尔奇在谈到企业领导者的“忙碌”、“闲适”时说：“有人告诉我他每周工作9小时，我会说，你完全错了，写下20件每周让你忙碌90小时的工作，仔细审核后，你将会发现其中至少有10项工作是没有意义的——或是可以请人代劳的。”相比之下，我们就太喜欢“形式”了：赞美“勤奋”而漠视“效率”，追求“数量”而不问“收益”，甚至我们很多单位的工资都只简单地依据所谓“工作量”来制定。“勤奋”对于成功是必要的，但是在“做正确的事”与“必须亲自操作”时才有正面意义。我们不妨在“勤奋”之前先问问自己：这件事是必须要做？是必须由我自己来做吗？那么在抽出时间与精力后我们该干什么呢？韦尔奇的选择是寻找合适的经理人员并激发他们的工作动机。“有想法的人就是英雄。我的主要工作是去发掘出一些很棒的想法，扩张它们，并且以光速将他们扩展到企业的每一个角落。我坚信自己的工作是一手拿着水罐，一手拿着化学肥料，让所有的事情变得枝繁叶茂。”同时，韦尔奇又提出了一个“扩展”的概念，其内涵是不断向员工提出似乎过高的要求。扩展的意思是：当我们想要达到这些看似不可能的目标时，自己往往就会使出浑身解数，展现一些非凡的能力；而且，即使到最后我们仍然没有成功，我们的表现也会比过去更加出色。年终时，我们所衡量的并非是否实现了目标，而是与前一年的成绩相比，在排除环境变量的情况下是否有显著的增长与进步。当员工遭受挫折时，我会以正面的酬赏来鼓励他们，因为他们至少已经开始改变。若是因为失败而受到处罚，大家就不敢轻举妄动了。

在GE，扩展性目标只是一种激励的手段，而并非考核的标准。“精简、迅捷、自信”是现代企业走向成功的三个必备条件。韦尔奇坚信：单纯意味着“头脑的清晰”和“意志的坚定”。那么，“精简”的内涵是什么呢？一是内心思维的集中；二是外部流程的明晰。“光速”和“子弹列车”是韦尔奇常用的词句。他坚称：只有速度足够快的企业才能继续生存下去，因为世界的脚步在不断加快。他认为，世界正变得越来越不可预测，唯一可以肯定的就是必须先发制人来适应环境的变化。同时，新产品的开发速度也必须加快，因为现在市场门户的开关速度在不断缩短。而“精简”的目的，正是为了更好地实现“迅捷”。简明的信息流传得更快，精巧的设计更易打入市场，而扁平的组织则利于更快地决策。对于自信，韦尔奇给予了极大的重视，甚至把“永远自信”列入了美国能够领先于世界的三大法宝。他看到：迅捷源于精简，精简的基础则是自信，而培养员工自信心的办法就是放权与尊重。掐着他们的脖子，你是无法将自信注入他们心中的。你必须要松手放开他们，给他们赢得胜利的机会。让他们从自己所扮演的角色中获得自信。

通过这个案例，我们能感觉到：

（1）GE的成功，来源于韦尔奇领导的公司文化改革。其核心是领导文化的改革——通过言行将所确定的企业发展战略、企业目标、企业精神传达给群众，争取全体员工的合作，并形成影响力，使相信远景目标和战略的人们形成联盟，得到他们的支持。韦尔奇在改革进程中，为了贯彻和实现其战略目标，通过克罗顿·哈得逊的GE培训中心先后为GE的15 000名高级管理人员上课，通过突击检查、与下属共进午餐等多种方式与企业各阶层人员接触沟通。他强调对“人”的理解、强调开放、坦诚、自信、正直、快速反应、高效的企业价值观，致力于培养每个员工的企业责任感和事业心。

GE 在实施企业文化改革中，通过唤起员工的热情、需求，激励人们战胜变革中遇到的官僚、政治和资源等方面的障碍。GE 笃信"从人类精神流露出来的创造力是永无止境的"。公司决策层为推进企业文化的变革，首先从变革环境和挖掘员工内在潜力入手，具备了这个基础后，大胆改革官僚制度，建立了轮轴式的企业组织形式，为实现其既定的目标创造了良好的文化氛围。

（2）企业文化总是随着公司的发展而不断变化、不断革新的，每一个新上任的公司总裁是新企业文化的提倡者和推动者。曾任第二任公司总裁的科芬建立了层级分明的纵向组织机构，打破了前任总裁的组织管理体系。第三任总裁威尔逊打破了科芬建立的劳资关系和企业伦理，韦尔奇打破了琼斯建立的科层制度。这同时也说明，在企业文化需要变革时，新的富于创造精神的领导总是在这个时候诞生的，他对推动企业文化的革新起到催生的作用。

（3）GE 的奇迹是与韦尔奇的人格力量、企业家特征联系在一起的。注重企业家自身素质和自我约束能力的培养和提高，是企业人力资源管理的重要内容。人力资源不局限于人的知识、技能和体力智力，还包括人的心理、情绪、品德等深层次的潜能。影响企业家的领导能力、决策能力的不只是"智力商数 IQ"，而且还有更具活力特征的"情绪商数 EQ"和更具有内在恒定特征、毅力特征的"伦理商数 MQ"。韦尔奇从小在母亲的教导下，懂得独立、自信、充实自我对人生、事业成功的价值。任职初期，在塑料事业部鼓励竞争和相对宽松自在的环境中，他得到了充分施展自己才能的机会，培养了自己变革、创新、坦率、正直、机智、聪颖和自信、坚韧的伦理素质，而这些素质和实践智慧对于一个成功的企业家来说是必不可少的。企业家的知识、情感、意志决定了他今后的决策能力、创新能力、社交能力等等。有了这些人格素质和能力素质，企业家才能在动态竞争的经济社会里富于创新精神，冲破传统、克服重重困难，带领企业走出困境，迈向成功。

案例

3M 的管理哲学

1. 背景资料

3M 公司是坐落在美国中西部明尼苏达州首府圣保罗市的一个巨型企业，不仅在财务上创造了令人羡慕的记录，最重要的是它有一套独特的管理文化。借助这套管理文化和管理哲学，3M 公司采取了多元产品的发展策略，使这个巨型企业将创新渗透到各个领域、各个环节及企业管理的各个方面，从而取得了举世瞩目的成就。3M 公司 1980 年的营业额高达 61 亿美元，名列《财星》杂志 500 家大企业第 51 位，可以说是顶呱呱的"巨型企业"。迄今为止，3M 公司总共已经发明了 5 万种新产品，几乎年年会有新的产品问世和新部门成立。

2. 3M 公司的企业文化和管理哲学

（1）培育热衷奉献的企业精神和"创新斗士"。3M 公司企业文化最大的特色，就是公司推行的热衷奉献的企业精神和培育"创新斗士"的战略，在这种企业理念的指引下，大力开展多元化经营策略，它所从事的行业很多，其中以胶带与其相关产品（包括透明胶带）为最大，占其营业总额的 17%，其他营业项目包括印刷系统、研磨剂、黏胶、建筑材料、化学制品、保健药品、摄影产品、录音机、电工制品等。

3M公司在实施企业文化和企业精神培育中，极力培养员工一个重要的观点，即“热衷、奉献”的企业精神。公司决策层指出，具备热衷奉献的企业精神是企业员工从事任何工作所必需的，就拿新产品开发来说，没有热衷奉献的企业精神，公司的新产品就不可能有今天的成功。《财星》杂志对于这种观念曾评论如下：最令3M公司感到欣慰的是，公司每一个人在开发新产品时，或是把别人没有信心的产品成功地推入市场时，或是想如何大量生产降低成本时，都能把产品当做自己的事业一样来处理，而且上司多半都放手让他们这样做。3M公司非常重视建设“创新斗士”的支援系统，公司管理人员成为创新者的保护者。由于公司的创新传统由来已久，主管本身必然经历过发明新产品的过程，如作风怪异、不按牌理出牌、曾遭受封杀、热衷埋头苦干于某项发明工作，也许曾在那儿对着自己心爱的发明熬了10年以上，如今则身为主管，坐镇在那儿，负责保护年轻一辈，使他们免于公司其他职员的干扰。在3M公司，主管为了保护这些年轻的“创新斗士”，往往会来上一堂企业文化教育课，在鼓励创新者的同时，批评干扰者，为创新者开辟创新的通道和创造良好的创新环境。在3M公司，“斗士主管”并非是顶头上司，而是雇来利用他的耐心和技术，负责培养新生代的创新斗士。

一个创新小组的成员至少要包括技术人员、生产制造人员、营销人员、业务人员或财务人员，而且全部是专职的。3M公司的决策层明白，在这种制度下，有些成员也许不能立刻派上用场，而造成人才浪费的现象。例如，在发展的初始阶段，大概只需要1/3的生产制造人员，但是3M公司似乎愿意付出这种代价，好让工作人员专心致志投入工作。他们的观点是，唯有指派专人工作，才能促使员工全力以赴，专注于一项任务之中。3M公司另一个刺激员工效忠奉献的方法是，让创新小组的成员完全由自愿者来组成。一位3M公司主管表示：小组的成员都是招募而来的，公司绝不硬性指派。这其中有很大的区别，比如说，假定我是公司的一个营销人员，被指派去评估技术人员的构想，在大多数的时候，通常我只请他把所有缺点都挑出来，然后说这个构想很糟，我就能安然脱身了……可是如果我是自愿参加小组工作的话，这种事就不可能发生了。最后，3M公司还特别保证，创新小组具有相当独立自主权与工作保障。公司还规定，在新产品发表以前，小组成员不得解散。麻省理工学院研究3M公司有20年之久的罗勃斯指出，3M公司对小组的工作人员说：“我们对你们的承诺是以整组成员为单位，要你们达到公司评估工作表现的规定标准，公司自会让你们随着新产品进入市场，步步升迁，随着产品销售业绩的增长，获取应得的利润，万一你们失败了，我们还有个后援补救措施，那就是保证让你们再回到参加小组前的那个职位。”

为了保证3M公司培育热衷奉献的企业精神和“创新斗士”的制度，3M公司实施奖励制度，不论是对整个小组或个人，都有鼓励作用。当他们的产品发展计划越过重重障碍，有所成就时，组里每位成员都会因此获得晋升，这样，创新斗士自然获益匪浅。

（2）不畏失败、鼓励创新的企业价值观。3M公司历来有鼓励创新、不畏失败的企业传统，对于成功者，他们给予英雄式的款待，对于失败者，他们也照样给以鼓励。李尔自豪地指出：“每年都会有15～20个以上行情看好的新产品，突破百万元销售大关。你也许以为这不会受到什么注意，那你就错了。这时，迎接他们的是镁光灯、摄影机。”就是在这样的鼓励下，3M公司年轻的工程师勇敢地带着新构想跨出象牙塔，到处冒险。在3M公司的价值观里，几乎任何新产品构想，都是可接受的。对于失败者，在3M公司里不但不会被训斥，反而会受到鼓励，所谓“有志者事竟成”，公司决策层鼓励员工这样做。李尔董事长经常利用过去的实例，鼓励员工不要怕失败，即使失败也切勿气馁，应当发挥企业家奋斗的精神。他说：“在3M公司，你搞科研开发有坚持到底的自由，也就意味着有不怕犯错、不畏失败的自由。”不屈不挠、坚持到底是3M公司成功的保证。

为什么这样的方式能在3M公司做得如此成功呢？很简单，3M公司利用各种激励机制，鼓励主事者这样做，任何一个创新小组的筹划者，只要他能争取到外来的基金来支援小组的研究开发，他就会获得相当的报偿奖励。这项规定也同样有效地应用到部门主管之间。此外，在3M公司还有许多直接的奖励制度，促使你寻找机会推销你的构想，或是尽可能找机会发掘新构思。

在3M公司的企业文化中最重要的一个观念，也是公司一再强调的观念，就是整体性和系统性，公司的成功绝不仅仅是建立在一两个因素上。当然，不可否认，创新斗士、斗士主管，以及创新小组是整个创新过程的重心。然而，他们之所以能成功，主要还是因为有众多的英雄从各方面的支援、公司价值系统的支持、有容忍失败的气度、采取渗透特殊市场的策略、密切的顾客关系、由小而大的开发研究方式、频繁而不拘形式的沟通、设备齐全完善的实验场所、富有弹性的公司人事组织、没有过多的纸上谈兵与繁文缛节、激烈的内部竞争，综合这些因素，经过多年来一起共同发挥作用，才使得3M公司这种创新产品的策略能有今天如此杰出成功的表现。

3. 3M公司容忍失败的宽宏大量

在一个积极、创新、追求成功的企业环境中还有一大特色，那就是容忍失败的宽宏大量。3M公司的企业文化中的信条之一就是：你必须接受失败。爱默生公司的奈特也强调：你需要有承担失败的能力，除非你肯接受错误，否则你不可能有任何创新和突破。对失败的容忍精神已成为杰出公司精神内涵之一。3M公司的这个企业文化的精髓是直接由公司高阶层灌输和培养起来的，这种企业精神和创新斗士意味着企业在创新中必须经历无数的试验，遭受多次失败；否则，就无法从失败中学习新的知识，不过，最值得注意的是：经常性沟通，能将失败所带来的打击与惩罚减少到最低程度。在那种环境中，上司与下属、同事之间是开诚布公的。互相沟通交换意见，你根本无法隐瞒任何事情，而且实在没有必要这样做。因此，创新斗士的支援系统很多，支援的方式更是不虞匮乏。创新斗士是不会自然而然就产生的，所谓时势造英雄，要有适当的环境才能培养出来，如公司的传统精神、多方面的支援系统、对失败的容忍态度等。应当鼓励培养出这批努力不懈的创新斗士，而不只限于几个富有创意的奇才。

5.6.4　激励原则

调动下属的积极性去完成领导者确定的某一特定目标，这就是激励，就是要不断地为被领导者灌注新的动力。确切地说，这需要领导者在用人实践中采取各种有效的手段使被领导者甘于为领导者所用，而且主动、自觉、积极、尽其所能。激励作为一种刺激积极性的手段，可以运用于整个用人过程的任何一个阶段，其中包括遴选阶段、使用阶段和评估阶段。

1. 激励的原则

（1）实绩原则：就是以下属的实绩为依据，给予适当的激励。

（2）鼓励冒尖的原则：在用人行为中，领导者对技艺超群、成就卓越的优秀人才给予必要的肯定和奖励。

（3）赏罚分明的原则：激励下属必须正确评价下属工作中的是非功过，对下属工作中的功过要赏罚分明。

2. 激励的手段

一般来说，激励手段主要有以下三种：

（1）物质激励：即以调整物质分配的量和质作为激励手段，属于物质激励。物质激励通常包括颁发奖金和奖品、晋升工资、享受优厚的物质待遇等。

（2）精神激励：以调整精神传递的量和质作为激励手段，属于精神激励，是一种“不花钱”的有效激励手段，如授予先进模范称号、颁发奖状、宣传报道先进事迹、晋升职务等。

（3）知识激励：以及时提供必要的知识和信息作激励手段，属于知识激励。知识激励主要包括：向各类人才提供必要的知识更新和获取信息的机遇，如定期输送到大专院校和各类培训机构深造，参加各种科技知识讲座，加强与各类专家、学者的接触，建立高效率的信息情报网络，到先进地区参观学习等。

以上三种激励手段，各有不同用途。在实际运用时，它们都和实绩原则有着密切的联系。应根据不同的对象、不同的情况，从中选择最有效的一种或多种激励手段，灵活运用。唯有这样，才能取得最理想的激励效果。

案例

GE 董事长兼总裁杰克·韦尔奇谈员工激励

最近，《华尔街日报》记者就激励问题采访了杰克·韦尔奇先生。韦尔奇先生就如何调动员工的积极性，员工绩效评价，股权激励以及团队建设做了精彩的阐述。

记者：第一次从事管理工作，你是如何调动员工积极性的？

韦尔奇：我非常幸运地成为 GE 的一个新部门——塑料制品部的第一任经理。当我雇用第一名员工时，我们组成了一个两人团队，我从没有把自己当做老板。而后我们雇用了一个又一个新员工，大家一起去我家吃饭，一起过周末，一起参加社交活动，一起星期六加班。我们不用备忘录来交流消息，整个部门就像一个家庭杂货店，大家共同出谋划策，而无等级之分，我想一个企业就应该这样运作。

记者：你一般花多少时间用于对雇员的业绩评估？

韦尔奇：至少一半的时间。你看（他掏出一个大笔记本，上面画满了图表，每个部门都有相关的图表，反映每个员工的情况），这是一个动态的评估，每个人都知道自己所处的位置。第一类占有10%，他们是顶尖人才；次一些的是第二类，占有15%；第三类是中等水平的员工，占50%，他们的变动弹性最大；接下来是占有15%的第四类，需要对他们敲响警钟，督促他们上进；第五类是最差的，占10%，我们只能辞退他们。根据业绩评估，每个员工都会知道他们处在哪一类，这样没有人会抱怨得不到赏识。

记者问：你的评估将决定是否给予他们股票期权作为奖励，是吗？

韦尔奇：第一类员工会得到股票期权，第二类中的大约90%和第三类中的50%会得到股票期权，第四类员工没有奖励。图表是最好的工具，哪些人应该得到奖励，哪些人应该打道回府，一目了然。

记者：你是如何调动一般员工的积极性的？

韦尔奇：让他们明白他们有上升到第一或第二类的可能，他们有机会选择何去何从，他们当中最好的那些人才会得到股票期权的奖励。

记者：在员工奖励方面，你认为物质奖励和精神鼓励哪个重要？

韦尔奇：对一位表现出色的员工进行奖励是管理过程中一个很重要的部分。奖赏对员工而言，不应该是可望而不可即的，就像鼻子碰着玻璃而穿不过去那样，我希望他们能得到他们应得的。精神鼓励和物质奖励都是必要的，两者缺一不可。我遇到过只给员工发奖章的老板，他认为多给钱是愚蠢的。我认为这大错特错，金钱和精神鼓励应双管齐下。

记者：你是如何评价你的高层管理人员？你也鼓励他们相互竞争吗？

韦尔奇：我鼓励他们在工作上相互竞争，但不要有个人恩怨。我们的做法是将奖赏分为两个部分，一半奖励他在自己的业务部门的表现，另一半奖励他对整个公司发展的贡献。如果自己部门的业绩很好，但对公司发展不利，则奖金为零。

习题5

1. 填空题

（1）企业管理的三大职能分别是__________、__________、__________。

（2）建立和完善企业组织机构应遵循__________、__________、__________、__________四项基本原则。

（3）管理控制活动包括__________、__________、__________三个方面的内容。

（4）汽车维修企业管理控制包括__________、__________、__________、__________四个方面的内容。

（5）领导的基本素质有__________、__________、__________和__________。

（6）企业文化基本分为__________、__________和__________三个层面。

2. 问答题

（1）汽车维修企业管理控制有哪些？其主要内容有什么？

（2）什么是沟通？维修企业与客户沟通有哪些内容？

（3）什么是激励？激励的原则有哪些？

（4）什么是企业文化？它的构成有哪些？

（5）GE是如何看待企业管理中人的情感问题和人的潜能问题的？韦尔奇在这方面对GE的企业文化改革起到了什么样的作用？

第 6 章　汽车维修企业的现场管理

学习任务

通过本章节的学习，使学生了解和掌握汽车维修企业生产现场管理的基本内容和方法；了解“6S”管理的具体内容；了解定置管理和目视管理的基本内容，达到能结合实际运用管理知识，提升生产现场管理水平的目的。

知识要点

- 生产现场的含义。
- 生产管理的概念和生产现场管理方法。
- “6S”管理的具体内容。
- 生产现场的定置管理。
- 生产现场的目视管理。

6.1　生产现场管理综述

6.1.1　现场的含义

生产系统中的现场，从广义上讲是指从事产品生产、制造或提供生产服务的场所。它包括前方各基本生产单位和后方各辅助部门的作业场所，如仓库、测功房等。对汽车维修企业而言，为客户提供服务的场所都属于生产现场，包括车辆接洽到车间现场施工、试车、清洗、交车和仓库、检验测试等。

6.1.2　生产现场管理的概念

生产现场管理就是企业对生产的基本要素（如人员、机构、物料、法规、环境、资产、能源、信息）进行优化组合，并通过对诸要素的有效组合提高生产系统的效率。所谓现场管理，就是运用科学的管理原则、管理方法和管理手段，对生产现场的各种生产要素进行合理的配置与优化组合，从而保证生产系统目标的顺利实现，并达到效率最高、质量最优和服务最佳的车辆维修生产目的。

6.2　生产现场管理方法

汽车维修企业由于长期需要对汽车各部位、各总成进行拆卸后修理，在装卸过程中不可避免地会出现泥垢和油污。倘若管理无序，生产车间就会出现“脏、乱、差”的情况，汽车零部件、汽车总成与机器设备随意摆放，到处存在“跑、冒、滴、漏”的现象，甚至野蛮生产和野蛮拆卸。这样，修车质量和人身安全都得不到保障，将导致企业的经济效益滑坡。生产现场管理就是运用科学的管理方法和管理手段来消除生产中的不合理现象，提高维修质量和劳动生产率。

6.2.1 汽车维修企业常见的不良现象

在许多汽车维修企业里，以下不良现象或多或少都有存在。

1. 仪容不整的工作人员和修理工

（1）有损形象，影响塑造良好的工作氛围。

（2）缺乏一致性，不易塑造团队精神。

（3）看起来懒散，影响整体士气。

（4）易发生危险。

（5）不易识别管理。

2. 机器设备摆放不合理

3. 机器设备保养不当

（1）不干净的机器设备，影响工作情绪。

（2）机器设备保养不当，易产生故障，使修理质量无法保障。

（3）故障多，增加修理成本。

4. 原材料、半成品、成品、待修品、不合格品等随意摆放

（1）容易混淆。

（2）难于管理，易造成堆积、呆料。

（3）增加人员行走、寻料时间。

5. 通道不明确或被占用

（1）作业不顺畅。

（2）增加搬运时间。

（3）对人、物均易发生危险。

6. 工作场所脏污、凌乱

（1）影响企业形象。

（2）影响士气。

（3）影响质量。

（4）易产生危险。

从以上种种不良现象可以看出，不良现象均会造成较多的浪费，这些浪费主要包括：

- 资金浪费；
- 形象浪费；
- 人员浪费；
- 士气浪费；
- 场所浪费；
- 效率浪费；
- 品质浪费；
- 成本浪费。

6.2.2 生产现场“6S”活动

1．“6S”现场管理法简析

这一管理法首先在日本的企业应用。由于整理（Seiri）、整顿（Seiton）、清扫（Seiso）、清洁（Seiketsu）、素养（Shitsuke）的日语罗马拼音均以“S”开头，故最早简称“6S”。我国企业在引进这一管理模式时，另上了英文的“安全（Safety）”，因而称“6S”现场管理法。目前，我国有88.2%的日资企业、68.7%的港资企业实行了这一管理法，有效地推动了管理模式的精益化革新。

1）“6S”管理的定义

具体说来，“6S”就是在维修工作现场做到以下几点。

1S——整理（Seiri）：将作业场所的所有物品区分为必要的和不必要的，必要的留下，不必要的清除掉。

2S——整顿（Seiton）：把留下的依照规定的合理位置放置，并明确标示。

3S——清扫（Seiso）：将工作场所清扫干净。

4S——清洁（Seiketsu）：保持上述成果。

5S——素养（Shitsuke）：每位成员养成良好习惯，遵守规侧做事。文明的员工是文明管理的根本保证。

6S——安全（Safety）：严禁违章，尊重生命。

2）“6S”的关系

“6S”的几个要素彼此关联，整理、整顿、清扫是具体内容；清洁是制度化、规范化；素养是养成习惯，遵守纪律、规则、严谨认真；安全是基础，尊重生命，杜绝违章。

（1）整理：区分要与不要，现场只适量留需要的，不要的则清理掉，节约空间；

（2）整顿：对需要的物品进行依规定定位，尽量摆放整齐，并准确标识，节约时间；

（3）清扫：对工作场所脏污进行清除，并防止脏污的再次发生，保持工作场所干净，对设备点检，保养保证品质、效率的技术；

（4）清洁：将清扫的工作标准化、制度化，并保持成果，持之以恒；

（5）素养：人人养成依规定行事的好习惯，这是追求的最高境界；

（6）安全：严禁违章，尊重生命。

3）“6S”管理实施原则

（1）效率化：定置的位置是提高工作效率的先决条件；

（2）持之性：人性化，全员遵守与保持；

（3）美观：做产品—做文化—征服客户群。管理理念适应现场场景，展示让人舒服、感动。

4）“6S”管理精髓

（1）全员参与：从董事长到一线员工，包括所有部门：生产、技术、行管、财务、后勤；

（2）全过程：贯穿全产品研发到废止的生命周期；

人人保持到改善到保持到管理活动；

（3）全效率：综合效率，挑战工作极限。

只有起点没有终点。

5）执行“6S”的好处

（1）提升企业形象：整齐清洁的工作环境有助于吸引客户、增强信心；

（2）减少浪费：工作现场只保留适量必要的物品，杜绝胡乱摆放；

（3）提高效率：良好的环境和心情，摆放有序，省时省力，减少搬运作业；

（4）质量保证：做事认真严谨，杜绝马虎，品质可靠；

（5）安全保障：通道畅通，宽广明亮，人员认真负责，事故少；

（6）提高设备寿命：清扫、点检、保养、维护；

（7）降低成本：减少跑冒滴漏，减少来回搬运；

（8）交期准：一目了然，异常现象明显化，及时调整作业。

2．“6S”管理的效能

对于汽车维修企业来说，实行“6S”管理能创造良好的工作环境，提高员工的工作效率。试想，如果你的修理厂厂容不整、车辆乱摆、工具乱放、车间杂乱、接待室一塌糊涂，哪个车主愿把自己的爱车交给你维修？如果员工每天在满地脏污、到处灰尘、气味难闻、灯光昏暗、场地拥挤的环境中工作，怎么能调动员工的积极性呢？整齐、清洁、有序的环境，能给顾客、企业及员工带来一系列崭新的认知，如企业和员工对质量的认识和对质量认识的提高，顾客对修理厂的信赖，社会对修理厂的赞誉，员工工作热情的提高，企业形象和企业竞争力的提高等。实行“6S”管理可使企业得到丰厚的利润，这一点对于那些急于每天都能赚到大钱的企业经营者来说，可能是没有考虑到的。有些企业的管理者，常常忽略隐含在管理中的成本，而在企业中浪费现象是非常普遍的：

（1）无价值的工作造成的浪费，如不必要的会议、开会中无主题的空谈、无谓的争执、一点小事久拖不决等。

（2）信息错误造成的浪费，如信息来源错误，有时会造成不可估量的损失。

（3）等待造成的浪费，如停工待料等。

（4）操作事故导致设备故障造成的浪费。

（5）意外事故造成的浪费。一旦发生事故，轻则财产损坏，重则人员伤亡，将造成不可挽回的损失。

（6）业务量过多或不足造成的浪费。业务量过多造成待修车辆积压，业务量过少则生意清淡，均会造成不良后果。

（7）配件库存量过多或过少造成的浪费。库存量过多必将造成系列成本的增加，过少则造成停工待料，影响交车时间。

（8）质量检验的返修造成的浪费。企业一次修车合格率低，会使各种成本增加。

（9）管理混乱造成的浪费，如设备、工具、物料等乱堆乱放，物品在流转或库存中堆放不合理，物品存放时间过长引起质量下降等，均会增加生产成本。此外，在企业信誉造成不可估量的损失。

（10）技术文件、管理文件、顾客资料缺乏及管理不善造成的浪费。相关信息资料缺乏及管理混乱，必然对企业的发展产生负面效应。事实上，一个企业因管理不善造成的损失远远不止上述这些内容。通过导入“6S”管理理念，加强现场管理，就可以解决上述浪费现象，真正做到从管理中获取效益。

3．“6S”管理的操作

实行“6S”管理，改善作业现场，要从每一个员工的每一个工作做起。“6S”管理的第一步是整理，即将工作场所的物品分类整理。分类整理的要诀有两条：一，没有用的东西应该丢弃；不经常用的东西放在较远的地方；偶尔使用的东西安排专人保管；经常使用的东西放在附近。二，能迅速拿来的东西要放在身旁，拿来拿去十分花时间的东西只留下必要的数量。“6S”第二步是整顿，即明确整理后需要的东西摆放区域和形式，也就是“定量定位”“6S”管理的第三步是清扫，即清除一切垃圾污垢，创造一个明亮、整洁的工作环境。“6S”管理的第四步是清洁，就是要维持整理、整顿、清扫后的成果，这是前三项的继续和深入，即认真维护和保持最佳状态。“6S”管理的最后一个内容是素养（纪律）。素养就是提高人的素质，养成严格的执行各种规章制度、工人选程序和各项作业标准的良好习惯和作风，这是“6S”管理的核心。没有人员素质的提高，各项活动就不能顺利开展，即使开展了也不能持之以恒。所以贯彻“6S”管理，要始终着眼于提高人员的素质。“6S”始于素质，也终于素质。

4．“6S”管理的推进

第一，要让汽车维修企业的管理人员明确“6S”管理的内容，了解“6S”管理的方针及要点，企业领导人要予以充分重视。第二，要对全体员工进行“6S”管理的意义、操作方法的要求的培训与教育。第三，企业管理人员要制定“6S”管理要达到的目标：① 零事故、零缺陷、零投诉；② 提高维修保养质量，降低返修率；③ 持续不断地贯彻“6S”管理，使企业真正达到ISO 9001认证标准，而不仅仅是为了通过认证标准而走形式。第四，选择示范单位或部门，率先实施“6S”管理。在有代表性的部门中选择一至二个部门进行试点，树立典型，然后再推行到企业中的每个部门。第五，跟踪检查。经过一阶段的推进后，由企业高层主管、各部门负责人巡回检查，发现问题及时监督查办，直至最后达到要求。目前我国已有许多汽车维修企业实行了“6S”管理，这些企业不但在管理水平上了档次，而且也深切体会到推行“6S”现场管理为企业带来的显著效益。

6.2.3 “6S”活动推行步骤

掌握了“6S”的基础知识，尚不具备推行“6S”活动的能力。因为推行步骤、方法不当导致“6S”活动事倍功半，甚至中途夭折的事例并不鲜见。因此，通过对本节的学习，掌握正确的步骤、方法是非常重要的。

“6S”活动推行的步骤如下。

1．成立推行组织

（1）成立推行委员会及办公室。

（2）确定职责。

（3）编组及划分责任区。

建议由修理厂主要领导出任“6S”活动推行委员会主任职务，以示对此活动的支持。具体活动可由生产厂长负责活动的全面推行。

2．拟定推行方针及目标

（1）方针制定：推行“6S”活动时，制定方针作为导入活动的指导原则。例如可采取下列的方针。

方针1：开展“6S”活动，挑战自我，塑造企业新形象。

方针2：闪闪发光的设备、文明进取的员工。

方针的制定要结合企业具体情况，要有号召力。方针制定后，要广为宣传。

（2）目标制定：目标的制定也要同企业的具体情况相结合。例如，企业场所狡小，但现状摆放凌乱，空间未能有效利用，应该将增加可使用面积作为目标之一。

目标1：在现有场地内增加可使用面积20%。

目标2：过道被占用次数降到每天三次以下。

目标3：有来宾到厂参观，不必事先临时做准备。

3．拟订工作计划及实施方法

（1）拟订日程计划作为推行及控制的依据（见表6.1）。

表 6.1 “6S”活动推行计划表（本计划表供汽车维修厂自行推行时参考）

项次	项　目	8 月	9 月	10 月	11 月	12 月	1 月	2 月	3 月	备注
1	“6S”活动推行组织成立	—								
2	“6S”活动前期准备	—								
3	宣传、教育展开	—	—	—						
4	样板区域选定期	—								
5	样板区域“6S”活动推行	—	—							
6	样板区域阶段性交流会		—	—	—					
7	标准建立及修正		—	—	—	—				
8	全体大扫除		—							
9	整理、整顿作战			—	—	—				
10	目视管理				—	—				
11	日常“6S”确认实施				—	—	—	—	—	
12	考核评分及竞赛				—	—	—	—	—	
13	“6S”活动阶段性总结						—			
14	文明礼貌月							—		
15	目视管理强化月								—	

（2）收集资料及借鉴他厂做法。

（3）制定“6S”活动实施办法。

（4）制定要与不要的物品区分方法。

（5）制定“6S”活动评比的方法。

（6）制定“6S”活动奖惩办法。

（7）制定其他相关规定（如“6S”时间）。

4．教育

（1）每个部门对员工进行教育。内容包括：

①“6S”的内容及目的。

②“6S”的实施方法。

③“6S”的评比方法。

（2）新进员工的“6S”培训。

教育是非常重要的，要让员工了解“6S”活动能给工作及自己带来好处，从而主动地去做，与被动去做的效果是完全不同的。教育形式要多样化，讲课、放录像、观摩他厂案例或样板区域、学习推行手册等方式、方法均可视情况加以使用。

5．活动前的宣传造势

“6S”活动要全员重视、全员参与才能取得良好的效果。

（1）最高主管发表宣言（召开全厂大会、车间、班组会议等）。

（2）利用内部报刊、宣传栏宣传。

6．实施

（1）前期作业准备。

① 方法说明。

② 道具准备。

（2）工厂全体大扫除。

（3）建立地面画线及物品标识、标准。

（4）物料、机工具实施“三定”：定位、定点、定人（如图 6.1 所示）。

图 6.1　汽车修理厂停车场定置图

7．活动评比办法确定

（1）制定评比表。

（2）制定考核评分表。

8．查核

（1）现场查核。

（2）“6S”问题点质疑、解答。

（3）举办各种活动及比赛。

9．评比及奖惩

按照“6S”活动竞赛办法进行评比，公布成绩，实施奖惩。

10．检讨与修正

各责任部门按照缺点项目进行改善，不断提高。

11．纳入定期管理活动中

（1）标准化、制度化的完善。

（2）不定期开展实施各种“6S”强化月活动。

需要强调的一点是，各汽车修理企业因其经营规模、背景、架构、企业文化、人员素质的不同，推行时可能会有各种不同的问题出现，推行时要根据实施过程中所遇到的具体问题，采取可行的对策，才能取得满意的效果。

6.3　定置管理

定置管理实际上是“6S”活动的一项基本内容，它主要研究作为生产过程主要因素的人、物、场所三者之间的相互关系。通过调整物品放置，处理好人与物、人与场所、物与场所的关系；通过整理，把与生产现场无关的物品清除掉；通过整顿，把物品放在科学合理的位置。通俗地讲，定置管理就是将物料、机工具划定区域位置，进行定位，在使用完毕后要物归其位。要做到：有物必有区，有区必有牌，按区存放；按图定置，图物相符，如图 6.2 所示。

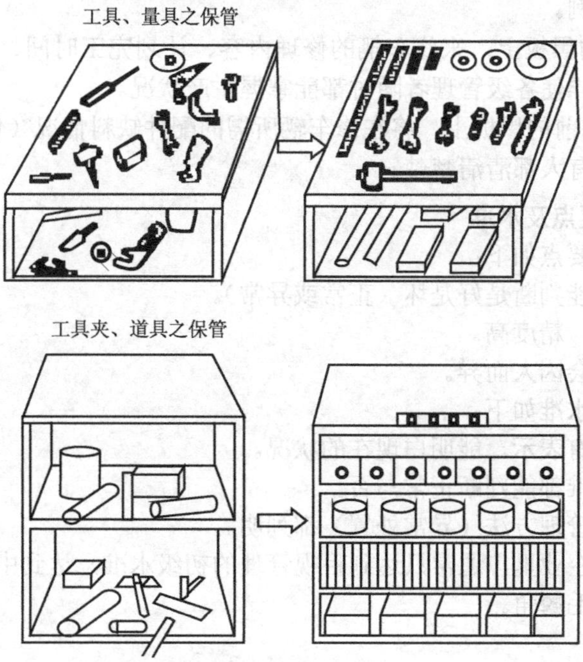

图 6.2 维修机工具定置图

6.4 目视管理及看板管理

1. 目视管理及看板管理

目视管理是利用形象直观、色彩适宜的各种视觉感知信息来组织现场生产，即通过视觉导致人的意识变化的一种管理方法。它具有以下特点：

（1）以视觉信号为基本手段，人人可见。

（2）以公开化为基本原则，尽可能让管理者的意图和要求让大家都看见，以促进自主管理，自我控制。所以它也可以形象地称为“看得见的管理”，如图 6.3 所示。

看板管理是将希望管理的项目（信息）通过各类管理板提示出来，使管理状况众人皆知。具体内容如下。

（1）目视管理示例。

① 交通用信号灯及各种交通指示标志：红灯停、绿灯行；各种道路指示牌。

② 包装箱上的箭头管理：有的包装箱上的箭头朝上（↑）；有易碎品标志。

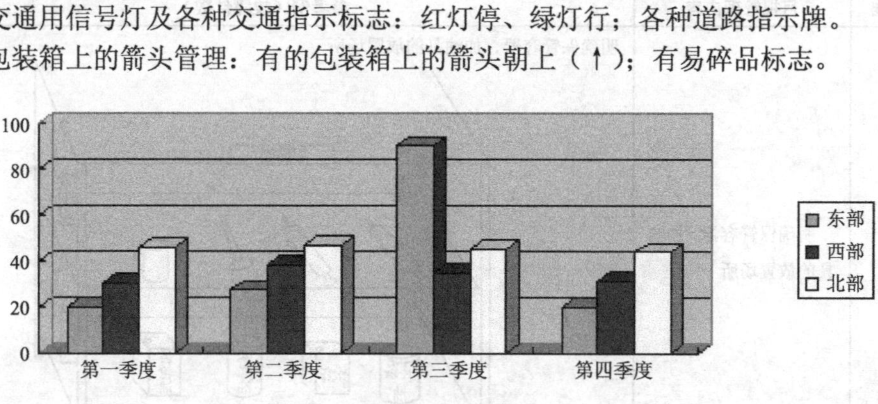

图 6.3 目视管理

（2）看板管理示例。

① 在修理车间的黑板上：来修车辆的修理内容、计划完工时间、承修班组、主修师傅及在厂车辆数等。这样使各级管理者随时都能掌握生产状况。

② 在配件仓库门前的黑板上，将在修车辆所需的配件缺料情况（包括配件品名、数量、时间等）公布，让所有人都清清楚楚。

2．目视管理的要点及水准

目视管理的三个要点如下：

（1）无论是谁都能判断是好是坏（正常或异常）。

（2）能迅速判断，精度高。

（3）判断结果不会因人而异。

目视管理的三个水准如下：

（1）初级水准：有表示，能明白现在的状况。

（2）中级水准：谁都能判断正常与否。

（3）高级水准：管理方法（异常处置）都列明。

在许多汽车维修企业里，通常只达到目视管理的初级水准，达到中级水准的较少，能达到高级水准的更是凤毛麟角。

案例

目视管理实例

目视管理实例见表 6.2～表 6.4。

表 6.2　目视管理——指示管理类

水　准	目视管理内容	参考例（车辆维修数）
初级	对应该管理的项目通过结果推移图来了解	车辆维修数通过日别推移图了解 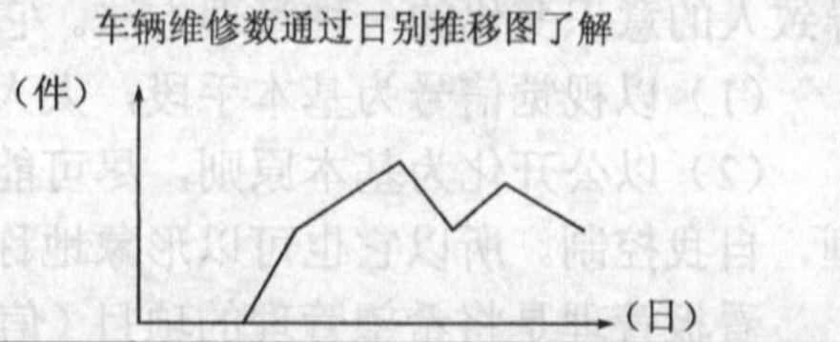

表 6.3　目视管理——中级

水　准	目视管理内容	参考例（故障件数）
中级	明确保管容器、加油具的放置场所	明确保管容器、加油具的放置场所 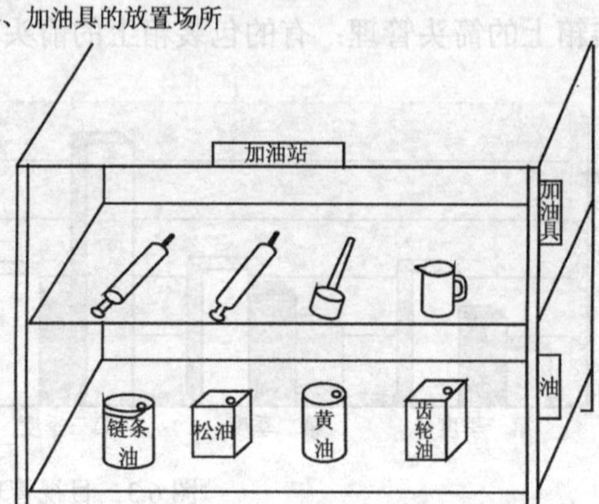

表 6.4　目视管理——高级

水　准	目视管理内容	参考例（故障件数）
高级	明确保管容器、加油具的放置场所 将油和加油具按类别分开放置	按油类明确保管容器、加油具的放置场所 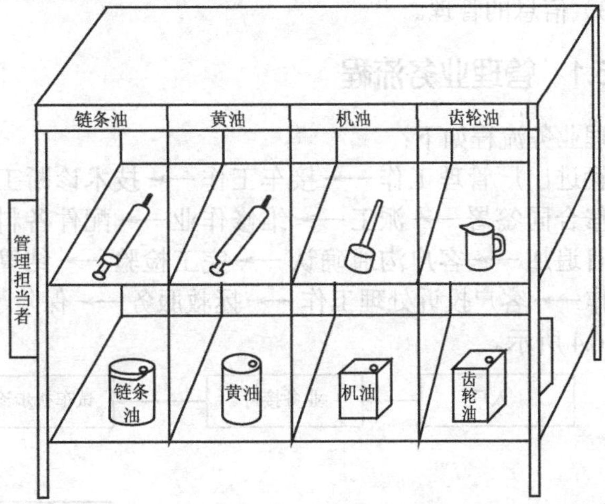

案例

看板管理（表 6.5）

表 6.5　看板管理事例——去向显示板

姓　名	去　向	离开时间	联系电话	预定返回时间	备　注

目视管理和看板管理是非常重要的，许多企业推行“6S”活动后，感觉效果不佳的重要原因之一就是没有很好地实施目视管理及看板管理。确切地说，目视管理及看板管理实施得如何，很大程度上反映了一个企业的现场管理水平。

6.5　维修企业车间现场管理的内容

维修企业车间现场管理的内容包括：

（1）车流、物流、人流、资金流、信息流的经营管理。

（2）业务接洽、车间、班组的管理。

（3）安全、文明生产的管理。

（4）检测仪器、工具、设备的管理。

（5）技术、工艺规范管理。

（6）质量的管理。

（7）工期的管理。

（8）成本的管理。

（9）配件的经营管理。

（10）仓库的管理。
（11）车主的管理。
（12）员工的管理。
（13）信息的管理。

6.5.1 管理业务流程

管理业务流程如下：

车辆进出厂管理工作→接车工作→技术诊断工作→消费引导工作→估价工作→维修合同签署→派工→维修作业→配件备料→采购→领发料→完工检验→项目追加→客户沟通确认→完工检验→结算工作→交车→索赔的处理→跟踪工作→客户投诉处理工作→拯救服务→保险事故处理等。汽车维修企业工作流程图如图6.4所示。

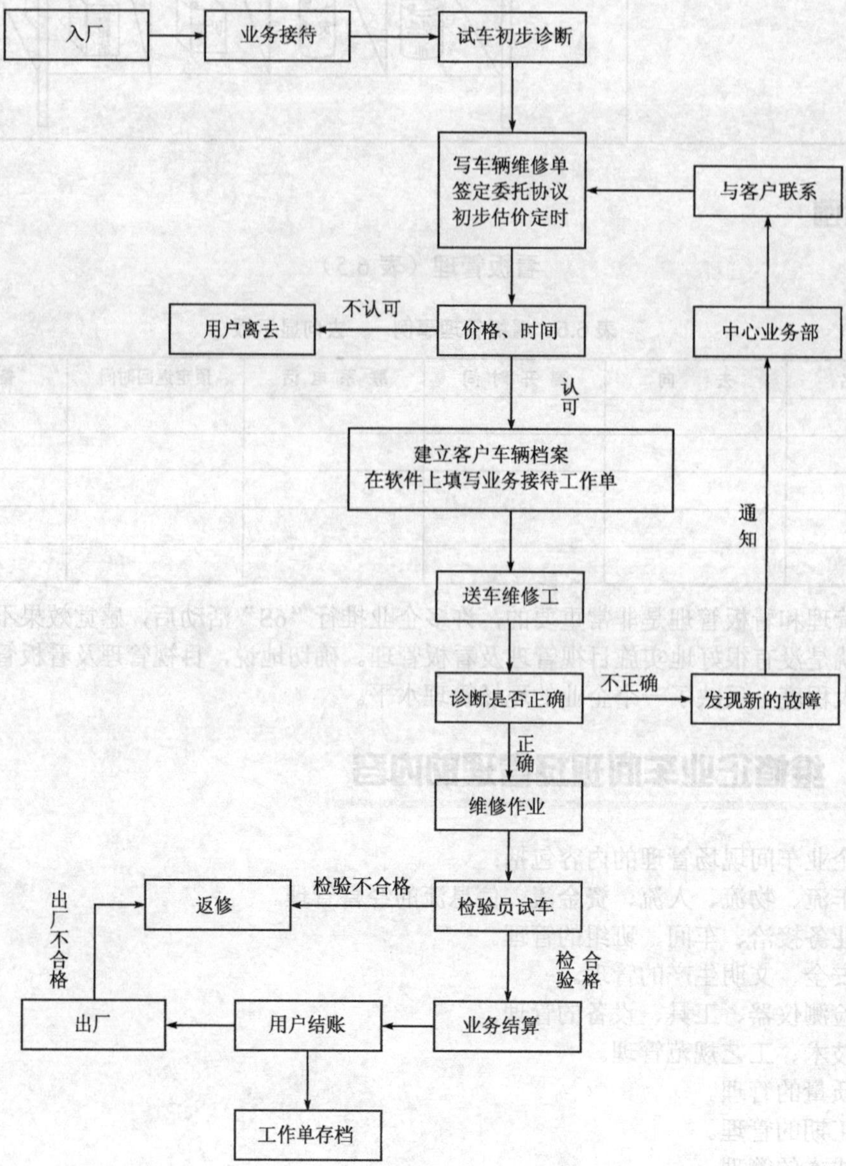

图6.4 汽车维修企业工作流程图

6.5.2 现场管理具体工作内容

现场管理具体工作内容包括：

（1）技术诊断、调度派工、换件审核。

（2）工艺标准的贯彻。

（3）效率管理（降低非作业时间，提高作业熟练程度，改善工作方法）。

（4）质量管理（过程检验和巡视，异常情况的分析与对策，作业指导）。

（5）工作指导（新设备、新工具的使用方法，新车维修工艺的操作，特殊技能的掌握，作业标准，以及其他应知应会的技能）。

（6）设备工具的使用管理（使用指导、检查、日常保养、安全规范）。

（7）生产现场“6S”管理（卫生责任区划定，定置区域划定，日检制度建立）。

（8）工人考核管理（工作记录、工作考核、沟通面谈）。

（9）考勤管理（请假审批、出勤考核、加班安排）。

（10）规章制度贯彻执行（制度公示、宣传，执行检查，监督考核）。

案例

一辆别克君威2.5轿车因发动机有异响到某汽车修理厂进行修理、检查。

修理厂业务员将车辆引入待修车辆停车区停放，详细询问车主车辆故障症状与修理要求后进入以下工作程序：

（1）写修理项目单交检验员。

（2）检验员将车辆移至故障检查处，用诊断仪诊断发动机具体故障原因。

（3）检验员填写工作项目单交车间生产调度员。

（4）生产调度员填写派工单交作业班组，同时将车辆移至班组作业处。

（5）作业班组将工具车到位，并铺上车辆保护罩。

（6）开展作业施工。

① 施工现场确保工具、零部件、油水“三不落地”，严格执行“6S”规定。

② 悬挂发动机作业标记，确保施工安全。

③ 损坏零、部件自检后交检验员检验确定后，开领料单到仓库领料。

④ 可修复零、部件修复后经检验员检验合格后装车。

⑤ 作业过程严格执行自检、互检、总检“三检”制度，保证修理质量。

⑥ 作业完成后要做好工作场地清扫工作：清洁场地和台架、擦拭工具并归位。

⑦ 自检合格后交检验员试车。

- 检验员试车合格后填写合格证、将竣工车辆移至竣工车辆停放处；
- 将合格证、车辆钥匙交业务员；
- 业务员进行车辆结算：修理工时费、材料费和材料管理费；
- 通知车主接车；
- 业务员将车辆修理情况存档，建立车辆修理档案；
- 三天后业务员电话跟踪车辆修后状况，解决客户疑问，提供售后服务。

习题6

1．填空题

（1）“6S”是指________、________、________、________、________和________。

（2）物品乱摆放属于“6S”中________要处理的范围。

（3）整顿的三要素是________、________、________。

（4）素养是指养成良好的严格遵守________的________和________。

2．选择题

（1）汽车维修企业的生产现场是（　　）。

A．生产车间　　B．办公室　　C．仓库　　D．停车场

（2）“6S”活动推行中，下面最重要的是（　　）。

A．人人有素养　　B．地、物干净　　C．工厂有制度　　D．生产效率高

（3）整顿中的“三定”是（　　）。

A．定点、定容、定量　　B．定点、定方法、定量

C．定点、定方法、定标示　　D．定点、定人、定方法

3．问答题

（1）什么是生产现场管理？

（2）什么是“6S”？主要内容有哪些？

（3）什么是目视管理？试举出工作场所中可以实施的地方。

第7章 汽车维修全面质量管理

学习任务

通过本章的学习，使学生掌握全面质量管理的含义和应用，了解在汽车维修企业中运用质量管理的必要性和重要意义。掌握全面质量管理的观点、要求和方法；掌握ISO 9000和OHS的意义和在汽车维修企业中的认证；掌握如何保证汽车维修企业的维修和服务质量。

知识要点

- 全面质量管理的概念。
- 全面质量管理的基本观点。
- 全面质量管理的基本要求。
- 全面质量管理的工作方法：PCDA循环。
- 如何提高汽车维修的维修质量和服务质量。
- 汽车维修质量的标准化。

全面质量管理这个名称，最先是在20世纪60年代初由美国的著名专家菲根堡姆提出的。它是在传统的质量管理基础上，随着科学技术的发展和经营管理上的需要发展起来的现代化质量管理，现已成为一门系统性很强的科学。

在我国，1999年9月党的十五届四中全会《决定》曾经提出，要“搞好全员全过程的质量管理”。“全员全过程的质量管理”，就是全面质量管理（Total Quality Management，TQM）。自1978年以来，我国推行TQM（当时称为Total Quality Control，TQC）已有30多年。从30多年的深入、持久、健康地推行全面质量管理的效果来看，它有利于提高企业素质，增强国有企业的市场竞争力。

近年来，TQM正日益成为受到各国领导人和广大企业家所重视的一门科学管理体系。在我国，从中央到地方，从政府到企业，各行各业都针对经济全球化迅速发展和“入世”所带来的机遇与挑战，对质量工作给予高度重视。为加强质量工作采取了企业、政府、社会齐抓共管，企业自律、市场竞争、政府监督“三管齐下”，明确地方政府在产品质量工作中的责任，以及“依法治国”等一系列措施来实现提高产品质量总体水平的目的。

7.1 质量管理的发展概况

7.1.1 汽车维修全面质量管理

汽车维修是带有工业产品（汽车维修作业）与服务（车主）两种行业综合色彩的企业。

企业服务功能贯穿维修作业流程的始终。因此汽车维修企业的质量既包含产品质量又包含服务质量，两者相辅相成。

1. 汽车维修质量管理机构设置

汽车维修企业建立健全质量管理体系的目的，是将企业有关部门的质量管理活动组成一个整体，以便互通情报，协调工作，共同保证和提高维修质量。

质量管理机构的设置，应根据企业规模的大小而定。一二类维修企业应建立“质量管理领导小组”，其成员由企业技术负责人、专职总检验员以及质量管理部门和其他有关部门的负责人组成。一类企业还应单独设立质量管理的具体办事机构——质量检验科，其成员由专门技术人员、专职检验人员及资料员等组成，三类业户应由技术业务水平较高的人员负责质量管理工作。

质量管理机构的职责如下：

（1）认真贯彻执行质量管理法规和制度以及上级有关部门制定的汽车维修质量管理的方针政策。

（2）贯彻执行国家和交通部颁发的有关汽车维修技术标准、相关标准以及有关地方标准。

（3）了解汽车维修工艺和操作规程。

（4）根据国家标准、行业标准、地方标准的要求，制定企业汽车维修技术标准。

（5）建立健全企业内部质量保证体系，加强质量检验，掌握质量动态，进行质量分析，推行全面质量管理。

（6）开展质量评优与奖罚工作，搞好修后跟踪服务。

2. 汽车维修质量管理制度

（1）维修过程及竣工出厂检验制度。车辆从进厂开始，经过解体、维修、装配，直至竣工出厂，每道工序都应通过自检、互检并做好检验记录以备查验。

（2）材料、外协外购零部件进厂入库检验制度。维修企业对新购原材料、外协加工件及采购零部件，在进厂入库前必须由专人逐件进行检查验收。要完善加强验收的手段，在维修用料时，要认真填写《领料单》，注明规格、型号、材质、产地、数量，并由领发人分别签字盖章。

（3）计量管理制度。必须加强计量器具和检测设备的管理。要按有关规定明确专人保管、使用和鉴定，确保计量器具和设备的精度。

（4）技术业务培训制度。加强职工的技术培训，是提高职工素质，保证维修质量，提高工效的重要途径，企业要根据生产情况，不断组织职工进行培训，并按不同岗位和级别进行应知应会技能的考核，以激励职工不断进取。

（5）岗位责任制度。维修质量是靠每个岗位的操作者实现的，是由全员来保证的，因此，必须建立严格的岗位制度，以增强每个职工的质量意识。定岗前要合理配备，量才适用。定岗后要明确职责，并且保持岗位相对稳定，以便提高职工岗位技能和责任心。

（6）出厂合格证制度。出厂合格证是车辆维修合格的标志。一经厂方签发，就由厂方负责。按照有关规定，凡经过整车大修、总成大修、二级维护后竣工出厂的车辆，必须由厂方签发合格证，并向托修方提供维修部分的技术资料，否则不准出厂。

（7）质量保证期制度。车辆经过维修后，在正常使用情况下，按规定都有一定的质量保证期限。其计算方法有的按使用时间，有的按行驶里程。在保证期内发生的质量事故，应由厂方承担责任。目前，按行业规定汽车大修（或总成大修）质量保证期为 3 个月或行驶 10 000 公里。二级维护质量保证期为 10 天或行驶 1500 公里；一级维护质量保证期为 2 天或行驶 300 公里。

（8）质量考核制度。企业应按照岗位职责大小，分别制定考核奖惩标准，并认真实施兑现。

3．汽车维修的全面质量管理的概念

TQM 是一种由顾客的需要和期望驱动的管理哲学。它是企业组织全体职工和有关部门参加，综合运用现代科学和管理技术成果，控制影响产品质量的全过程和各因素，经济地研制生产和提供用户满意的产品的系统管理活动。它包括以下基本观点。

① 一切为用户服务。汽车维修企业，为了满足用户需要，就要维修好车辆，为运输部门提供技术状况良好的车辆。因此，企业内部应将为用户服务的观点引入生产全过程，树立“下道工序就是用户”的观点。正确处理上下道工序关系，增强维修企业生产各环节相互协作的责任心。

② 一切以预防为主。全面质量管理要求将质量问题消灭在萌芽状态、消灭在生产过程中，做到预防为主。为了保证和提交维修质量，汽车维修企业必须在汽车维修过程中控制影响质量的各种因素，将重点放在维修过程中对人、设备、材料、工艺和环境五大因素的控制上。把质量管理从事后把关转到事先控制上来，及早消除影响维修质量的各种原因。

③ 一切按 PDCA 循环进行。PDCA 循环，即按计划执行，检查处理的顺序办事。一般办事情都有一个打算和目标，根据目标制订计划，然后组织实施，落实计划，并将执行结果与预订目标比较，最后总结成功经验，吸取失败教训，并把没有解决的问题转入下一循环解决。PDCA 循环可以连续循环，每循环一次，就控制一个新的高度，不断循环，不断提高。

④ 一切用数据说话。所谓“用数据说话”，就是以客观事物和准确可靠的数据为依据，认真发现、科学分析汽车维修的质量问题，寻求和判断质量的变化规律，从而对汽车维修过程加以控制。为了更好地推行全面质量管理，必须做好各项原始记录，抓好各项基础工作，收集一切必要的数据，从而发现和解决质量问题。

4．全面质量管理的基本要求

（1）全员参与质量管理。产品质量是企业各生产环节、各部门工作的综合反映，企业中任何一项工作，任何一个人的工作质量，都会不同程度地、直接或间接地影响汽车维修质量。因此，要求上至厂长，下至工人，人人做好本职工作，关心质量，人人参与质量管理。要实现全员参与，要注意以下几点：

① 抓好全员的质量管理教育。要求员工树立“质量第一”的思想，无论是在服务质量还是维修质量方面，都要有牢固的质量意识；同时，对员工进行技术培训，提高他们的工作质量。

② 制定岗位质量责任制，做到事事有人管，人人有专职，办事有标准，工作有检查，建立起一套以质量责任制为主要内容的考核奖惩办法和完整严密的管理制度。

③ 开展 QC 小组。

（2）全过程管理。从车辆进厂开始，到检验、解体、检修、组装、竣工、交付使用为止，都要进行管理，形成一个程序贯通，连锁互保的系统。

（3）全企业的管理。全企业管理不仅管企业的生产技术、物资供应、维修生产组织、竣工检验和质量，还包括企业的全部职能，搞好政治思想、组织、宣传、保卫、教育、计划、财务、劳动工资、总务后勤部，甚至档案管理和信访工作均包括在内。通过提高各方面、各部门的工作质量，特别是人的素质，以达到和保证车辆维修质量。

（4）采用多种办法进行的管理。全面质量管理的方法是科学的多种多样的，必须根据不同情况，区别不同的影响因素，采用专业技术、管理技术、数字统计、统筹学和思想教育等各种方法和措施，按客观规律办事，进行科学管理、综合治理，才能真正取得实效。

5. 全面质量管理的工作方法

全面质量管理的基本方法可以概括为“一个过程，四个环节，八个步骤”。一个过程即管理过程。四个环节又称为PDCA循环，分八个步骤进行，是由美国统计学家戴明博士提出来的，它反映了质量管理活动的规律。PDCA循环是提高产品质量、改善企业经营管理的重要方法，是质量保证体系运转的基本方式，如图7.1所示。

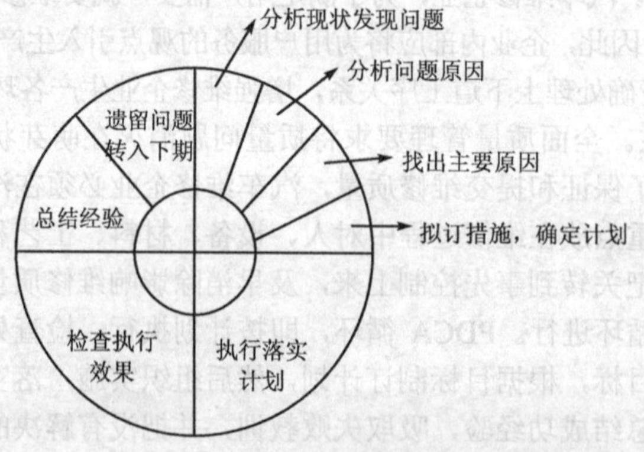

图7.1 PDCA管理循环的八个步骤

（1）P（Plan）计划：指定质量目标、活动计划、管理项目和实施方案。

（2）D（Doing）执行：根据预定计划和措施要求，努力贯彻和实现计划目标和任务。

（3）C（Check）检查：就是对执行结果和预定目标进行检查，检查计划执行情况是否达到预期的效果，哪些措施有效，哪些措施效果不好，成功的经验是什么，失败的教训又是什么，原因在哪里。所有这些问题应在检查阶段调查清楚。

（4）A（Action）处理：包括两个步骤，根据上阶段检查的结果，把成功的经验肯定下来，指定为标准，以指导实践，对失败的教训也要加以总结整理，记录在案，以供借鉴；把没有解决的遗留问题，转入下一个管理循环，作为下一个阶段的计划目标。

PDCA循环具有三个特点：

① 大环套小环。如图7.2所示，一环扣一环，小环保大环，推动大循环。如果将整个汽车维修企业的工作比喻为一个大的PDCA循环，那么各个车间、小组或职能部门都有各自的PDCA循环。

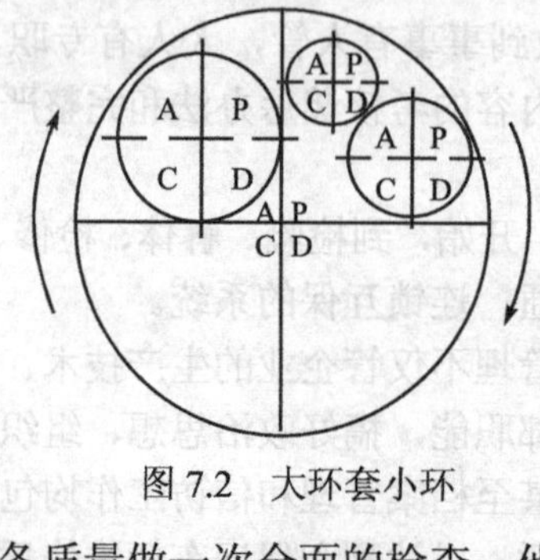

图7.2 大环套小环

例如，某厂要对维修与服务质量做一次全面的检查。他们制订了一份检查计划，内容包括：检查日期、检查范围、参检人员、人员分工、检查的具体项目清单等。紧接着开始实施检查，检查进行一个阶段后，如在中午午餐时检查小组成员开个碰头会，看看检查工作的进度以及衔接情况，这实际上就是对检查工作本身的一种检查。检查中会出现各种问题，如作为检查人员的小王是新分配来的大学生，工作经验不足，在检查维修车间的过程中，与车间主任吵了起来，这当然也不全是小王的错，因为检查工作本身就是有点儿像专挑别人的毛病似的工作。但是这引起了车间主任的不快，尤其是车间主任的技术水平很高，心里不服气，心想：我修车的时候，你还是一个小娃娃呢！这是检查工作本身容易导致的问题之一。而另一组的人在检查业务接待前台，由于历史单据比较多，业务繁忙，该组的两个检查人员竟然未能按照检查计划的进度完成相关的检查项目，这又是检查工作中出现的另一个问题。既然有问题，我们就要对问题进行处理，首先对小王进行批评教育，告诉他要注意工作方式，对事不对人，下午把小王换到另外一个小组去检查配件部的情况，不要再去车间检查了；对于业务接待前台的问题，因为人手不够，下午增加一个人手。

② 阶梯式上升。PDCA 循环不是停留在一个水平上的循环，而是每循环一次，就解决一部分问题，取得一部分成果，水平就上升一个台阶。到了下一个循环，就有了新的目标和内容，如图 7.3 所示。

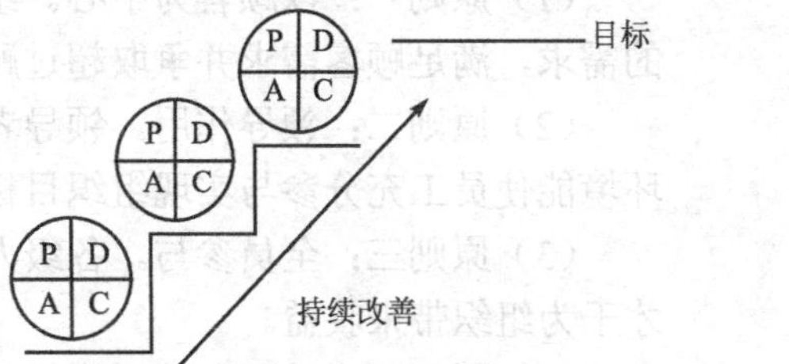

图 7.3　阶梯式上升

③ 统计的工具。PDCA 循环应用了科学的统计观念和处理方法，作为推动工作、发现问题和解决问题的有效工具。

7.1.2　汽车维修全面质量管理保证体系与 ISO 9000 认证

现在已经有很多汽车维修企业通过了 ISO 9000 认证。ISO（International Standardization Organization）是指国际标准化组织。而 ISO 9000 则是由国际标准化组织发布的第 9000 号文件，这是一份关于质量管理体系的一系列标准，现在通行的是 2000 版，是在 2000 年 12 月由国际标准化组织/质量管理与质量保证技术委员会颁布的。

ISO 9000：2000　质量管理体系——基本原理和术语；

ISO 9001：2000　质量管理体系——要求；

ISO 9004：2000　质量管理体系——业绩改进指南。

1. 质量管理体系的建立过程

可以将 ISO 9000 的实施工作总结为：依据标准、结合实际，写我们所做，做我们所写，记我们所做。

“依据标准”是指企业所建立的文件化质量体系必须满足 ISO 9001：2000 标准的要求，并能覆盖标准的各项要素，这就需要编写文件的人员必须学会并领会标准的各项要求。

“结合实际”是指编写文件的人员必须对企业的运作程序与各个环节进行全面的了解，将标准的要求与企业的实际任务结合起来，设计出质量体系文件的总体架构。每一个企业又都有各自独特而又具体的情况，对此，一定要注意，绝不能过分地去模仿那些已经通过认证的汽车维修企业的模式，更不能过分地依赖咨询机构提供的范本来“照猫画虎”。因为这样做往往会使质量文件脱离本企业的实际情况，使文件内容空洞而概念化，不仅很难体现出企业的质量方针和质量目标的特点，更难以被全体员工所理解和贯彻执行。可以说，一个难以实现或不知是否能实现的目标，是根本起不到激励员工的积极作用的，就等于没有目标，这样贯彻 ISO 9000 系列质量保证标准就没有意义了。

“写我们所做”是指质量体系文件的编写，要将我们的工作程序与方法用文件来进行规范和描述。

“做我们所写”是指质量体系建立后，一切质量活动就要按照文件的规定进行，文件怎么写，大家就要怎样做。

“记我们所做”是指质量体系在运行过程中产生的各种记录要按照规定予以保存。记录下来的作用主要有两点：一是当出现问题或质量事故时便于追溯，以查清原因，分清责任，该我们负责的要对责任人给予处理，不属于我们责任的可以减少不必要的赔偿或损失；二是在认证机构或是顾客进行认证审核或我们自己进行内部质量审核时，作为实际行动是否符合文件规定的证据。

2．ISO 质量管理的八项原则

（1）原则一：以顾客为中心。组织依存于他们的顾客，因而组织应理解顾客当前和未来的需求，满足顾客需求并争取超过顾客的期望。

（2）原则二：领导作用。领导者建立组织相互统一的宗旨、方向和内部环境。所创造的环境能使员工充分参与实现组织目标的活动。

（3）原则三：全员参与。各级人员都是组织的根本，只有他们的充分参与才能使他们的才干为组织带来收益。

（4）原则四：过程方法。将相关的资源和活动作为过程来进行管理，可以更高效地达到预期的目的。

（5）原则五：系统管理。针对制定的目标，识别、理解并管理一个由相互联系的过程所组成的体系，有助于提高组织的有效性和效率。

（6）原则六：持续改进。持续改进是一个组织永恒的目标。

（7）原则七：以事实为决策依据。有效的决策是建立在对数据和信息进行合乎逻辑和直观的分析基础上的。

（8）原则八：互利的供方关系。组织和供方之间保持互利关系，可增进两个组织创造价值的能力。

3．ISO 9000 认证办法

（1）第一条，建立一个质量体系的程序应符合 ISO 9000 系列标准所规定的要素，如企业的性质、公司的规模、现行质量控制的状况、产品的市场诉求情况等。

（2）第二条，组织实施质量控制的步骤以及实施 ISO 9000 体系时应被作为主要计划来采纳、实行的一些步骤。

① 最高管理部门做出的质量评估应作为企业必需的要素。

② 要树立起一种观念，即建立一个符合 ISO 9000 标准的质量体系是使公司发展和获得长远利益的基础。

③ 由管理部门来对公司采用相应的ISO 9000标准进行审议，并提出一个适当的实施对策。

④ 与上级管理人员讨论采用 ISO 9000 的方案并选择适当的质量体系保证模式（ISO 9001、9002 或 9003）以便实施。

⑤ 与工会或工人代表协商，向他们阐明原则、概念以及实施 ISO 9000 标准对公司及公司的雇员的利益。因为要成功地实施 ISO 9000 标准，需要公司内所有人员的积极协作。

⑥ 设立一个在主要执行人员领导下的控制委员会，以便在规定时间内，计划程序能全面有效地实行。

⑦ 对员工在 ISO 9000 和其实施方法等的多方面的工作能力进行培训。

⑧ 调查现行的质量控制体系识别缺陷的能力或质量全过程与 ISO 9000 标准要求比较后的偏差。

⑨ 提出规范活动的鉴定要求并系统地阐述对计划中各工作要素的解释，对不同部门和人员责任的规定，并预计活动完成的时间。

⑩ 制定工作指南，根据 ISO 9000 标准条款的要求，认可本公司的工作程序的过程。

⑪ 质量手册包括：公司的质量方针、组织结构、体系过程概要。这个概要应包括描写过程的更为详细的文件出处，以及为各部门、职能小组提供的工作指南。

⑫ 为掌握标准方法对全体职员和工人的培训及培训程序文件。

⑬ 公司应保证让全体职员清楚地了解其质量方针和为实施 ISO 9000 标准而制定的目标。有关的目标和程序应被翻译成通俗的语言，以便那些文化程度较低的工人们也能彻底明白。

⑭ 确定采用新体系的日期并公布为实施新体系所要执行的指南。在大的公司里，新体系应被逐步协调地采用，它可首先作为指导计划在一个或两个部门或产品工厂实行，根据获得的经验再逐步推广到其他部门、小组直到公司的所有运行部门。

⑮ 让新体系试运行几个月并保证内部的审核是依照 ISO 9000 标准进行的。

⑯ 对审核发现的不合格项采取纠正措施。

⑰ 经过适当的时期之后，再进一步实施审核并采取纠正措施直至质量体系充分地运行起来。

⑱ 安排一个外部的机构进行初步的审核。

⑲ 根据外部审核小组的检查意见采取纠正措施。

⑳ 安排一个经认可的认证人员进行日常的评估。

案例

汽车维修企业质量认证工作的基本过程

（广西柳州某汽车修理厂在贯彻 ISO 9000：1994 标准并进行质量体系认证时的基本过程）

汽车维修企业质量认证工作的基本过程可分为以下几个阶段。

（1）组织策划，需完成以下六项任务：

① 调研与决策。企业领导通过调研，做出本企业贯彻 ISO 9000 族标准、进行企业质量认证的有关决策。

② 培训。组织企业领导、中层干部、业务骨干及全员，分层次进行关于 ISO 9000 族标准有关内容的培训；选派内部审核员参加本地区质量认证机构组织的专业培训，取得内审员资格。

③ 确定咨询机构和人员为质量手册的母本。

④ 建立企业质量认证工作领导班子，确定、任命质量管理者代表。领导小组由企业最高管理者任组长，成员包括管理者代表及有关（生产、经营、技术等）中层领导。由管理者代表全权负责质量认证的具体工作。

⑤ 建立质量认证工作班子。质量认证工作班子通常称为“贯标办公室”或“ISO 9000 办公室”，由主要业务部门选调精兵强将组成。其职责是协助管理者代表进行贯标、认证的管理工作，主要任务有：编制贯标、认证工作计划，对各部门实施情况进行监督检查与考核；组织对本厂原有体系状况的调查，找出与标准要求的差距所在，为立足于本厂的实际情况，建立有效的质量体系打好基础；协助各部门解决贯标中出现的接口问题；与认证机构进行联络，组织准备现场审核的有关工作。

⑥ 编制贯标与认证工作计划。

（2）质量体系总体设计，需完成以下五项任务：

① 拟订企业质量方针、目标。

② 选择合适的质量保证模式。在 ISO 9000 族标准中，规定了三种标准质量保证模式：ISO 9001《质量体系设计、开发、生产、安装和服务的质量保证模式》，ISO 9002《质量体系生产、安装和服务的质量保证模式》，ISO 9003《质量体系最终检验和试验的质量保证模式》。对于汽车维修企业，为证实对自身服务质量的过程控制能力，一般应选用 ISO 9002 标准。

③ 调整组织机构设置。有些企业如原先未单独设置质量管理部门，则应在贯标中进行调整，增设质量管理部门。

④ 确定各部门的职能及相互关系，编制职能分配表（见表 7.1）。

表 7.1 部门职能分配表

质量保证体系要素	企业主管	管理者代表	服务经理	技术总监	配件经理	销售经理	车间主任	办公室	财务经理
管理职责	※		△	△	△	△	△	△	△
质量体系		※	△	△	△	△		△	△
合同主审			※		△	△			
文件和资料控制			△	△	△	△	△	※	
采购、工艺外协					※	△			
顾客提供产品的控制			※	△					
产品标识和可追溯性			△	※	△	△			
过程控制				△			△		△
检验和试验			△	※	△	△			
检验、测量和试验设备的控制			△	※					
检验和试验状态			△	※		△			
不合格品的控制			※	△	△				
纠正和预防措施			※	△	△	△			
配件、材料搬运、存储、包装、防护、交付			△	△	※	△			
质量记录审核		※	△	△	△	△			
培训			△	※				△	
服务			※				△		
统计技术		※	△	△	△	△	△		
内部质量审核		※	△	△	△	△	△	△	

注：※——主要负责；△——次要负责。

⑤ 识别资源需求，提出配置计划。应对照实施 ISO 9000 标准的要求，保证汽车维修质量，对企业资源配置的现状进行调查摸底，看还短缺什么资源（如人员、厂房、设备等），在此基础上，按轻重缓急制定配置计划。

（3）编制质量体系文件，此阶段需完成的主要任务如下：

① 质量体系文件编制策划。首先应对企业现有管理文件进行彻底清理，提出有哪些文件与 ISO 9000 标准要求不符合，应予以废除或修订，还缺少哪些文件，还要看现有质量记录表式有哪些可以继续使用，哪些需修改，哪些需按标准要求增补。在此基础上，确定对质量体系文件结构、层次的安排，所需文件及编制要求和编制规划等的方案。

② 编写质量手册。

③ 编写质量体系的程序文件，即控制质量体系各要素活动的文件。

④ 编写作业文件，即支撑质量体系程序的具体控制质量活动过程或作业过程的详细文件。

⑤ 拟定相应的质量记录表式。

⑥ 质量体系文件的审批及发布实施。

（4）质量体系运行及改进，需完成的主要任务如下：

① 运行准备。进行质量体系文件宣传贯彻培训，使企业各级人员明确质量体系文件要求，知道自己该做什么，该怎么做；同时，检查资源配置到位情况，进一步落实资源配置。

② 各部门按质量体系文件的要求实施管理，并记载实施过程（填写质量记录表）。

③ 进行内部质量审核。认证前，一般需进行2~3次内部质量审核。通过内部质量审核，发现体系运行现状与所选质量保证模式标准和本企业的质量体系文件不符合的项目，提出纠正和预防措施。内部质量审核会议由管理者代表负责主持。

④ 实施纠正和预防措施。针对维修质量和过程控制中的问题及内部质量审核中发现的不符合项，实施纠正和预防措施，将所发现的问题加以解决。

⑤ 进行管理评审。按标准要求、企业质量方针目标符合性及运行的有效性对质量体系进行全面评价，找出薄弱环节并加以改进。管理评审会议由最高管理者主持。

（5）实施质量体系认证，需进行以下工作：

① 安排预访问。请认证机构审核组对本企业质量认证工作进行预访问，通过预访问对企业来说可以收到以下效果：进一步明确认证机构对标准要求掌握的尺度；发现体系运行状态与认证要求之间现存的主要差距；熟悉审核人员，锻炼部门代表发言人，以避免正式现场认证审核时可能出现的过于紧张的心理状态。

② 预访问后的整改。对在预访问中暴露出的问题，企业应及时提出纠正、预防措施并将其纳入管理，抓紧时间认真进行整改和验证，确保措施有效。此后，便可适时安排正式现场认证审核。

③ 现场审核（亦称外部审核，简称外审）的迎检准备。各部门发言人要做好充分准备，但不必像迎接上级检查那样作一番系统工作汇报，而要立足于彻底搞清本部门的质量体系运行现状（有何职能，各要素活动的职责，所覆盖的应纳入管理的要素活动依据什么文件来开展，保存了哪些记录，本部门质量体系运行效果如何）及当场能够提供的有效证据。应该特别指出，现场能提供证据非常重要，因为按照审核的一般规则，当场不能提供证据可视为没有证据而判为不符合项。

现场审核检查的要点有：

- 由管理者代表主持首次外审会议。会上由最高管理者发言，主要内容是向审核认证机构审核师介绍本企业从质量体系立项→培训→建立质量认证组织机构→认证体系在企业的具体运行情况及最高管理者对本企业是否能达标的结论等。
- 审核机构审核组长发言：把本次审核的具体内容、分组审核及审核要求、时间、地点等交代清楚。
- 其他审核人员不需要发言。
- 由管理者代表指派联络员及各审核小组组长，陪同外审员协调审核工作。
- 外审的程序与特点：问询与查看相关资料，重点放在资料的查看，是否有记录，记录是否完全，有无缺漏；实地查看生产现场和管理现场，检查是否有与质量手册不相符的地方或临时发生的问题。
- 外审员与最高管理者及管理者代表交换意见：外审员就审查中检查出来的问题与认证企业的最高管理者和管理者代表交流意见，并听取解释。
- 末次会议：在全部内容审核完毕后，经外审员整理审核情况后，召开外审末次会议；在末次会议上，外审组长就审核情况向与会人员通报，并对重大不合格项、一般不合格项及次要不合格项等内容进行公布，宣布整改时间；最后，外审组长做出对企业此次认证审核是否合格，并向质量认证机构推荐审核合格或审核不合格的决定。

上述是企业贯标进行质量认证的基本过程，至于具体阶段的划分和过程的跨越，完全可以从本企业的实际情况出发决定。目的只有一个，即在尽可能短的时间内建立起一个符合本企业实际的优化而有效的质量体系。总之，贯标与认证的周期到底需要多长，完全取决于企业的决心，人力、物力等资源的投入和管理者的推动力度以及适当的咨询。

7.1.3 职业健康保障体系（OHS）

1．职业安全健康及关注

（1）职业安全健康。职业安全健康（Occupational Health Safety，OHS）是国际上通用的词语。其定义为：影响工作场所内员工（包括临时工、合同工）、外来人员和其他人员安全与健康的条件和因素。

我国习惯上将 OHS 称为安全生产，通常指消除和控制生产经营全过程中的危险与危害因素，保障职工在职业活动中的安全与健康。《宪法》中将保护劳动者的安全与健康称为“劳动保护”，而在《劳动法》中又称为“劳动安全卫生”。

（2）产生背景和发展趋势。职业健康安全管理体系是20世纪80年代后期在国际上兴起的现代安全生产管理模式，它与ISO 9000和ISO 14000等一样被称为后工业化时代的管理方法，其产生的一个主要原因是企业自身发展的要求。随着企业的发展壮大，企业必须采取更为现代化的管理模式，将包括质量管理、职业健康安全管理等在内的所有生产经营活动科学化、标准化和法律化。国际上的一些著名的大企业在大力加强质量管理工作的同时，已经建立了自律性的、比较完善的职业健康安全管理体系，从而较好地提升了自身的社会形象，也大大控制和减少了职业伤害给企业所带来的损失。职业健康安全管理体系产生的另一个重要原因是国际一体化进程的加速进行，与生产过程密切相关的职业健康安全问题正日益受到国际社会的关注和重视，与此相关的立法更加严格，相关的经济政策和措施也不断出台和完善。在20世纪80年代，一些发达国家率先研究和实施职业健康安全管理体系活动，其中，英国在1996年颁布了BS 8800《职业安全卫生管理体系指南》，此后，美国、澳大利亚、日本、挪威的一些组织也制定了相关的指导性文件，1999年英国标准协会、挪威船级社等13个组织提出了职业健康安全评价系列（Occupational Health and Safety Assesment Series，OHSAS）标准，即OHSAS 18001《职业健康安全管理体系——规范》、OHSAS 18002《职业健康安全管理体系——OHSAS 18001实施指南》。尽管ISO决定暂不颁布这类标准，但许多国家和国际组织继续进行相关的研究和实践，并使之成为继ISO 9000、ISO 14000之后又一个国际关注的标准。

目前，我国的职业健康安全现状不容乐观，如我国在接触职业病危害人数、职业病患者累计数量、死亡数量和新发病人数，均居世界首位。尽管我国经济高速增长，但是职业健康安全工作还远远滞后，特别是加入WTO后，这种状况如果再不能很好解决，势必会成为技术壁垒的因素存在，从而影响我国的竞争力，甚至可能影响我国的经济管理体系运行。因此，我国政府正大力加强这方面的工作，力求通过工作环境的改善，员工安全与健康意识的提高，风险的降低及其持续改进、不断完善的特点，给组织的相关方带来极大的信心和信任，也使那些经常以此为借口而形成的贸易壁垒不攻自破，从而为我国企业的产品进入国际市场提供有力的后盾，同时也使我国充分利用加入WTO的历史机遇，进一步提升整体竞争实力。

2．实施职业健康安全管理体系的作用

（1）为企业提供科学有效的职业健康安全管理体系规范和指南。

（2）安全技术可靠性和人的可靠性不足以完全杜绝事故，管理不当是事故发生与否的最深层原因。可帮助企业实现系统化，以预防为主，全员、全过程、全方位地进行安全管理。

（3）推动职业健康安全法规和制度的贯彻执行。

（4）使组织职业健康安全管理转变为主动自愿性行为，提高职业健康安全管理水平，形成自我监督、自我发现和自我完善的机制。

（5）有助于提高全民安全意识。

（6）改善作业条件，提高劳动者身心健康和安全卫生技能，大幅减少成本投入和提高工作效率，产生直接和间接的经济效益。

（7）改进人力资源的质量。根据人力资本理论，人的工作效率与工作环境的安全卫生状况密不可分，其良好状况能大大提高生产率，增强企业凝聚力和发展动力。

（8）在社会上树立良好的品质、信誉和形象。因为优秀的现代企业除具备经济实力和技术能力外，还应保持强烈的社会关注力和责任感，优秀的环境保护业绩，并保证职工的安全与健康。

3. OHS体系的特点

OHS管理体系的内容由五大功能块组成，即方针、计划、实施与运行、检查与纠正措施和管理评审，而每一功能块又是由若干要素组成的。这些要素之间不是孤立的，是相互有联系的。只有当一个体系或一个系统的所有要素组成一个有机的整体，使其相互依存、相互作用，才能使所建立的体系完成一个特定的功能，这就是通过实施OHSMS标准的基本要求来建立OHS管理体系的基本思路。

一个有效的职业安全卫生管理体系必然要涉及与职业安全卫生管理有关的企业组织机构及其职责和职能分配，也必须涉及按照管理程序所实施的管理过程控制，更会涉及实施管理所需的资源（包括人员、资金、装备、材料、技术和软件等）支持等。可以说一个职业安全管理体系的有效实施，就意味着一个企业的职业安全卫生管理机制在资源支持下的基本形成。随着体系逐步完善，该企业的职业安全卫生管理机制将得到逐步健全。

OHSMS标准提供的是组织职业安全卫生管理标准。要求组织制定职业安全卫生方针，并为实现这一方针建立和实施职业安全卫生管理体系，从而使组织的OHS管理按照认可的体系要求运作，并且按照体系规定的手册、程序、作业文件进行操作和维护，从而保证操作和维护规范化，满足强制性国际、国内规定和规则的要求，并尽量符合建议性的要求。它没有对安全技术标准做出任何规定，而是通过要求组织建立并实施职业安全卫生管理体系，来保证其生产活动符合强制性国际公约、规则和国内法规、规章所规定的安全技术和操作标准。

（1）系统性。OHSMS强调结构化、程序化、文件化管理手段。

第一，它强调组织机构方面的系统性——要求在组织的职业安全卫生管理中，不仅要有从基层岗位到组织最高管理层之间的运作系统，同时还要有一个监控系统。组织最高管理层依靠这两个系统来确保职业安全卫生管理体系的有效运行。

第二，它要求组织实行程序化管理，从而实现对管理过程的全面的系统控制。这与我国的传统管理方法过分依赖管理执行者平时的主观能动性有着根本区别。这样既可以避免管理行为的随意性，也可以避免部门之间、岗位之间推卸责任。

第三，文件化的管理依据本身，就是一个系统。按照OHSMS标准的规定要求，组织不仅要制定和执行职业安全卫生方针，还要有一系列的管理程序，以使该方针在管理活动中得到落实，以保证管理、操作和维护按照已制定的手册、程序、作业文件进行，从而符合强制性规定和规则。这些方针、手册、程序和作业文件及其记录构成了一个层次分明、相互联系的文件系统。同时，OHSMS标准又对这些文件的控制提出要求，从而使这一文件系统更加科学化。

（2）先进性。按OHSMS标准所建立的OHS管理体系是改善组织的OHS管理的一种先进、有效的管理手段。先进性体现在把组织活动中的职业安全卫生当做一个系统工程问题，来研究确定影响OHS包含的要素，将管理过程和控制措施建立在科学的危险辨识、风险评价基础上。为了保障安全和健康，对每个要素规定了具体要求，并建立和保持一套以文件支持的程序。对于一个已建有管理体系的组织，必须严格按程序文件所规定的执行，坚持“文件写到的，要做到”的原则，才有可能确保体系的有效性。

（3）持续改进。OHSMS标准中明确规定，要求组织的最高管理者在组织制定的OHS方针中应包含对持续改进的承诺，对遵守有关法律、法规和其他要求的承诺，并制定切实可行的目标、指标和管理方案，配备相应的各种资源。这些内容是实施OHS管理体系的依据，也是基本保证。同时，在OHSMS标准中的管理评审要素中又规定，组织的最高管理者应定期对OHS管理体系进行评审，以确保体系的持续适用性、充分性和有效性，通过评审使体系完善、改进，使组织的职业安全卫生管理进入一个新水平。

按PDCA运行模式所建立的OHS管理体系就是在OHS方针的指导下，周而复始地进行体系所要求的“计划、实施与运行、检查与纠正措施和管理评审”活动。体系在运行过程中，也会随着科学技术水平的提高，职业安全卫生法律、法规及各项技术标准的完善，组织管理者及全体员工的安全意识的提高，不断地、自觉地加大职业安全卫生的力度，强化体系的功能，达到持续改进的目的。

（4）预防性。危害辨识、风险评价与控制是OHS管理体系的精髓所在，它充分体现了“预防为主”的方针。实施有效的风险辨识评价与控制，可实现对事故的预防和生产作业的全过程控制。对各种作业和生产过程实行评价，并在此基础上进行OHSMS策划，形成OHSMS作业文件，对各种预知的风险因素做到事前控制，达到预防为主的目的，并对各种潜在的事故制定应急程序，力图使损失最小化。组织要通过OHSMS标准的认证，就必须遵守法律、法规和其他要求。这样可以把“三同时”和“职业安全卫生预评价制度”作为组织建立和实施OHSMS标准的前提。因而通过实施OHSMS标准，将促进组织从过去被动地执行法律、法规的要求，转变为主动遵守法律法规，并不断地、主动地发现和评估自身存在的职业安全卫生问题，制定目标并不断改进。这将完全区别于过去被动的管理模式，通过建立OHSMS，使组织的职业安全卫生真正有效地走上预防为主的轨道。

（5）全过程控制。OHSMS标准要求实施全过程控制，如图7.4所示。职业安全卫生管理体系的建立，引进了系统和过程的概念，即把职业安全卫生管理作为一项系统工程，以系统分析的理论和方法来解决职业安全卫生问题。从分析可能造成事故的危险因素入手，根据不同情况采取相应的解决办法。在研究组织的活动、产品和服务对职业安全卫生的影响时，通常把可能造成事故的危险因素分为两大类：一类危险因素是和组织的管理有关，这可通过建立管理体系，加强内部审核、管理评审和人的行为评价来解决；另一类就是针对原材料、工艺过程、设备、设施、产品，研究整个生产过程的危险因素，从管理上和工程技术上采取措施，消除或减少危险因素。为了有效地控制整个生产活动过程的危险因素，必须对生产的全过程进行控制，采用先进的技术、工艺、设备，并且全员参与，才能确保组织的职业安全卫生水平得到改善。

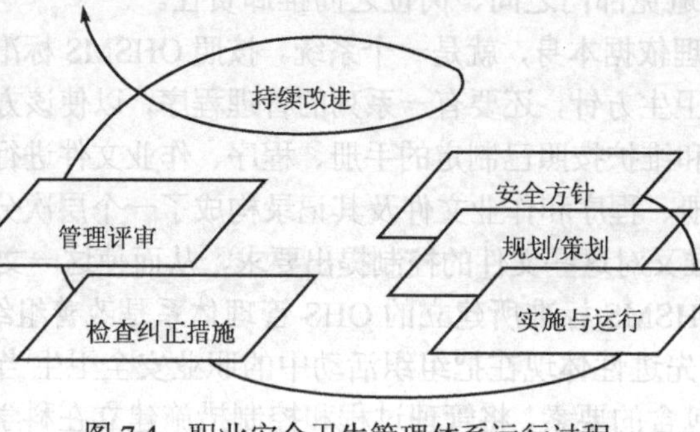

图7.4 职业安全卫生管理体系运行过程

4. 如何建立体系

（1）明确基本要求。主要包括建立该体系的组织要有合法的法律地位和遵守国家有关的法律法规。

（2）进行人员技术培训。对有关人员进行技术培训时，要有针对性，对管理层的培训着重是职业健康安全管理方针、高层意识；对特殊层培训的要求是了解岗位基本职业健康安全处理技术；对员工层培训的要求是具有一定基础职业健康安全意识。

（3）进行初始评审。包括对组织现有管理制度、各种职业健康安全影响因素和遵守有关法律法规的情况等进行评审。

（4）方针。制定职业健康安全管理体系方针，指出职业健康安全管理体系的建立和保持的目标和承诺。

（5）策划。策划主要包括危险源识别、风险评估和风险控制策划，法律法规和其他要求，目标、管理方案。进行策划时，要求具有组织管理特色和反映企业文化。

（6）实施和运行。根据策划结果实施风险控制的活动，实施职业健康安全管理方案并保留各种运行证据。

（7）检查和纠正措施。包括检查日常运行情况、实施内审和管理评审以及纠正预防不合格行为。

案例

职业安全卫生管理手册目录示例

OHS 管理手册

目　录

一、OHS 管理手册的发布令
二、OHS 管理者代表任命书
三、OHS 方针
四、组织简介
五、目的、适用范围、引用法规及标准、定义
六、OHS 管理体系要素
　1. 总要求
　2. OHS 方针
　3. 危害辨识、危险评价和危险控制计划
　4. 法律与其他要求
　5. 目标和指标
　6. OHS 管理方案
　7. 组织机构与职责
　8. 培训、意识与能力
　9. 协商与交流
　10. OHS 管理体系文件
　11. 文件和资料控制
　12. 运行控制
　13. 应急预案与响应

14. 绩效测量和监测
15. 事故、事件、不符合、纠正与预防措施
16. 记录
17. 内部审核
18. 管理评审

七、附录

1. OHS法律、法规标准及要求清单
2. 重要危险因素清单
3. 目标、指标、管理方案
4. OHS管理组织结构图

7.2 汽车维修质量管理方法

7.2.1 汽车维修的维修质量

1. 进行维修质量教育

对全体员工进行全面质量管理思想教育，以达到如下目的：

（1）把满足客户的需求放在首位，让每个人深刻理解“顾客满意”的思想。为了了解并实行“顾客满意”的思想，可以将员工分组进行“换位思维”培训。要鼓励大家以自己希望得到的服务方式去为自己的顾客服务，要将每个人都作为自己的重要顾客，想方设法使其满意。

（2）明白提高质量与降低成本之间的关系——质量提高不仅不会提高成本，反而会降低成本。因为质量提高了会减少反复修理的时间，缩短再修车辆的在厂时间，降低人力资本，还会提高员工士气，提高工作效率。

（3）树立100%合格产品的责任感，使100%的员工成为抓质量的主人。要达到这样的境界：当问一个员工“谁来负责维修质量”时，得到的回答是“我”，而不是其他。全面质量管理应该让全体员工认识到如果存在问题最终会影响维修质量和企业形象，如在开始阶段问题不解决，最后阶段将付出更高的代价才能解决。教育员工树立100%合格维修质量的责任感，消除侥幸心理。

2. 进行维修质量训练

为了提高员工的质量意识、质量知识及质量管理技能，使员工充分了解质量管理作业内容及方法，以保证产品的质量，并使质量管理人员对质量管理理论与实施技巧有良好基础，以发挥质量管理的最大效果，要进行必要的质量训练。

由质量管理部负责策划与执行，对公司所有员工进行质量管理基本教育，可以厂内训练，即公司内部自行训练，由公司讲授或外聘讲师到厂内讲授全面质量管理的各方面内容；也可厂外训练，选派员工参加外界举办的质量管理讲座。

由企业质量部先拟订“质量管理教育训练长期计划”，如表7.2列出各部门人员应接受的训练，经核准后，依据长期计划，拟订“质量管理教育训练年度计划”，列出各部门应受训人数，经核准后实施。

质量部应建立每位员工的质量管理教育训练记录卡，记录该员工已受训的课程名称、时数、日期等。

表7.2 质量管理教育训练年度计划表

实施对象	科程名称	目的	各部门受训人数							备注
			生产	工程	质管	物料	管理	业务	其他	

3. 进行维修质量检验

汽车维修质量检验可分为三类。

（1）按维修程序分类。按维修程序分可将其分为进厂检验、零件分类检验、过程检验和出厂检验。

① 进厂检验指对送修车辆的装备和技术状况的检查鉴定，以便确定维修方案。其主要内容有：对进厂送修车辆进行外观检视，填写进厂检验单；注明车辆装备数量及状况；听取客户的口头反映；查阅该车技术档案和上次维修技术资料。

② 零件分类检验。零件分类检验指汽车零件清洗后，按照零件损伤程度及技术检验规范所指定的分类标准，将零件确定为可用、需修和报废三种类型，以便派工配料、安排计划。

判定被检零件类别的主要依据是汽车维修规范中所规定的“大修允许”和“使用极限”。凡零件磨损后尺寸和形位公差在允许范围内，则该件为可用件；凡零件的磨损误差超过允许值，但还可修复使用者为需修件；凡零件损伤严重、无法修复或修复成本太高的为报废件。

零件的检验分类是维修过程中极为重要的工序。检验分类的工作质量将直接影响维修质量和成本。因此，一般都采取集中检验的方法，即在整车和各总成分解清洗后，由几名专职检验员对集中在一起的零件进行检验分类。

③ 过程检验，也称为工序检验。过程检验指维修过程中对某一工序的工人自检、互检和专职检验员在生产现场的重点检验。其主要内容是汽车或总成解体、清洗过程中的检验；主要零部件的过程检验；各总成组装、调试的检验。

过程检验一般采用自检、互检和专职检验相结合的方法。因此，必须建立检验岗位责任制，明确检验标准、检验方法和检验分工，做好检验记录，严格把握质量关。凡不合格的零部件和总成都要返工，不得进入下道工序，也不得做备用品。

过程检验是汽车维修质量保障的最重要的工作，根据现代汽车维修企业业务流程分析，如果重视并抓好过程检验（程序与文件），出厂检验完全可以简化。

④ 出厂检验。出厂检验指送修的汽车经过接替、清洗、修理、装备实验和总装以后对整车进行静态和动态的检查验收。通过检查验收，发现缺陷及时消除，使车辆达到整齐美观、机件齐全可靠、操纵灵活、轻便舒适、经济性好，动力性强，技术性能达到指标，使用户满意。其主要内容如下：

- 整车检查。对汽车在检测路试前，在静止状态下进行外观检查和发动机在空载情况下的检验。汽车外表应整齐美观，符合要求。汽车装备和附属实施应按规定配齐，整车、各总成和附件应符合装备技术条件。各种管件和接头安装正确，电气线路完整，包括卡固良好。各种灯光信号标志齐全有效，后视镜安装良好。润滑嘴装配齐全有效，各润滑部位及总成内均应按季节、品种及规定容量加足润滑油（脂）。散热器、发动机、驾驶室等各连接支撑坐垫应按规定装配齐全、完整，锁止可靠。发动机在不同转速下运行正常。

- 检测和路试。通过汽车各种工况，如起步、加速、等速行驶、滑行、强制减速、紧急制动、低速挡至高速挡、高速挡至低速挡的行驶，检查汽车的操纵性能、制动性能、滑行性能、加速性能，通过听查各种声响，判断发动机及底盘的工作情况；按照有关规定，检查汽车的经济性能，噪声和废气排放情况。整车大修、总成大修和二级维护须按规定上专门的汽车检测线进行检测。
- 检测路试后的再检验。一般除根据路试中发现的不正常现象进行检查外，还应按发动机的验收要求，对发动机作一次进一步的检查和调整。此外，还要检查总成间的连接有无松动、变形和移位；有无漏水、漏油、漏气、漏电和某些总成和机件温度过高现象，各部螺栓、螺母是否松动；轮胎气压是否符合标准等。
- 车辆验收。经过检测路试所发现的缺陷通过施工调整消除后，即可进行验收，并填好出厂检验记录，签发出厂合格证，办理交接手续。

（2）按检验职责分类。按检验职责分可将其分为自检、互检和专职检验，亦称为“三检制度”。这是我国目前普遍实行的一种检验制度。

① 自检。自检是维修工人对自己所承担的作业项目进行自我检验，即“自我把关”。

② 互检。互检是维修工人对所承担的作业项目进行互相检验。互检的形式有班组质检员对本组的工人的抽检，有下道工序对上道工序的检验，有工序中的互相检验等。

③ 专职检验。专职检验是专职检验员对维修质量的检验。其中包括对维修过程中管件工序的检验，对材料、配件的入库检验，对竣工车辆的出厂检验等。

专职检验点的设置和人员配备一般要参照三个因素：一是质量容易波动，对质量影响较大的关键工序；二是检验手段或检验技术比较复杂，靠自检、互检无法保证质量的工序；三是生产过程的末道工序，竣工出厂或以后难以再检验的项目。

落实好“三检制度”。首先要明确专职检验、互检、自检的范围。一般情况是进厂检验（包括外购件、外协件的检验）主要半成品的流转（如缸体、曲轴等），竣工出厂检验以专职检验为主，生产过程中的一般工序检验则以自检、互检为主，同时辅以专职检验员的巡回检查。其次是要明确检验方法，要为操作者提供必要的检测手段，要健全原始记录登记制度。

实行看板制度。从接车开始所有工序的检验项目、内容及检验签字，随工序工艺一直延续到完工，这样做可简化作业流程，提高质量保障系统的功能。

（3）按检验对象分类。按检验对象分可将其分为维修质量检验，自制件、改装件质量检验，燃料、原材料及配件（含外购、外协加工件）质量检验，机具设备、计量器具质量检验等。

进行汽车维修质量检验应做好检验记录，汽车维修进厂检验记录单、过程检验记录单和竣工检验记录单（简称“三单”），是汽车维修质量检验的基础原始记录，必须认真填写，及时整理，妥善保管。其内容和格式可由企业根据需要自行印制，应坚持全面、清晰、简便、易行的原则。

7.2.2　汽车维修的服务质量

1．汽车维修企业的顾客满意战略

我国的汽车维修企业管理，曾经走过了一条漫长而曲折的道路。从解放前原始落后的汽车维修作坊，到解放后的计划经济模式，再到改革开放后各种所有制形式的汽车维修企业的兴起，在这一发展过程中，维修企业的管理模式也随之不断发展完善，但是总的说来，我国的汽车维修企业管理水平与国外先进水平相比，与形势发展的要求、广大车主的满意度之间

还有着很大的差距。

今天，当我们的企业家还在努力研究全面质量管理、CI理论、经营决策、成本管理、资金运作等管理理论时，一种新的超越性理论——CS战略已经在美国兴起，并迅速在发达国家传播开来，得到广泛应用。CS理论不仅开拓了有关企业经营战略的新的视野、思路和指导原则，而且在实际运用中取得了卓越的绩效。

CS是Customer Satisfaction的英文缩写形式，译为“顾客满意”，CS战略即“使顾客满意”的战略，这是全球工商界在20世纪90年代流行的一种新型的企业观念。对于从事汽车维修服务的汽车维修企业来讲，这种战略更显得重要和迫切。因为在很长一段时间内，我们把汽车维修业看做一种工业化的产业，并采用办工业那样的管理模式和经营理念来管理汽车维修企业。今天，汽车维修业已经成为一种特殊的服务行业，在面向车主的服务中，如何使顾客满意、如何提高服务质量，已经成为现代汽车维修企业管理的重要内容。

汽车维修企业的CS战略，是指维修企业为了使车主能完全满意自己的产品或服务，综合而客观地测定车主的满意程度，并根据调查分析结果，使整个维修企业作为一个整体来改善产品、服务及企业文化的一种经营战略，是要建立顾客至上服务，使顾客感到百分之百满意，从而效益倍增的革命系统。

汽车维修企业的CS战略中的“顾客”一词涉及的内容十分广泛，其一是指维修企业的内部顾客，即企业的内部成员，包括企业的员工和股东；其二是指维修企业的外部顾客，即凡是购买和可能购买本企业的产品或服务的个人和团体，具体来讲就是每一位车主。因此，实施CS战略的企业所面临的顾客关系不仅有企业与员工的关系，而且包括企业中的业务接待、车间、班组、维修技师、收银、配件、仓管各个环节，上、下工序之间的关系，同时还包括维修企业与车主之间的关系。所以，CS战略是一种广义的以顾客为中心的全方位顾客满意经营战略。

2．CS战略的含义

（1）“顾客第一”的观念。根据美国学者的调查表明，每有1名通过口头或书面直接向公司提出投诉的顾客，就有约26名保持沉默的感到不满意的顾客。这26名顾客每个人都有可能会对另外10名亲朋好友造成消极影响；而这10名亲朋好友中，大约33%的人会有可能再把这种不满信息传递给另外20人。也就是说，只要有1名顾客对企业不满意，就会导致(26×10)+(10×33%×20)，即326人的不满意，可见影响之深远，后果之严重。因此，有远见的现代汽车维修企业的管理经营人士已清醒地认识到：顾客满意就是经营者真正做到从思想上到行动上把顾客当做“上帝”。

实施CS战略，推行CS经营，首先必须确立“顾客第一”的观念。坚持“顾客第一”的原则，是市场经济发展的本质要求，也是市场经济条件下企业争取顾客信赖，掌握市场主动权的法宝。现代汽车维修企业生产经营的目的是为社会大众服务，为顾客服务，不断满足各个层次车主的需要。今天，坚持“顾客第一”的原则，也是现代汽车维修企业不可动摇的、追求卓越的经营思想，不为顾客着想的企业家，就是一个缺乏远见的、不合格的企业家。

“顾客第一”还是“利润第一”，在人们的脑海里曾经一度是相互对立的两种经营观念。但是，随着商品经济的发展、买方市场的形成、市场发育的完善和营销观念的深入，人们渐渐意识到这两者实际是统一的。任何一个企业都是以追求经济效益为最终目的的，然而，如何才能实现自己的利润目标，从根本上说，就是必须首先满足顾客的需求、愿望和利益，才能获得企业自身所需的利润。所以，企业在生产经营活动的每一个环节，都必须眼里有顾客，心中有顾客，全心全意地为顾客服务，最大限度地让顾客满意。这样，才能使企业在激烈的市场竞争中增加活力，进入“义利合一”的境界，从而获得持久的发展。

（2）“顾客总是对的”的意识。CS经营中蕴含着“顾客总是对的”这一意识。当然，这不是绝对意义上的一种科学判断，也不一定符合客观实际。然而，在企业与顾客这种特定的关系中，只要顾客的错不会构成企业重大的经济损失，那就要将“对”让给顾客，这是企业CS意识的重要表现。“得理也让人”，既是CS观念对员工服务行为的一种要求，也是员工素质乃至企业素质的一种反映。所以，CS活动要求员工必须遵循三条原则：一是应该站在顾客的角度考虑问题，使顾客满意并成为可靠的回头客；二是不应把对产品或服务有意见的顾客看成“讨厌的家伙”，应设法消除他们的不满，获得他们的好感；三是应该牢记，同顾客发生任何争吵或争论，企业绝不会是胜利者，因为你会失去顾客，也就意味着失去利润。

曾经有这么一个例子。一家汽车维修厂来了一位非常挑剔的车主。他刚把车开进大门，就立刻指责门卫没有引导他把车停在诊断车位上。其实诊断车位有着非常明显的标志，而且门卫在他刚进门时已经向他指示了诊断车位方向。当修理人员用仪器为他的车诊断故障时，他突然指责维修工的仪器刮伤了他的车面，其实那是他自己不小心在洗车时留下的刮痕。在做完诊断检测后，他又说车上的一张流行歌曲光碟没有了，最后是修理工当着他的面在座位下面找到了那张光碟。看着和颜悦色、彬彬有礼的修理工，这位车主虽然连一句“对不起”都没说，但心却服了。从那以后，这位车主成了这家修理厂的固定客户。

因此，维修企业在处理与顾客的关系时，必须树立“顾客总是对的”的意识，这是建立良好的顾客关系的关键所在。尤其是在处理与顾客的纠纷时，无论是企业的普通员工，还是企业的管理者，都应时刻提醒自己必须遵循这个黄金准则。只有这样要求自己，才能站在顾客的立场上，想顾客之所想，急顾客之所急，从而对自己提出更高的要求，千方百计让顾客满意。可见，“顾客总是对的”并不意味着顾客在事实上的绝对正确，而是意味着顾客得到了绝对的尊重，品尝到了“上帝”滋味的时候，就是维修企业提升知名度和美誉度的时候，也就是企业能拥有更多的忠诚顾客、更大的市场，发展壮大的时候。

（3）“员工也是上帝”的思想。顾客是上帝，几乎已成了汽车维修企业家的口头禅。然而，从CS战略的观点来看，员工也是上帝。一家维修企业效益滑坡，首先反映在车辆返修率高、服务质量下降、维修工时延长、维修费用增加，这意味着员工不愉快、各部门不协调，接着是员工抱怨，最后才是客户抱怨。只有做到员工至上，员工才会把顾客放到第一位。

实质上，员工至上与顾客至上并不矛盾，在CS理论中，它们是统一的、相辅相成的，它们共同的目标都是使顾客满意。

“员工也是上帝”的思想告诉我们：一个汽车维修企业，只有善待你的员工，他们才会善待你的顾客。满意的员工能够创造顾客的满意，对于尚处于原始管理的许多汽车维修企业来讲，这一点更值得他们的老板深思。

因此，现代化汽车维修企业要想使自己的员工让车主百分之百的满意，首先必须从满足员工的需要开始——满足他们求知的需要、发挥才能的需要、享有权利的需要和实现自我价值的需要，关心和爱护员工，调动员工的积极性，激发员工的奉献精神，树立员工的自尊心，使他们真正成为推进企业CS战略、创造顾客满意的主力军。一句话，维修厂的老板必须用你希望员工对待顾客的态度和方法来对待你的员工。

3．如何做到让车主满意

（1）掌握车主的心理需求。车主一般有这些心理：担心上当受骗、烦躁、忧虑心理、等级心理、时间心理、技术、质量保用需求、价格需求、环境需求、方便需求、感情和精神需求、尊重需求。

（2）掌握车主满意度的标准。一般车主满意度有以下几个标准。

① 技术要求：准确可靠。送车来修的顾客往往最基本的要求：要“一次性修好”。要确保维修质量，做到为顾客一次性修好车，很多人会想到建立特约维修站或 4S 连锁经营企业。这类企业的维修车种单一、专业化程度高且维修质量有保证。但对于大多数维修企业而言，不可能都建成这样的企业，更何况目前这类企业也存在着因维修车种的社会保有量小而业务量不足等问题。因此，全面提高企业的优质服务水平，才是企业发展的唯一出路。

汽车维修企业要生存发展，受形势所迫，首先必须能为顾客提供“一次性修好”的服务。在这方面，由于汽车工业技术的飞速发展，特别是由于电子技术和各种新材料、新工艺及新结构在汽车上的广泛应用，促进了现代汽车维修技术的发展，对传统的企业人员素质、维修技术及工艺和企业管理等方面都带来了挑战。在这种形势下，汽车维修企业尽快为自己培养出一支高素质的、稳定的现代汽车维修骨干队伍就成了当务之急。

要培养适应现代汽车维修的机电一体化人才，不能再延用过时的师徒制培养模式。企业经营决策者要选择一批有一定机械和电子技术理论基础，有志献身于汽车维修事业的大中专毕业生，让他们到生产一线去磨炼，把学到的基础理论与实际工作结合起来，逐步做到会使用先进的检测设备，熟知各种车型的故障机理，成为合格的机电一体化人才，替代那些只掌握传统维修技术的老师傅。这是一项要花五年以上时间才能完成的工作。通过如此的“换血”过程，企业的生存和发展空间将会扩大，面对各种挑战都能应付。这是一种高贡献率的投入，与企业对新产品开发的投入相比意义更大，企业为此要敢下决心，敢下“血本”。

② 价格要求：收费合理。有人说：“顾客的满意度取决于他们希望的水平和实际结果之间的差距。”在接待顾客的工作中，除了要有礼貌、友善和关注，能提出专业方面的建议，能承诺有把握的交车时间等以外，为顾客做出合理的服务收费估算，是赢得顾客信任的第一步。

服务收费估算是否正确，反映了汽车维修企业经营管理的水平和接待员业务素质的高低。对于一般的维修作业项目，一个训练有素的接待员，做维修工时费用的估算不会有太大的困难，但要对配件更换做出预测并报出相应的价格，却要有相当的业务水平。总之，估算出来的配件价格，要经得起顾客的市场调查和比较，通过比较让他知道这里的报价给他带来了实实在在的利益。除非维修过程中出现合同范围以外的大问题，收费估算应该与最后的竣工结算做到八九不离十。与那种“进门千般好，结账吓一跳”的做法相比，这种建立在科学管理与诚实待客基础上而得出的收费估算，可使顾客对收费的满意度显著提高。

③ 时间要求：快捷有效。汽车成了代步工具后，顾客没有车用，就像人没有了脚一样，难怪不少顾客在送车时要反复叮嘱“几点几分我一定要来提车”。在修车合同中一定要将有把握的承诺交车时间写上，凡拖延交车时间给顾客带来的麻烦，绝非靠一句简单的“对不起”就能遮盖过去的。对顾客而言，他可能就因为这拖延的几分钟得罪了他要去接待的客人，失去了一笔业务，甚至影响了一件重大公务的完成。

曾有过一件这样的事情：一位顾客上午 10 点钟来公司修车，车辆拆检后有一样配件需要外出采购。修理工看已到吃饭时间，配件还未买回，就去用餐，几分钟后，配件部通知说配件到了，修理工吃完饭没有休息，就将配件领出来装车。但已让顾客多等了 10 分钟，他为此在结账时愤愤不平地对笔者说：“我还没有在哪家修理厂碰到过这样的事，配件来了却先去吃饭!”我能理解这位顾客此时的激愤：时间对他是多么重要。这也让笔者联想起一位日本先生曾说过的一句话：“在顾客抱怨修理服务不够完善时，要记住：顾客永远是对的!”

实际上，修车时间的长短也从一个侧面反映了企业综合素质的高低。为了缩短顾客等候的时间，减少因修车时间长给顾客带来的麻烦，企业应该在生产调度与管理、提高员工技术水平和配件供应等各个环节上步步紧扣。

④ 服务要求：真诚与沟通。有一个轻松、舒适的顾客接待室，是赢得顾客满意的第一步。宽敞明亮的大厅，有着贴心的服务设施，如空调、电视、当月的报刊、饮料和鲜花等。随着私家车的增多，为车主的孩子专设一间游戏室的做法在国外的修理厂也很普遍。要让顾客满意，在车辆修竣交车结账前，业务员除了将修理换件情况和收费情况向顾客做完整的说明外，有几个问题千万不可忽略：没有彻底修好的车绝不交付，这是原则。因此，在将汽车交还顾客时，绝对不允许对其说“比原来好一点”之类模棱两可的话；此外，在交车前一定要将汽车内外（包括地毯及坐垫等）清洁一遍；维修中要严格控制试车行程，不要超过一定的量，在交车时应根据接车时的里程表记录将试车行程对顾客有所交代。

（3）建立客户档案，以便进行跟踪服务。建立每一位来进行汽车维修保养的车主的信息档案，是使车主满意的一个很好的捷径。首先要对车主进行划分，划分的标准可以从时间、服务距离、车型、性别、车辆档次、维修类别、信用度、车主需求、维修项目、维修价格等方面来进行细分。汽车修竣出厂后，进行认真的跟踪服务，适当的电话回访，能发现顾客的不满意和要求，给企业提供永无止境的改进机会。在跟踪服务中，除对顾客的某些意见要当即处理外，每月应最少商讨一次顾客的不满意记录，找出不满意的种类和原因，提出相应的改进办法并立即实施。

案例

3月12日，杭州市的汽车维修“两街一路”正式开街。当日，市机动车服务管理局在西城广场举行特色服务街区开街仪式，并首批推出13家特色服务样板企业，为广大汽车用户提供规范、透明、放心的个性化、人性化维修服务。杭州汽车维修“两街一路”指的是城北石祥路特色汽车街区、城东艮山东路名车长廊和城西溪路——天目山路板块，是杭州汽车维修服务行业集聚的区域。

在维修特色街区，顾客可以享受到规范的接待，标准化的服务，专业化的维修作业，人性化的流程操作。13家样板企业在杭州汽车维修行业率先推出八项特色服务措施，具体包括：一、提供预约、提醒服务，并根据客户个性化的需求提供订制式的服务。预约维修可以享受预留的维修工位、专用的维修设备，甚至可以指定专门的维修技师。

二、规范使用汽车维修行业车辆维修《预检交接单》和《委托书》，严格按照车主委托的项目维修作业，附加作业项目必须经过客户确认。

三、贯彻有关汽车维修技术标准，执行相关质量管理规程，确保维修质量，执行质量保证期制度。

四、公开汽车维修收费项目标准，配置触摸式计算机查询系统，方便客户自主查询，阳光维修。

五、加入杭州市汽车抢修急修救援网络，提供24小时全天候救援服务。

六、实施信息化管理，计算机管理系统跟行业管理部门进行联网，及时、准确上传维修数据，经营行为接受行业监督。

七、维修跟踪服务，提示客户进行车辆保养、维护，降低维修费用。

八、建立完善客户反馈监督体系，及时处理客户的意见、建议，提高客户满意率。

4．如何做到让员工满意

对于汽车维修人员，一些技术骨干在企业长期的维修工作实践中不仅掌握了汽车的维修技能，而且掌握了企业的客户来源，成了企业不可或缺的人才。这些业务技术骨干如果“跳槽”或是自立门户，引起的不仅是企业技术岗位的空缺，还会带走原有企业的一部分业务，导致企业维修能力和经济效益下滑。所以，维修企业不仅存在培养人才、提高维修队伍整体素质的问题，还存在留住人才、建立人才激励机制、稳定维修队伍的问题。这两个问题不解决，购置再先进的设备而无人会用也无助于企业的发展。同时，有些企业由于缺乏专业人才，就取消了购置先进设备的计划，这也严重制约了企业的发展，可见人才在企业里面的核心地位和决定因素。在汽车维修技术日新月异的今天，如果培训跟不上，显然要落伍。

（1）掌握员工的心理需求。员工一般有这样的心理需求：价值观、学习欲、尊重感、信任感、安全感、公正公平公道的人际关系、挑战性工作。

（2）采取激励机制。所谓激励，是指利用各种必要的手段最大限度地激发员工的工作动机，以实现企业目标的一种心理。

马斯洛的需求层次理论是激励时应用得最广泛的理论。马斯洛理论把需求分成生理需求、安全需求、社交需求、尊重需求和自我实现需求五类，依次由较低层次到较高层次，如图 7.5 所示。

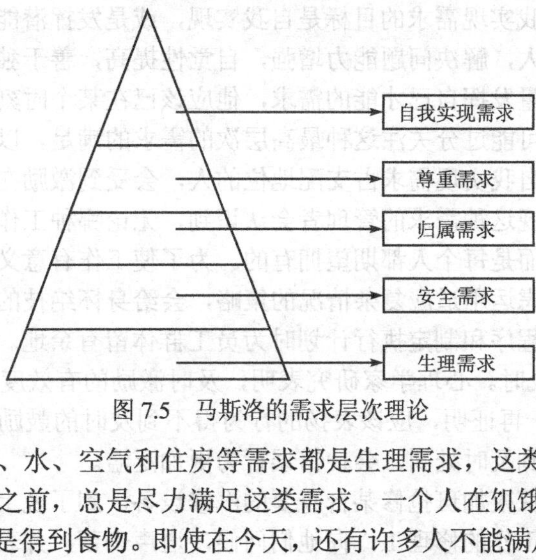

图 7.5　马斯洛的需求层次理论

生理需求：对食物、水、空气和住房等需求都是生理需求，这类需求的级别最低，人们在转向较高层次的需求之前，总是尽力满足这类需求。一个人在饥饿时不会对其他任何事物感兴趣，他的主要动力是得到食物。即使在今天，还有许多人不能满足这些基本的生理需求。管理人员应该明白，如果员工还在为生理需求而忙碌时，他们所真正关心的问题就与他们所做的工作无关。当努力用满足这类需求来激励下属时，我们是基于这种假设，即人们为报酬而工作，主要关于收入、舒适等，所以激励时可尝试利用增加工资、改善劳动条件、给予更多的业余时间和工间休息、提高福利待遇等来激励员工。

安全需求：安全需求包括对人身安全、生活稳定以及免遭痛苦、威胁或疾病等的需求。和生理需求一样，在安全需求没有得到满足之前，人们唯一关心的就是这种需求。对许多员工而言，安全需求表现为安全而稳定以及有医疗保险、失业保险和退休福利等。受安全需求激励的人，在评估职业时，主要把它看做不致失去基本需求满足的保障。如果管理人员认为对员工来说安全需求最重要，他们就应在管理中着重利用这种需要，强调规章制度、职业保障、福利待遇，并保护员工不致失业。如果员工对安全需求非常强烈时，管理者在处理问题时就不应标新立异，并应该避免或反对冒险，而员工们将循规蹈矩地完成工作。

社交需求：社交需求包括对友谊、爱情以及隶属关系的需求。当生理需求和安全需求得到满足后，社交需求就会突现出来，进而产生激励作用。在马斯洛需求层次中，这一层次是与前两层次截然不同的另一层次。这些需要如果得不到满足，就会影响员工的精神，导致高缺勤率、低生产率、对工作不满及情绪低落。管理者必须意识到，当社会需求成为主要的激励源时，工作被人们视为寻找和建立温馨和谐人际关系的机会，能够提供同事间社交往来机会的职业会受到重视。管理者感到下属努力追求满足这类需求时，通常会采取支持与赞许的态度，十分强调能为共事的人所接受，开展有组织的体育比赛和集体聚会等业务活动，并且遵从集体行为规范。

尊重需求：尊重需求既包括对成就或自我价值的个人感觉，也包括他人对自己的认可与尊重。有尊重需求的人希望别人按照他们的实际形象来接受他们，并认为他们有能力，能胜任工作。他们关心的是成就、名声、地位和晋升机会。这是由于别人认识到他们的才能而得到的。当他们得到这些时，不仅赢得了人们的尊重，同时其内心因对自己价值的满足而充满自信。相反，如果不能满足这类需求，就会使他们感到沮丧。如果别人给予的荣誉不是根据其真才实学，而是徒有虚名，也会对他们的心理构成威胁。因此，在激励员工时应特别注意有尊重需求的管理人员，应采取公开奖励和表扬的方式。布置工作要特别强调工作的艰巨性以及成功所需要的高超技巧等。颁发荣誉奖章、在公司的刊物上发表表扬文章、公布优秀员工光荣榜等手段都可以提高人们对自己工作的自豪感。

自我实现需求：自我实现需求的目标是自我实现，或是发挥潜能。达到自我实现境界的人，接受自己也接受他人，解决问题能力增强，自觉性提高，善于独立处事，要求不受打扰地独处。要满足这种尽量发挥自己才能的需求，他应该已在某个时刻部分地满足了其他的需求。当然自我实现的人可能过分关注这种最高层次的需求的满足，以致自觉或不自觉地放弃满足较低层次的需求。自我实现需求占支配地位的人，会受到激励在工作中运用最富于创造性和建设性的技巧。重视这种需求的管理者会认识到，无论哪种工作都可以进行创新，创造性并非管理人员独有，而是每个人都期望拥有的。为了使工作有意义，强调自我实现的管理者，会在设计工作时考虑运用适应复杂情况的策略，会给身怀绝技的人委派特别任务以施展才华，或者在设计工作程序和制定执行计划时为员工群体留有余地。

① 激励员工必须及时。心理学家研究表明，及时激励的有效度为 80%，滞后激励的有效度仅为 7%。实践也一再证明，应该表扬的行为得不到及时的鼓励，会使人气馁，丧失积极性；错误的行为得不到及时处罚，会使错误行为更加泛滥。

某汽修厂的员工在深夜加班抢修某台重要的汽修设备，到了晚上十点半左右，该厂厂长前往车间看望正在辛勤工作的修理工，向他们问候，道声辛苦，并表扬了大家，同时表示在他们完成任务后，要请他们出去吃宵夜，员工很感动，觉得厂长非常关心他们，因此工作得更加起劲了。

而另一家汽修厂的员工同样也在加班抢修某个重要客户的汽车，到了晚上十一点，终于修好了车，修理工边收拾工具，边发议论："咱们今天这么辛苦，大家收拾好工具后到办公室去找厂长，让他请我们吃宵夜好不好？"大家都说："对！让他请我们吃宵夜。"当然最后这位厂长也请了一顿，同样是吃了一顿宵夜，但感受大不一样，效果也不同。

② 激励中要公正。激励中有奖罚政策，然而在实际操作中，功劳的大小却有不同的评价标准，一旦奖励不合理，必然引起人际关系紧张，甚至挫伤员工的积极性，出现负向激励。业绩有高低，功劳有大小，员工之间本身就存在差异，对一个人奖励一旦过头，则无异于对他周围人的无端惩罚，反之亦然。因此我们强调奖励要与贡献成正比，体现公正的原则。

（3）加强对员工的培训。

① 加强培训是提高职工整体素质的重要途径。汽车维修行业同现代化工业生产相联系，需要不断提高职工队伍的素质，以适应汽车维修作业和企业管理工作的需要。只有这样，才能不断提高维修质量，增强企业的竞争力。

② 加强培训是提高劳动生产率和工作效率的主要措施之一。通过培训，可以提高职工和干

部的工作能力、办事效率和技术水平；可以增加他们的知识积累、加速知识更新和引发科学创见。通常情况下，教育培训的程度越高，完成任务的效率就越高，革新与发明创造就越多。

③ 加强培训会给企业带来巨大的经济效益。现代经济发展的实践证明，教育与培训是生产力的重要组成部分，越来越成为发展生产的重要因素。

7.2.3　汽车维修的标准化

随着国内经济的稳步高速发展，购买汽车已经从企业消费过渡到个人消费阶段，汽车相关消费领域的市场也迅速壮大，尤其是汽车维修市场的快速发展使得这一行业更加被人们重视，整个行业也趋于向成本控制型、服务型、标准化和连锁经营方向转变。汽车维修企业也正在逐渐地提高自身的服务质量和管理效率，加强竞争能力，以适应目前和未来更为激烈的市场竞争需要。

对于汽车维修企业，标准化主要体现在修理质量的标准和服务质量的标准。例如，将汽车维修作业分为发动机、底盘、电工、钳工和钣金五大工位，按不同车型和不同维修周期，制定各工位的岗位操作标准、工艺规程。对于顾客满意方面，制定接待规范和制度，提供给大家参考。

案例

某汽车修理厂在修理质量和服务质量这两方面所制定的规范制度如下。

前台业务接待规范

每日到达工作岗位后，应对自己的工作部位及工作范围进行清洁和整理，做好工作前的准备工作。下班前关门、关窗、断电，最后离开工作岗位。

1．客户档案

记录对客户所提供的保养和维修服务，计算机存档，并分类保管，提醒客户何时该来定期保养。

2．服务预约

（1）当客户车辆进行故障诊断（或报修）以后，由于车主的原因需请示汇报，或因为出差等原因不能立即进厂，应进行预约登记。

（2）由于维修工作量饱满（工作量超过工作能力的80%的），对于报修车，不能及时进厂进行维修的，应由车主办理预约登记进厂。

（3）车主（客户）电话方式进行预约进厂的，电话中一定要弄清车主所报故障现象，回答预约所需工时，决定大概完成时间。

3．进厂接待

当车辆进厂维修时，在刚开始的数分钟内，车主受到何种接待，往往决定了未来客户与修理厂的关系。在接待客户时，应注意以下几点：

（1）礼貌友善，显出关切之情。

（2）用专业技术方面语言交谈。

（3）科学的检测诊断，准确地找出故障所在。

（4）报出合理的服务收费。

（5）承诺有把握的交车时间。

（6）进行认真细致的车辆交接。

接待人员应与车主（客户）建立良好的沟通关系，除了车主报修以外的其他要求，也应尽量满足。对车主漏报的项目，接待人员应根据服务记录和试车检验的情况及时提出建议，这样既可保证修车质量，又能增进和车主的关系。

和客户一起检查送修车辆的内外饰、内外观、车内物品等，并按维修合同所规定的各项内容认真填写齐全，双方共同签字生效。

和客户一起在技术部的配合下对送修车辆进行全面检查，初步判定维修项目或维修故障。

初步确定维修周期及维修费用。

4. 维修估价

维修估价包括工时估价和零配件估价。

工时估价：应按照规定的不同车型、不同的维修项目的统一工价。

零配件估价：接待人员应按零配件的销售价格估价，特殊订货的配件，价格应适当加乘一定的系数后报价。

5. 填写工作单

业务接待员应将上述接待资料，如实填写到工作单上并录入到计算机中。

6. 承诺交车时间

接车时，接待人员应告知顾客交车时间。如能按期交车应及时通知，可以增加顾客的信任感。如果延期交车，应提前同车主商量，并尽早通知车主。

随时和车间联系，掌握车辆维修进度和费用情况。

7. 追加项目的处理

工作单上没有的项目，在维修过程中发现某些项目必须追加的，应事先同车主商量征得车主的同意后，方能施工增加费用，并同时要追加工作单，或在原工作单上补项。

在车多接待工作忙、接待人员不够时，为了不使顾客等待，接待主管或班长，其他管理人员应主动前来协助。

8. 交车前的检查

确保车辆内外清洁。

检查交车时间、费用，实际维修项目是否与工作单上项目相符。

在没有得到顾客授意前，切忌做任何额外修理工作。

油、水及所有安全项目均做过检查。

确认工作单上的项目确实做过。

检查维修过的地方，没有损坏及油污。

检查机油油面、传动带张力、轮胎螺栓是否扭紧，轮胎有无异常。

9. 路试

路试期间应做下列检查：

起动电动机运作是否顺畅。

灯光情况是否正常。

离合器、制动机构、变速器、转向系、悬架、收音机、空调、灯光是否正常。

对车间维修完毕的车辆进行检查，包括故障修复情况和对照维修合同进行车辆内外饰、内外观、车内物品的检查，发现问题及时和车间联系。

经检查无误后，严格遵照“业务部结账要求”与客户联系，通知客户接车。

在客户认可后，根据计算机内资料准备结算单，并告诉客户维修材料和工时的费用情况。

根据客户最后要求及中心财务规定，并对领料单、工时进行核对无误后打印出维修材料、工时清单（共四联），最后结清车款。

结账时做到明码实价，谢绝打折，作为优质服务的一项内容，业务可以做一些免费小修、调整、检查服务。

开具出门条，并可根据情况赠送纪念品，送客户离开中心。

整理结账后的资料、清单，留档保存，并将工时数计入主修人账户，月末一并结算。

在开业、周年之庆或逢节、假日及每隔一段时间应开展免费检测服务。利用本中心的仪器设备优势提供对外门诊服务，以提高企业的知名度。同时，时刻牢记，做好免费检测服务是业务接待的一项十分重要的工作。

车间工作程序

1. 上班后，接受车间点名报到。
2. 到岗位后，做好维修前的准备工作。
3. 由专人将客户送修车辆移动到指定维修工位。
4. 由车间主管指派维修小组承修合同中所规定的维修项目。
5. 对于返修免费维修项目，由车间主管根据返修单指派人选进行维修。
6. 根据维修规范和维修项目对车辆进行必要的检查，判断故障原因和决定维修手段。
7. 对于维修人员不能单独判断的故障，应会同车间主管、技术部共同判断故障原因。
8. 对于较大部件的维修或零件更换，应由维修人员通知车间主管，再由车间主管及时通知业务人员。
9. 维修小组应管理好自己承修车内物品和拆卸下的零部件。
10. 对于需要更换的部件，在能保留其完整外观的情况下，将旧件交到配件库房或车间主管手中，再根据车辆底盘号或发动机号等，到配件库房领取新件。
11. 在检阅维修胶片、维修资料、领取新件时，要保存好自己工位的所有物品。
12. 严格按照维修规范进行维修和配件安装，并在保证安全的前提下进行实验。
13. 有外出试车的要求时，需经车间主管批准，由专人负责。
14. 在维修合同上认真填写自己所进行的维修项目，并由主修人签字。
15. 将自己工序内容完成后，要及时通知车间主管，进行下一工序的工作。在几个单位共同进行时，各维修小组应相互协调配合。
16. 完成维修合同上所规定的维修项目后，由专人负责检查修复情况，并签字确认。
17. 将修复工作完成后的车辆进行卫生清理（具体内容由车间主管掌握），并按照维修合同上所书内容，由车间主管检查修复情况，车内外饰、车内外观、车内物品核对无误签字后，由车间主管将钥匙交与业务保管。
18. 维修小组应及时清理自己工位的遗留物品，并进行必要的清扫，将不再使用的设备放回原处。
19. 在离岗前对自己工位进行清洁，切断电源，关闭用电设备。
20. 下班前集合点名。

汽车修理工安全操作规程

1. 工作前应检查所使用工具是否完整无损。施工时工具必须摆放整齐，不得随地乱放，工作后应将工具清点检查并擦干净，按要求放入工具车或工具箱内。

2. 拆装零部件时，必须使用合适工具或专用工具，不得大力蛮干，不得用硬物、手锤直接敲击零件。所有零件拆卸后要按顺序摆放整齐，不得随地堆放。

3. 废油应倒入指定的废油桶，不得随地倒流或倒入排水沟内，防止废油污染。

4. 修理作业时应注意保护汽车漆面光泽、装饰、座位以及地毯，并保持修理车辆的整洁。车间内不准吸烟。

5. 用千斤顶进行底盘作业时，必须选择平坦、坚实场地并用角木将前后轮塞稳，然后用安全凳按车型规定支撑点将车辆支撑稳固。严禁单纯用千斤顶顶起车辆在车底作业。

6. 修配过程中应认真检查原件或更换件是否符合技术要求，并严格按修理技术规范精心进行施工和检查调试。

7. 修竣发动机起动检验前，应先检查各部件装配是否正确，是否按规定加足润滑油、冷却液，置变速器于空挡，轻轻起动电动机试运转。任何时候当车底有人时，严禁发动车辆。

8. 发动机过热时，不得立即打开散热器盖，以免沸水烫伤。

地面指挥车辆行驶，移位时，不得站在车辆正前方与后方，并注意周围障碍物。

7.2.4 汽车维修的质量责任制

建立质量责任制是企业建立经济责任制的首要环节。它要求明确规定企业每一个人在质量工作上的具体任务、责任和权力，以便做到质量工作事事有人管，人人有专责，办事有标准，工作有检查，把同质量直接有关的各项工作和广大职工的劳动积极性结合起来，形成一个严密的质量管理工作系统。一旦发现产品质量有问题，可以追溯责任，这有利于总结正反两方面的经验，更好地保证和提高产品质量。

实践证明，为了使所有影响质量的活动受到恰当而连续的控制，且能迅速查明实际的或潜在的质量问题，并及时采取纠正和预防措施，必须建立和实施相应的质量责任制度。只有实行严格的质量责任制，才能建立正常的生产技术工作程序，才能加强对设备、工装、原材料和技术工作的管理，才能统一工艺操作，才能从各个方面有力地保证产品质量的提高。实行严格的责任制，不仅提高了与产品质量直接联系的各项工作质量，而且提高了企业各项专业管理工作的质量，这就可以从各方面把隐患消灭在萌芽之中，杜绝产品质量缺陷的产生；可使工人对于自己该做什么、怎么做、做好的标准是什么都心中有数。同时，可通过技术练兵使工人掌握操作的基本功，从而熟练地排除生产过程中出现的故障，取得生产的主动权。质量责任制要与考核奖惩相结合，只有这样，才能改变“质量只是质量部的事情”的看法，使每一个员工都能以主人翁的姿态进行工作，确保产品质量。所有这些，都为提高产品质量提供了基本保证。

健立健全汽车维修质量责任制度，使全厂每个职工、每道工序都明确在质量管理工作上，做到事事有人管、办事有标准、工作有检查。

（1）厂长应主持全面质量管理工作，直接领导质检组，组织制订质量发展计划，确定质量总目标。

（2）技术副厂长对企业技术负全部责任，针对配件质量、维修质量薄弱环节，制订改类计划，确保不断提高维修质量。

（3）质检员具体负责质量管理工作，严格执行国家标准、行业标准、企业标准，编制维修质量指标，并汇总执行情况。

（4）技师对本车间维修质量负直接责任，对不合格车辆配件出厂负完全责任，指导工人认真执行各种技术标准和技术操作规程。

（5）班长、质检员必须严格执行各种技术操作规范和技术标准，把好质量关，做到不合格零部件及未修好的车辆不准进入下一道工序，出厂认真做好质量检验原始记录，收集整理有关数据，为改进修车及配件质量提供可靠依据。

（6）生产工人必须严格执行技术标准和操作规程，加强自检、互检工作，遵守岗位制度，认真执行检验人员对修车质量意见，共同提高维修质量。

案例

某汽车修理厂在质量方面的规定和相应的奖惩条例如下。

车间工作质量考核表

部门主管人：　　　　　　　　考核时间：　　　　　　月　　　　　日

工作职责	完成情况	考核结果（优、良、及格、不及格）	处理意见
负责派工单填写，并派工到作业组			
负责班组、工位的协调			
负责加班的安排			
负责追加项目及配件的受理，并及时反映给业务接待			
负责工期质量的监督，做好班组完工的签字，完善过程检验手续，做好工期延长、质量返工的记载，并做出处罚，及时上报有关部门			
做好工时的统计与核算工作			
负责车辆维修动态的填写工作			
做好车间的安全、卫生工作，并对安全质量事故做出处罚报告			
做好完工车的送技术部检验工作			
做好洗车的管理工作			
做好各种报表的上报工作（如：工期质量监控报表、工时统计报表、事故处罚报告表等）			
考评人员签字	领导签字		

考核、奖惩办法：

（1）每项具体工作，没有完成或完成不好的每项扣罚5元。

（2）发生一般工作质量事故扣罚5～100元。

（3）发生重大工作质量事故扣罚200元，情节严重的调离岗位，直至除名。

班长责任制和奖惩条例

为了保证班组生产正常进行，特制定本责任制和奖罚条例。

一、班长是全班的负责人，在车间主管的领导下进行工作，带头模范遵守厂部的各项规章制度，对全班工作负全面责任。

二、负责组织本班的生产、接受、分配、交割生产作业任务；参与本组生产，指导班组其他人员作业；对维修作业质量、进度、安全、卫生实施监督；做好本组作业过程中的自检工作，并代表本班接受厂部技术检验和上级检验。

三、负责贯彻、传达厂部各项行政指令，组织组员完成厂部下达的临时性任务。有权向上级提议对本班员工的表扬、奖励和处分意见，有权在本职工作范围内进行工作的改进。

四、负责组织本班生产环境的文明建设，组织全班进行规范作业，开展质量、安全竞赛，搞好本班车间、工位的卫生。

五、负责管理好本班的生产工具、设备和在本组工位上维修的车辆。

六、班长要认真履行职责，工资分配在本班应是最高的。

七、凡能认真履行上述职责的班长，厂部应给予奖励。凡不能认真履行上述职责的班长均应受5～200元的经济处罚和行政处分。

7.2.5 依靠质量管理整合企业

目前，获得ISO 9000质量保证体系认证的汽车维修企业越来越多。但获认证后，企业下一步该如何开展质量保证体系工作，以便不断改进工作，使之成为有效实现企业经营目标的手段呢？

1. 质量管理体系在企业里的作用

按照现代质量管理理论，质量的概念包括产品质量、服务质量、业务质量。企业中任何部门、任何人的工作都不能说与质量无关，任何工作质量从理论上讲都是可以量化衡量的。由于新版质量体系标准融进了现代管理的思想和内容，它不仅用于产品制造环节，而且可以覆盖公司销、供、产各个营运环节。目前对企业质量管理体系的第三方评审已经涉及企业的所有业务。因此，以质量管理体系为平台，以质量体系标准为基础，评估其他业务管理体系运行状态是完全合乎逻辑和适宜的。

与传统质量管理相比，现代管理强调体系和流程对企业业务的影响，其覆盖面和实际面不断扩展，已远远超出质量职能部门和产品质量的范畴，质量管理日益成为企业贯穿于产品开发、工程设计、产品制造、工艺控制、供应商质量、物流控制、营销、售后服务、用户满意度等业务流程中，并有效实现企业经营目标的整合手段。

“以质量管理整合企业”是指以质量管理为核心，以质量体系标准为基础，充分融合其他各种业务管理体系，形成以各系统的、透明的、易于识别的、从市场开发到售后服务的一体化管理系统，有效地为实现企业的经营目标服务。对于外包的业务环节，供应商应该做到与主机厂业务流程的衔接和质量体系的一致。

以质量管理整合企业管理体系包括三个层次要素：一是最高领导者充分重视和管理层具备现代质量意识，这是实施整合的先决条件；二是成立跨部门多功能小组，这是整合活动的行为主体；三是实现业务管理的过程化控制和管理体系的一体化运行，这是整合的着眼点。最终通过管理体系有效性评审，验证整合取得的实际成效，明确体系和体系的操作者下一步改进的方向。

2. 如何以质量管理整合企业

（1）企业最高领导者充分重视、直接参与。实现企业管理体系的有效整合完全取决于最高领导者对质量体系的重视与认知程度。它需要强有力的整体协调才能推进到所有业务职能部门。也就是说，企业最高领导者不仅要参与质量方针、质量目标的制定，而且要掌握质量管理的执行情况。

按照体系标准规定，企业每年都要进行管理评审，评审记录将作为判断符合项的依据。这种最基本的规定就是要企业最高领导者参与到质量管理中去，而不是做个旁观者。其实仅有定期的管理评审是不够的。最高领导者尽管已授权给管理者代表，但必须要把自己的管理理念和对体系设定的目标要求推广下去，经常参加管理评审会，听取评审结果的第一手汇报，适时地予以促进。

一套健全的管理系统能很好地保证领导者的经营计划得以贯彻实施，很少出现运行结果与经营计划之间的偏差，即使出现偏差也能做到自我调整，从而使领导者花最少的时间用于监控企业的内部运作。因此企业最高领导者直接参与管理体系评审可以事半功倍。

（2）企业管理层必须更新质量意识。在开始整合行动前，统一管理层的思想至关重要。

质量概念不仅包括产品质量，还包括服务质量和业务质量，可以定义为满足用户要求和期望的程度。用户被定义为接受产品或服务的组织或个人，可以是企业内部的或外部的。

维修质量和服务质量的评判由用户说了算。维修后的汽车运用特性达到技术规范、维修服务达到要求都不意味着高质量，因为用户的期望和要求是不断变化的。只有以用户为中心，不断满足用户的要求、超越用户的期望，才能保持维修的高质量。同样，在企业内部，下道工序是上道工序的用户，下道工序或业务的变化或改进一定要拉动上道工序或业务作相应的变化或改进。如果上游做不到同步改进，便形成企业运作的内在阻力。业务流程越长，形成阻力的机会越多。对于企业管理层，努力缩短业务流程，提高上游对下游的反应速度，是非常重要的。

一般在大型企业内，业务流程较长，职能部门较多。如果能按业务流程链建立用户链，创造以用户为中心，关注用户的期望和要求的企业质量文化，将是克服各自为政、提高工作效率的有效途径。

（3）跨部门多功能小组是高效的推进组织。质量管理特别强调团队在质量改进和体系建设中的作用。实践表明，成立跨部门多功能小组（与 QC 小组为一体）能有效地实施对各个业务活动的监控，推进业务活动和体系的不断改进。

该小组由管理者代表牵头并与各相关职能部门经理组成，建立定期例会制度，支持和督促有关人员按计划改进工作流程，提高工作业绩。例如，维修质量改进的跨部门多功能小组应由售后服务、维修组织工程、质量保证、质量工程、供应商质量、维修车间制造等部门组成。小组定期评审汽车的修后质量反馈信息，组织相关工程人员，研究解决产生用户抱怨和质量问题的措施。由于相关部门经理和共同参与，解决问题的措施可以得到全面的评审，提高了可行性和可操作性，缩短了决策的周期。

（4）实现业务管理的过程化控制。过程方法是 ISO 9000 标准中八大原则之一。业务管理的流程化是指将企业任何一种业务活动都用一个或若干个过程来定义，同时把每个过程中的环节有序地确定下来，并用程序文件加以描述。维修组织制造如此，售后服务、物流管理、财务管理等同样如此。任何业务的过程模式都包括四个基本要素：管理职责、资源管理、业务事项、监控与改进。

业务管理的流程化是实现业务管理规范化的前提和基础。没有业务管理的标准化流程难以达到用户的高满意率。

（5）管理系统一体化运行。简单地说一个企业的功能就是把用户要求或期望的所维修的车辆和服务转化为实现的用户满意的维修和服务的过程。管理体系一体化运行的出发点是保证企业以最小化的资源输入，使高质量的汽车维修作业和服务以最快的速度传递给用户。这意味着企业所有业务管理都必须高效率运行。

过程化控制是针对各个业务管理而言的，一体化运行则是针对企业的整个管理体系而言的。它是指将企业维修组织技术开发、工艺工程、零部件配套财务支持、人力资源、物流管理售后服务等各个业务传递链，组成一个互为支持的管理体系。在这一体系中，以质量管理为核心，以质量管理模式为基础，建立合理的业务传递链，形成以用户满意度作为各个部门业绩评估的主要依据的管理机制则是关键。

（6）管理体系的有效评审。管理体系符合性评审是对照标准的评审，是对过程和方法的评审；而管理体系有效性评审是对体系运行输出结果的评审。对于投资者来说，真正关心的是管理体系的有效性，即输入资源是否增值及增值大小。

管理体系有效性包括两个方面：一是体系本身有效与否，即体系能否与业务很好配合，支撑业务的变化和扩展，体现在流程是否合理、环节是否衔接、责任是否清晰、信息是否通畅；二是体系运行是否有效，即执行者的操作能否保证体系的稳定可靠运行，并根据用户要求的变化，对体系不断改进，提高体系的适应性。

习题 7

1. 什么是全面质量管理？它包括哪几方面的内容？
2. 全面质量管理的特点是什么？
3. 试述 ISO 9000 族标准的构成与特点。
4. 试述质量审核的过程及认证监督的要求。
5. 结合你平常生活、学习或工作中的某件事，谈一谈你对 PDCA 循环的理解。
6. 你怎样理解 PDCA 循环的大环套小环的特性？
7. 怎样才能让顾客满意？如何让员工满意？
8. 如果你是一个企业的负责人，你怎样参与企业的质量管理，有什么措施？

第 8 章　汽车维修企业财务管理

学习任务

通过本章节的学习，使学生熟悉和掌握企业财务管理的基本知识，了解财务管理目标、财务计划和财务控制的具体内容；掌握汽车维修企业财务管理的具体业务内容及财务管理机构的组成；了解汽车维修企业营业收入的构成；熟悉汽车维修企业财务务实管理，为企业经营带来更多利益。

知识要点

- 汽车维修企业要达到资源的高效率、低成本运作，就必须研究财务管理。
- 财务管理的内容和目标。
- 汽车维修企业财务管理的主要工作。
- 汽车维修企业的财务控制。
- 汽车维修企业财务管理实务。

8.1　汽车维修企业财务管理概述

企业要进行经营生产活动，就必须具备人力、物资、资金、信息等各项生产经营要素，并开展有关方面的活动。企业经营生产过程中的资金活动就是企业的财务活动，而对企业财务活动及资金的管理就是企业财务管理。因此，财务管理是企业管理的一个重要组成部分，是有关资金的筹措和有效使用的管理。财务活动是从“资金”的角度来反映企业管理活动的全过程。企业的创立，需要发行股票、债券或向银行借款来筹集资金。然后用这些资金购买机器、建造厂房、招募员工、购买原材料、组织经营活动。上述各项活动都需要耗用资金。企业对其产品进行销售并收回资金后，还要按约定偿还负债的利息和本金，按规定缴纳税款和分配股利，企业经营活动如此周而复始地循环下去，构成了企业资金运动的循环和周转。因此，我们可以说，企业财务管理的内容反映的是企业资金运动的循环过程，包括融资管理、投资管理、财务控制与分析及股息分配等内容。

汽车维修企业要达到资源的高效率、低成本运作，就必须研究财务管理。所谓财务管理，就是指企业根据财经法规制度，按照财务管理的原则，组织企业财务活动，处理财务关系的一项经济管理工作。财务管理的职能是决策和控制，是对企业资金运行过程的管理，包括投资决策、筹资决策、利润决策、财务计划、财务控制和财务分析六个主要内容。

1．融资管理

企业筹集资金是财务管理的起点，同时也是企业经营的起点。企业要进行生产经营活动，首先面临的就是需要一定的资金作为企业运行的血液。因此，融资管理是财务管理的一项最基本、最原始的职能。融资管理要解决的问题是如何取得企业所需要的资金，包括向谁、在什么时候、筹集多少资金和以什么方式来筹集等问题。具体讲，融资管理包括：预算企业资金需求；规划企业融资渠道；考虑短期融资和长期融资的组合问题；研究企业最理想的融资方式；确定企业的资本成本与最佳资本结构。融资管理与投资、股利分配有密切的联系：融资的数量多少要考虑投资需要，在利润分配时加大留存收益部分可以减少外部融资。融资管理的最终目的是要决定各种融资来源在总资金中的比重，即确定资本结构，并将融资风险与融资成本相配合。

2．投资管理

企业筹集来的资金，要投放于生产经营中。一方面进行长期投资，即对固定资产和长期有价证券的投资，也称资本性投资；另一方面进行短期投资，即对现金、短期有价证券、应收账款、存货等流动资产的投资。企业投资的目的就是取得比原来投入更多的回报。财务管理中的投资管理概念是广义的，凡是把资金投入到未来的各种活动都称之为投资。因此，投资管理包括一般意义的资本性投资管理，如固定资产投资管理、证券投资管理，也包括日常的营运资金管理，如现金、应收账款、短期有价证券、存货等流动资产的管理。财务管理人员在进行投资管理时，必须以企业的财务管理目标即股东财富最大化为标准。

3．财务控制与分析

控制是管理的一项基本职能，是指对一个组织的活动进行约束和指导，使之按既定目标和计划发展。企业存在着多种控制系统，如销售控制、生产控制、信息控制和财务控制等。由于财务控制是以全面预算为标准，以责任会计为基本手段，并采用货币计量对企业进行综合价值管理，因此，财务控制在企业控制中处于中心地位。

财务分析是运用财务报表数据对企业过去的财务状况和经营成果及未来前景的一种评价。通过这种评价，可以为财务决策、财务预算和财务控制提供广泛的帮助。财务分析方法主要有比率分析法、结构分析法、趋势分析法、平衡分析法和因素分析法等。

4．股利分配管理

股利分配管理是指在企业取得盈余之后，有多少作为股利发放给股东，有多少留在企业内部作为再投资。在进行分配时，既要考虑股东近期利益的要求，定期发放一定比例的股利，又要考虑企业的长远发展，留下一定的利润作为留存收益，留存收益作为内部筹资，较外部融资而言，不必花费融资费用，且融资简便，因而具有一定的优势。保留一部分盈余，也可以促使股票价格上升，以利于股东获得更多的利益。

股利政策的制定受到多种因素的影响，包括现金股利和资本利得的不同税收政策、企业未来的投资机会、各种资金来源及成本，以及股东对当期收入和未来收入的相对偏好等，企业必须根据自己的具体情况确定最佳的股利政策。股利分配政策实质是内部融资问题，因此，股利分配管理是筹资管理的一个组成部分，但由于其具有的重要性，从而作为单独的一个部分加以研究。

8.2 汽车维修企业财务管理过程

8.2.1 财务管理目标

目标就是企业所希望实现的结果，财务管理的目标是财务管理的逻辑出发点。选择不同的财务管理目标，将会影响构建不同的财务管理模式和运行机制。选择什么样的财务管理目标，受制于该企业所处的经济环境和经济制度。西方的财务管理目标主要有四种，即利润最大化、管理者收益最大化、企业财富最大化和社会责任最大化。到目前为止，西方对财务管理目标的选择尚有争论，主要争论的焦点是在“利润最大化”和“企业财富最大化”的选择。在我国早期高度计划经济时期，企业财务管理的目标，不是强调企业的利润最大化，而是着重整个国民经济的资金效益最大化，企业只是整个国民经济计划的执行单位，企业的财务管理目标是政府利益最大化。而当前我国正在进行社会主义市场经济体系的建设，这就使企业财务管理的目标将趋于西方的财务管理目标。

明确财务管理的目标，是搞好财务工作的前提。企业财务管理是企业管理的一个组成部分，企业财务管理的整体目标应该和企业的总体目标具有一致性，如实现利润最大化、每股盈余最大化、股东财富与企业价值最大化及社会责任等。

1．利润最大化

利润代表了新创造的财富。利润越大，企业的业绩越大。这种观点突出了效益额的地位，有其科学的成分，但也存在三个缺陷：没有考虑预期利润发生的时间性，若不考虑货币时间价值，就很难做出正确的判断，缺乏操作性；没有反映创造的利润与投入的资本额之间的相关性，缺乏可比性；没有体现获取利润时所承担的风险，不利于收益与风险的权衡决策。

2．每股盈余最大化

这种观点突出反映了投入资本与所获利润之间的关系，体现了资本的收益率，但仍然存在没有考虑每股盈余发生的时间性与获取每股盈余所承担的风险等缺陷。

3．股东财富与企业价值最大化

现代企业为股东所有，投资的目的在于追求、创造尽可能多的财富。企业的股票价格代表着投资者对企业价值所做的客观评价，它较全面地体现了企业目前和将来的获利能力、预期收益、时间价值和风险价值等多方面因素及其变化，因而只有它才应当是企业财务管理的首要与最终目标。

4．社会责任

与财务管理目标相联系的是社会责任问题：公司是否应承担社会责任，如保护消费者利益、合理雇用人员、消除环境污染等。一般来说，企业财务管理的财富最大化目标是与社会利益相一致的，如企业在实现财富最大化目标的同时，由于企业规模的扩大，就增加了就业量；企业利用新的技术降低产品成本、开发新产品，可以更好地满足消费者的需求。但有时，企业财务管理目标与社会利益也会出现矛盾，有时承担社会责任会造成利润和股东财富减少，如消除环境污染问题等。可见在现阶段，以社会责任最大化为企业财务管理目标是较为片面的。但只强调股东财富最大化为目标也是不可取的，因为这是以牺牲社会利益而换取企业的局部利益。因此正确的选择应该是企业在确定股东财富最大化目标的同时，必须受社会责任的约束。为此，政府和有关管理部门制定有关的法律和规定来强制企业承担社会责任。这对汽车维修企业也不例外。

8.2.2　投资决策

1．投资的性质

投资活动是企业财务管理的重要组成部分。它是一种经济行为，即现时决定选择某种投资媒介，投入一定量的资产，以谋求获取更多的资产。但是，现时投入量是确定的，而未来收取的量却是不确定的，这就意味着投资是有风险的。现时资产的投入表明了这一部分资产的用途已明确，而必须放弃其他所有的投资机会，从而形成该项目投资的机会成本。也就是说，投资是有代价的。所以，企业的投资决策，主要是对投资方式、投资目的、投资风险、投资代价、投资时间及投资环境等方面的分析。

2．投资方式

投资方式是指企业进行投资时可选择的方式。

（1）内部投资：一般指企业内部的长期投资。

（2）外部投资：企业要想在市场经济中站稳脚跟，对外投资应是不可缺少的支柱。外部投资包括：

① 证券投资；

② 房地产投资；

③ 期货、期权投资；

④ 其他投资，如储蓄、信托、保险、外汇等。

3．投资收益

简单地说，投资收益就是指未来的某一时间获取大于投入的回报。

4．投资风险

风险是投资的特征之一，它源于无法在投入时确定未来的收益量，而不确定就是风险。严格地说，不确定性充满了整个客观世界。当投资者无法得到足够的信息，无法控制事物的未来进程时，他所面临的投资即是不确定的，但还是需要做出决策。一旦投资成为现实，那么所有的不确定性即转化为风险。所以，风险是每个企业投资者必须面对的问题，是不可能回避的。任何事物都是一分为二的，风险中蕴涵着收益，而且二者应成正比例关系。投资者不能回避风险不等于听之任之，成功的投资者能准确地把握住机会面对风险，并利用风险将其转化为收益。

5．投资代价

投资意味着确定了一部分资产的用途。对于企业来说，资产是一种有限的资源，而经济社会为企业所创造的机会相对来说却是无限的。选择了其中一个，就等于放弃了其他所有的机会，而被放弃了的机会所含的收益就是已决策了的投资的代价，又称为机会成本。这一因素是在进行投资决策时不可忽略的。

6．投资时间

投资时间是指所投资产从投入到收回的时间，也称为投资回收期。一般将投资回收期超过一年或一个经营周期以上的投资称为长期投资，反之则称为短期投资。对长期投资进行决策时，所考虑的因素不一样，因为资产被占用的时间长，考虑到资本增值的因素，那么对该投资的收益就要测算其是否能使资本的增值也得到补偿。换言之，就是要分析资金的时间价值因素。而短期投资的时间短，资本增值的量比较小，故可不考虑资金的时间价值因素。

7．投资环境

投资环境是指影响企业投资效果的各种外部因素的总和。对投资环境进行充分的分析，其实质就是要避免那些看得见的风险或利用风险的发生规律以降低风险。对投资者来说，可将投资环境分为投资大环境和投资小环境两方面来进行分析。

（1）投资大环境。投资大环境包括如下几方面。

① 政治环境：指投资地区的政局、政策等方面的稳定程度。政治环境决定了企业是否

在此进行投资决策。

② 经济环境：指投资行业或地区的经济发展水平及状况、经济增长的稳定性、物价水平、利率水平、税率和从业法规等。

③ 文化环境：主要是指投资地区的教育程度、文化水平、宗教信仰、风俗习惯等。

(2) 投资小环境。投资小环境是指与特定投资项目直接相关的各种因素，包括市场、技术、相关政策、资源等。汽车维修企业和投资决策主要就是对投资小环境进行相关的调查与分析。

(3) 投资建厂的专项调查。

① 投资环境调查：投资环境调查主要是了解国家对汽车维修企业是否在税收、行政管理等方面有优惠政策，在环保方面有何特殊要求。

② 技术方案调查：投资建厂的技术方案应满足先进性、经济性、合理性、安全性和可靠性的要求。因此该项调查需要了解的是，所采用的工艺、技术、设备是否有利于提高生产效率、提高修理质量和降低能耗，以及技术水平是否领先同行。总之，该方案应有超前性。

③ 市场调查：要调查市场竞争的情况、各竞争对手的情况、当地汽车保有量及类型，修理需求的多少等。

(4) 投资风险。投资风险是指投资汽车维修厂后未来收益的不确定性。由于不确定性的存在，未来的结果可能与预测的不一致，从而使决策发生错误，达不到预期的效果。大、中、小型规模汽车维修厂的投资回收期的计算已在前面章节讲述，本节不再重复。

8.2.3　筹资决策

筹资决策是现代企业经营决策的首要环节。无论是大型汽车维修企业还是小型汽车维修企业，无论是新建还是扩大规模，企业都要筹集资金。在筹集资金活动中，企业面临许多问题需要权衡和抉择：究竟需要多少资金？在何时集资最为有利？采用哪一种筹资方式成本最低，效果最好？所以，企业在筹集资金时，需要确定数量、时间、渠道、成本、风险和结构等。故此，在筹集资金时应遵循以下原则。

1. 认真选择筹资方式，降低平均筹资成本

企业为了取得和使用资金而付出的代价即资金成本。包括资金筹集费和资金占用费两个部分。资金筹集费是资金筹集过程中发生的各项费用，如手续费、律师费、公证费、广告费、差旅费等。资金占用费是占用资金所需支付的费用，如支付给股东的股利、利润和支付给债权人的利息等。

筹资渠道与方式多种多样，不同筹集方式的资金成本各不相同，在筹资时，要综合考虑各种筹资渠道与方式的利弊得失，求得筹资的最佳组合，以降低平均资本成本。

2. 合理确定资金需要量，控制资金投入时间

一定时间资金的运用规模决定了筹资规模，资金运用的时间决定了筹资时间，这就要求企业妥善解决筹资与投资在数量和时间上的矛盾，二者协调的关键是合理确定资金需求量，既要满足经营对资金的需求，又不筹划过多造成浪费闲置，更要考虑货币时间价值，科学选择筹资时间。

3. 妥善安排资本结构，适度举债

资本结构包括三个方面的内容：一是企业的长期资本与短期资本的比例结构；二是企业权益资本与负债资本的比例结构；三是在权益资本中，各投资者所占比例的股权结构。

资本筹集，有债务资本筹集与权益资本筹集两类，即形成了自有资本与借入资本的资本结构。负债经营要适度，既要充分发挥财务杠杆作用，又要避免较大的财务风险。在筹资财务战略上，要灵活运用增加自有资本与适度举债的举措，对筹资成本与筹资风险进行权衡，不断提高企业资金经营的安全性。

8.2.4 利润分配

1．利润分配的原则和程序

当企业在经营上取得成功并获得一定的税后利润，应该向企业的投资者分配这些利润，因为这是属于投资的收益。但同时又要考虑企业的再投资问题，如果把所有税后利润全部分配给投资者，企业再投资所需的资金就可能得不到满足，只能再次筹集新的资金。此外，利润分配决策也是调整生产关系的一个重要手段，如给贡献较大的管理人员、技术骨干一定的股份并分给相应的红利，以刺激员工的积极性。

股利的发放属于利润分配的范畴，股利分配是对公司利润的所有权和占有权的划分，具体划分时应根据公司法和公司章程中的有关规定规范操作。

（1）利润分配的原则。

① 公司的利润只有在缴纳所得税后才能按规定程序进行利润分配，也是说利润分配的基础是税后利润。

② 公司税后净利润的分配要兼顾公司长远发展和公司价值最大化的要求以及给股东以投资回报的需求，以维护不同利益主体的合法权益。

③ 股利的发放要坚持同股同利的原则，注意维护中小股东的合法权益。

（2）利润分配的程序。股份公司利润分配的顺序应遵循公司法和公司章程的相关规定，基本内容如下：

① 弥补以前年度的亏损。公司发生的年度经营亏损，可用以后年度实现的利润弥补。连续五年不足弥补的，用税后利润弥补，或者经董事会、经理办公会审议后，依次用盈余公积、资本公积弥补。公司在弥补以前年度亏损之前，不得向投资者分配利润。

② 提取法定盈余公积金。公司可按税后利润扣除前项分配后余额的 10%计提取法定盈余公积金。公司法定盈余公积金累计额为公司注册资本 50%以上的，可不再提取。法定盈余公积金主要用于发展公司业务、扩大经营规模或者转增公司资本，但法定公积金转为资本时，所留存的该项公积金不得少于注册资本的 25%。

③ 提取法定公益金。公司可按税后利润的 5%～10%计提取法定公益金，主要用于公司员工集体福利设施的支出。

④ 支付优先股股利。公司若有优先股股利，应当按预定的固定利率向优先股股东发放股利。

⑤ 提取任意盈余公积金。经股东会议决议，公司可在税后利润中提取法定盈余公积金后，再提取任意盈余公积金，以增强公司发展的资本支持能力。

⑥ 支付普通股股利。公司在弥补亏损、计提取公积金后的所余利润，可按股东的出资比例或持有股份比例分配。可见，股利分配属于利润分配程序的最后一项。如果公司股东会或者董事会违反程序规定提前向股东分配利润，必须将违反规定分配的利润退还公司。

2．股利发放程序

股份公司向股东发放股利，一般要经历四个步骤：

（1）股利宣告日。股利分配方案由董事会提出，经股东（大）会讨论通过后，应正式宣布股利发放方案。宣布股利发放方案的那一天即为宣告日。从财务会计角度看，宣告日当天应根据股利发放方案计算出应付股利额，并进行账务处理，作为公司对股东的负债。

（2）股权登记日。股权登记日又称为除权日，它是有权领取股东资格登记截止的日期。由于上市公司的股票经常处于频繁交易之中，股东也会伴随股票的买进卖出而随时易主。为了明确股利的归属，公司应当确定股权登记日。凡在登记日之前（含登记日当天）列于公司股东名册上的股东，都将获得此次发放的股利，而在这一天之后才列入股东名册上的股东，将得不到此次发放的股利。

（3）除息日。除息日，是指领取股利的权利与股票相互分离的日期。由于股票交易与过户之间需要一定的时间，因此，只有在股权登记日之前数天购买股票的投资者，才有可能在登记日之前列入股东名册之上，并享有当期股利的领取权。如果股票交易日离股权登记日太近，公司将无法获知股票过户更换股东的信息，只能以原股东作为股利支付对象。为了便于界定和避免冲突，一般规定登记日之前的第四个工作日为除息日，（逢节假日顺延）。在除息日之前（不含除息日）购买的股票可以得到此次发放的股利，在除息日当天及之后购买的股票则无法得到此次股利，故称为除息日。

（4）股利发放日。股利发放日，就是利用各种方式向股东发放股利，并冲销应付股利的时间。

8.2.5　财务控制

财务控制是指财务管理过程中，利用有关信息和特定手段，对企业日常经营过程中的现金收支等活动施加影响或调节（即控制），以便实现计划所规定的财务目标。它主要包括财务计划、成本控制和财务分析三个方面的内容。

1．财务计划

财务计划主要针对企业中与现金流入、流出以及现金平衡有关的活动，如修理工时费、修理材料费的获得，成本费用的支出，为平衡收支而进行的融资活动等。财务计划分为现金计划、利润计划和现金流量计划三个内容。

（1）现金计划。

① 现金计划：又称现金预算，它主要分析、预测修理厂短期内的现金需求情况，可按表 8.1 的格式制定。

② 现金收入计划：可按表 8.2 的方式制定。

③ 现金支出计划：可按表 8.3 的方式制定。

表 8.1　现金计划格式

（单位：万元）

月　份	1月	2月	3月	……	11月	12月
现金收入	—	—	—	……	—	—
减现金支出	—	—	—	……	—	—
现金净额	—	—	—	……	—	—
加：月初净现金	—	—	—	……	—	—
减：最低限量的现金余额	—	—	—	……	—	—
所需筹集的现金	—	—	—	……	—	—
剩余现金	—	—	—	……	—	—

表 8.2 现金收入计划

（单位：万元）

月 份	1 月	2 月	3 月	……	11 月	12 月
修理收入预测	10	20	40		30	20
现金收入（20%）	2	4	8		6	4
应收账款 1 个月 50%	5	10			20	15
应收账款 2 个月 30%		3			6	12
其他现金收入					3	
现金总收入		21			32	34

注：（1）表中现金收入是指，每月收入（销售额）中有多少比例是以现金形式收入的，或者说，每月收入（销售额）中多少比例是可以收回现金的。这里收回现金的比例为 20%。

（2）表中 1 个月应收账款（0.5）是指 1 个月前形成的占收入（销售额）50%的应收账款于本月收回。同时是指，本月有占收入（销售额）50%的应收账款要 1 个月后收回。

（3）表中 2 个月应收账款（0.3）是指 2 个月前形成的占（销售额）30%的应收账款于本月收回。同时是指，本月有占收入（销售额）30%的应收账款要 2 个月后收回。

（4）表中其他现金收入，主要是指利息收入、股息收入、出售设备收入、出售股票、债券收入和租赁收入等。

表 8.3 现金支出计划

（单位：万元）

月 份	1 月	2 月	3 月	……	11 月	12 月
支出（占修理收入 70%）	7.4	14.4	28.4		21.4	14.4
现金支出（10%）	0.7	1.4	2.8		2.1	1.4
应付账款 1 个月（70%）		4.9	9.8		19.6	14.7
应付账款 2 个月（20%）			1.4		2.8	5.6
租金支付			0.5		0.5	0.5
工资、奖金			4.8		3.8	2.8
税金						2.5
固定资产开支						13.4
利息支付						1.4
现金股息支付						2.4
现金支出			21.3		41.8	30.5

注：（1）表中支出（占销售额 70%）中的销售额请参照表 8.2 中的销售额预测。

（2）表中现金支出（0.1）是指，现金支出占支出的 0.1 或 10%，如 8 月的 70×0.10=7（千元），9 月的 140×0.10=14（千元）。

（3）表中 1 个月应付账款 70%是指：1 个月后应付账款占支出的 70%，如 9 月的 70×70%=49（千元）；10 月的 140×70%=28（千元）。

（4）表中 2 个月应付账款 20%是指：2 个月后应付账款占支出的 20%，如 10 月的 70×20%=14（千元）；11 月的 140×20%=28（千元）。

（2）利润计划。

① 计划的利润表：这是企业利润计划的重要组成部分。它可按销售额百分比制定。销售额百分比是指销售成本在销售额中所占的百分比例，见表 8.4，计划的利润表是怎样按假设的销售额百分比制定的。

表 8.4 中，0.80 为销售成本在销售额中所占的百分比；0.10 为经营开支在销售额中所占

的百分比，0.01 为利息支出在销售额中所占的百分比；0.15 为假设的纳税税率。

表 8.4　计划的损益表

（单位：元）

销售收入	135 000
减：销售成本（0.80）	108 000
毛利	27 000
减：经营开支（0.10）	13 500
减：利息支出（0.01）	1350
税前净利润	12 150
减：税金（0.15）	1823
税后净利润	10 327
减：普通股股息	4000
留存盈余	6327

② 计划的资产负债表：一般通过判断方法制定。判断方法是指，有些会计项目的数字通过判断获得，有些会计项目的数字通过计算获得，见表 8.5。

表 8.5　计划的资产负债表

（单位：元）

资　产			负债和股东权益	
现金		6000	应付账款	8100
可转让短期证券		4000	应缴纳税款	455
应收账款		16 875	应付票据	8300
存货	原材料	4000	其他流动负债	3400
	成品	12 000	流动负债合计	20 255
	存货合计	16 000	长期负债	18 000
流动资产合计		42 875	普通股	30 000
固定资产净额		63 000	留存盈余	29 327
资产总额		105 875	负债和股东权益总额（平衡前）	97 582
所需外部筹资		8293	负债和股东权益总额（平衡后）	105 875

注：（1）表中 6000 元的现金余额是假设 1 年中所需最低额度的现金余额。

（2）表中可转让短期证券的价格假设保持不变，即其总值保持在 4000 元。

（3）表中应收账款平均收款期假设为 45 天，年销售额假设为 135 000 元。这样年平均应收账款总额为 135 000×45/360=16 875 元。其中，360 为一年的天数。

（4）表中一年中库存额假设为 16 000 元，其中，原材料占 25%，即为 16 000×25%=4000 元；成品占 75%，即为 16 000×75%=12 000 元。

（5）表中本年度打算购买新设备开支为 20 000 元，折旧额为 8000 元，现有固定资产总额为 51 000 元，这样，本年度的固定资产净额为 51 000+20 000−8000=63 000 元。

（6）表中本年度其他开支约占销售额的 30%，公司支付应付账款的平均期限为 72 天，这样，本年度的应付账款总额则为(135 000×30)×72/360=8100 元。

（7）表中本年度应缴纳税款占本年度税款的 25%，本年度税款为 1 823 元，这样，本年度应缴纳税款则为 1823 × 25%=455 元。

（8）表中 8300 元的应付票据假设不变。

（9）表中 3400 元的其他流动负债假设不变。

（10）表中18 000元长期负债假设不变。30 000元和普通股总额假设不变。

（11）表中所需外部筹资是一个平衡项目。其目的是使资产总额和负债总额、股东权益总额相一致。

（12）表中97 582元的负债和股东权益总额，是没有平衡前的负债和股东权益总额。105 875元的负债和股东权益总额，是平衡后的负债和股东权益总额。

（3）现金流量计划。

现金流量计划，是现金来源和现金使用情况的计划。主要包括如下几项。

① 现金流量表：是以现金收支为基础编制的财务状况变动表，它反映企业一定时期内现金的流入和流出情况，表明企业获取现金和现金等价物的能力。

② 现金：现金流量表中所称的现金与日常财务会计工作中所讲的现金有所不同，是指库存现金；可以随时用于支付的存款。

③ 现金等价物：是指企业持有的期限短、流动性强、易于转换为已知金额的现金、价值变动风险小的投资。

④ 现金流量：是指某一时期内企业的现金和现金等价物流入和流出的数量。

⑤ 现金净流量：是指企业现金流入和流出的差额。

2. 成本控制

在财务管理的全过程，都要考虑收益、风险和成本的大小。但在日常的管理中主要考虑的是成本问题，其基本要求是：在保证企业正常运转和计划完成的基础上，使成本最低。企业的成本是为了完成预定任务必须耗费的各种经济资源。修理企业成本控制主要包括资金成本的控制、存货（汽车配件）的控制和生产成本和各种支出费用的控制。

8.3 汽车维修企业财务管理体制及管理机构

8.3.1 财务管理体制

我国于1985年颁布的并经1993年、1999年两次修订，于2000年重新实施的《中华人民共和国会计法》（以下简称《会计法》）的基本内容是：国务院财政部门管理全国的会计工作，地方各级人民政府的财政部门管理本地区的会计工作。它明确规定全国实行“统一领导，分级管理”的会计管理体制。

8.3.2 汽车维修企业财务管理机构

汽车维修企业财务管理机构必须是依《会计法》设立的会计管理机构。常见的财务会计机构组织形式是财务与会计为一体的组织形式，即设立财务科，由主管厂长来领导，负责企业的财务和会计两方面的工作，并设置会计和出纳等工作岗位。

汽车维修企业会计人员的工作岗位一般分为会计主管，出纳员。对企业的财产物资核算、工资核算、成本核算、收入利润核算、资金核算、往来结算、总账报表等工作进行管理。

会计人员必须持有会计证才能上岗从事会计工作。按《会计法》规定：各单位应当根据会计业务的需要，设置会计机构，或者在有关机构中设置会计人员并指定会计主管人员；不具备设置条件的，应当委托经批准设立从事会计代理记账业务的中介机构代理记账。

8.3.3 汽车维修企业财务管理的主要工作

1. 主管会计

（1）负责收支统计和成本核算分析工作，编制财务报告呈报厂领导。

（2）负责建立健全会计审核、复核制度，按时编制财务报表，完善财务的档案管理工作。

（3）负责全厂各种收支的分类核算账和编制各种财务报表，审核和保管各种原始凭证。

（4）负责监督、检查、控制各项资金的使用情况，审核各种报销凭证。

（5）负责全厂员工的工资、津贴、加班费等造册、发放、汇总工作。

（6）做好各种税费的申报工作，按时到税务部门纳税。

2．出纳员

（1）负责办理转账业务和现金的收付工作。

（2）负责全厂员工工资的造册、发放工作。

（3）负责备用金的保管、报销、使用工作。

（4）负责其他现金费用的发放工作。

8.4　汽车维修企业财务实务管理

8.4.1　汽车维修企业营业收入的内容

汽车维修企业营业收入的内容较为简单，主要包括以下几项。

（1）工时费用：指汽车维修所耗的人工工时。按国家交通管理部门的规定执行。

（2）修理材料费：指购进车辆维修时需更换的配件资金。一般按市场现行价进行比价采购。

（3）材料管理费：采购配件所需的运输费用、保管费用、税费、利润等费用的总和。汽车维修企业收取的材料管理费一般为15%左右。

（4）其他收入：除主营收入外的其他收入，如投资收入、转让证券、设备场地租赁、出售废品、废机油等的收入。

8.4.2　汽车维修企业营业收入的计算

（1）利润率是剩余价值与全部预付资本的比率，它是剩余价值率的转化形式，是同一剩余价值量不同的方法计算出来的另一种比率。

如以 p 代表利润率，C 代表全部预付资本（$c+v$），那么利润率 $p=m/C=m/(c+v)$。利润率反映企业一定时期利润水平的相对指标。利润率指标既可考核企业利润计划的完成情况，又可比较各企业之间和不同时期的经营管理水平，提高经济效益。

$$\text{成本利润率}=\text{利润}\div\text{成本}\times100\%,\quad\text{销售利润率}=\text{利润}\div\text{销售}\times100\%$$

（2）资本金利润率是利润总额占资本金（即实收资本、注册资金）总额的百分比，是反映投资者投入企业资本金的获利能力的指标。

企业资本金是所有者投入的主权资金，资本金利润率的高低直接关系到投资者的权益，是投资者最关心的问题。当企业以资本金为基础，吸收一部分负债资金进行生产经营时，资本金利润率就会因财务杠杆原理的利用而得到提高，提高的利润部分虽然不是资本金直接带来的，但也可视为资本金有效利用的结果。它还表明企业经营者精明能干，善于利用他人资金为本企业增加赢利。反之，如果负债资金利息太高，使资本金利润率降低，则应视为财务杠杆原理利用不善的表现。

这里需要指出，资本金利润率指标中的资本金是指资产负债表中的实收资本，但是用来作为实现利润的垫支资本中还包括资本公积、盈余公积、未分配利润等留用利润（保留盈余），这些也都属于所有者权益。为了反映全部垫支资本的使用效益并满足投资者对赢利信息的关心，更有必要计算权益利润率。

资本金利润率＝利润总额÷资本金×100%；

（3）成本率指的是因为使用资金而付出的成本与筹资额的比率。

成本率＝总成本÷营业收入×100%；

（4）综合费用率＝营业费用÷(营业收入＋投资收益)×100%。

8.4.3 财务分析的基本方法

1．财务分析的目的

财务分析同时肩负着双重目的：洞察自身财务状况与财务实力，以及分析判断外部利害相关者的利益关注点，从而为企业决策当局的规划决策提供价值信息支持，同时也从价值方面对业务部门提供咨询服务。财务分析的目的具体包括：企业管理者的目的、投资者的目的、债权人的目的、财税部门的目的。

2．企业财务分析的种类和意义

依据分析主题的不同，财务分析可以分为外部分析和内部分析。

外部分析是指企业投资者和债权人以及其他有关方面对企业的分析，他们一般不直接参与企业的经营管理，不能直接从企业的生产经营过程中获取需要的经济信息，只能依靠企业的财务报表了解和掌握企业过去的经营业绩和目前的财务状况。

内部财务分析是指企业管理者对企业财务状况和经营成果的分析。其重要意义是：全面评价企业的经营绩效；分析影响企业财务状况变动的因素；预测企业未来发展趋势。

1）财务分析的含义

财务分析，亦称为财务报表分析，是运用财务报表的有关数据对企业过去的财务状况、经营成果及未来前景的一种评价。财务分析的主要内容是会计报表分析、财务比率分析和预算分析。

不论是静态的资产负债表，还是动态的损益表与现金流量表，它们提供的有关财务状况和经营成果的信息都是历史性的描述。尽管过去的信息是进行决策的主要依据之一，但过去未必能代表现在和将来。因此，财务报表上所列示的各类项目的金额，如果孤立起来看，是没有多大意义的，必须与其他金额相关联或相比较才能成为有意义的信息，供决策者使用。而这些正是财务分析所要解决的问题。

要进行众多信息资料的收集、整理、加工，形成有用的分析结论，在手工方式下是难以全面展开的。而财务分析软件却做到了这一点。在财务分析软件里，一般都设置了绝对数分析、定基分析、对比分析、环比分析、结构分析和趋势分析等多种专门的分析方法，提供了从经营者、债权人、投资者等多角度的分析报表选择，数据资源的共享功能，并提供计划情况分析。使分析工作者能轻松地完成对财务数据的进一步加工工作，及时、迅速、准确地获取有用的信息，为决策提供正确、客观的依据。

2）财务分析的基本方法

财务分析的方法灵活多样。随着分析对象、企业实际情况和分析者的不同会采用不同的分析方法。这里仅介绍几种常用分析方法。

（1）比较分析法。比较分析法是财务分析普遍使用的重要的分析方法。它是通过对经济指标在数据上的比较，揭示经济指标之间数量关系和差异的一种分析方法。

对经济指标的对比，主要有以下几种形式。

① 绝对数分析法：绝对数分析是将不同时期、相同项目的绝对金额进行比较，以观察其绝对额的变化趋势。

② 定基分析法：定基分析是以分析期间某一期的报表数据作为基数，其他各期与之对比，计算百分比，以观察各期相对于基数的变化趋势。

③ 环比分析法：环比分析是以某一期的数据和上期的数据进行比较，计算趋势百分比，以观察每期的增减变化情况。

（2）比率分析法。比率分析法是通过计算经济指标的比率来考察、计量和评价经济活动变动程度的一种分析方法。比率分析法主要有以下几种。

① 结构分析法：结构分析是通过计算某项经济指标各个组成部分占总体的比重，探讨各个部分在结构上的变化规律。用于考核各部门在总体中所占的比重，或各费用在总体费用中所占比重等。

② 相关比率分析法：相关比率分析法是根据经济活动客观存在的相互依存、相互联系的关系，将两个性质不同但又相关的指标加以对比，求出比率，以便从经济活动的客观联系中认识企业生产经营状况。

（3）趋势分析法。趋势分析法是通过分析同一企业若干年的财务指标升降变化，发现问题，评价企业财务状况和经营成果的方法。具体包括财务比率的趋势分析、会计报表金额的趋势分析、会计报表构成的趋势分析。

（4）因素分析法。因素分析法是指从数值上测定各个相互联系的因素的变动对有关经济指标影响程度的一种分析方法。

3．财务分析软件基本功能与数据接口

1）财务分析软件基本功能

（1）初始化功能。初始化工作是财务分析软件的一项基础性工作。这是因为财务分析软件所设置的分析内容——分析表，具有通用性的特点。有些分析表系统可以自动设定表项与科目代码的对应关系，而有些则不能。为此要想取到正确的数据，必须确认系统设定的表项与科目代码的对应关系与企业总账中的科目代码的一致性。同时由于不同的企业对系统设置的分析表具体分析项目要求的侧重，也要求系统提供能增加删除及修改分析项目的属性，以满足使用者灵活设置具体分析对象的要求。而这些正是初始化的基本内容。

（2）选择分析方法功能。财务分析的目的之一在于掌握与认识企业资金运动的变化规律。分析方法提供了这种认识的途径。例如，对不同时期数据组的分析比较可以采用绝对数分析、定基分析、环比分析和结构分析，以提供不同角度、不同侧面的分析结论。因此，要求财务分析软件能提供不同分析方法的选择功能，并可同步提供分析期间与比较期间的选择功能，以方便分析者分析操作。

（3）自定义报表与外接功能。进行财务分析时，对一些需经常调用，以便进一步分析查看的分析表或其他财务软件的数据资料，有必要按使用者的意愿，方便地安放于随时可见的位置。同时也应允许用户按企业实际，设计特定的分析表格进行特殊分析。为此，财务分析软件一般要求能提供自定义报表与外接的功能，使软件具有更广阔的应用空间。

（4）图形分析及添加文字功能。图形分析功能是利用报表数据和系统提供的图形功能形成各种直观的图形，进行直观分析。一般要求软件有提供普通直方图、饼形图、折线图、立体直方图等的显示方式。文字添加功能旨在方便分析者对分析结果做图表的注释服务，以实现分析表、分析结论、图形显示的一体化。

（5）预算管理功能。预算管理，即对预算完成情况的分析，是财务分析的一个重要组成部分。它主要用于考核企业各职能部门在当年任一期间的预算执行情况，以利于分析者及时总结企业的优势并发现潜在问题，保证预算的全面贯彻实施，实现企业预期的经营目标。因此，要求系统能提供企业的职能部门、各会计科目预算数输入及与实际数据对比的分析功能。

（6）分析表保存与打印输出功能。分析表保存是对生成的分析表要求提供另存为报表文件、文本文件、dBASE 文件等的功能，以便进一步处理。报表和图形的打印输出应能提供所见即所得、打印预览、页首页尾设计、自动分页、缩放打印、控制打印方向、打印品质等。

2）财务分析与总账系统之间的数据联系

首先，财务分析的实际数据通过调用企业总账系统得到。因此，进行财务分析必须要有总账系统的支撑。

其次，财务分析的预算数据与预算类型应由分析者录入并确定，录入的预算数据应能给予总账系统自动报警的提示功能。当总账系统填制会计凭证时，某一部门或项目的发生额或余额超过财务分析系统中的预算数时，总账系统会自动报警。

8.4.4 财务分析的常用指标

1．营运能力分析

（1）营运能力含义。营运能力是社会生产力在企业中的表现，是企业各项经济资源，包括人力资源、生产资料资源、财务资源、技术信息资源和管理资源等，基于环境约束与价值增值目标，通过配置组合与相互作用而生成的推动企业运行的物资能量。具体而言，营运能力是指企业的资产周转能力和效率。企业资产周转状况的好坏，既是企业购、产、销各方面活动的结果，也是企业生产经营工作质量和效果的反映。

（2）分析指标。

① 总资产周转次数：指企业主营业务收入与平均资产总额的比值。计算公式为

$$\text{总资产周转次数}=\frac{\text{主营业务收入净额}}{\text{平均资产总额}}$$

$$\text{平均资产总额}=\frac{\text{期初资产总额}+\text{期末资产总额}}{2}$$

$$\text{总资产周转天数}=\frac{\text{计算期天数}}{\text{总资产周转次数}}$$

② 流动资产周转次数：

$$\text{流动资产周转次数}=\frac{\text{主营业务收入净额}}{\text{流动资产平均占用额}}$$

其中，主营业务收入净额=主营业务收入−折扣与折让

$$\text{流动资产平均占用额}=\frac{\text{期初流动资产总额}+\text{期末流动资产总额}}{2}$$

$$\text{流动资产周转天数}=\frac{\text{计算期天数}}{\text{同期流动资产周转次数}}$$

周转天数缩短，表明周转速度加快；反之，则表示周转速度减慢。

③ 应收账款周转次数：指商品赊销净额与应收账款平均余额的比值，它反映应收账款流动程度的大小。计算公式为

$$应收账款周转次数=\frac{赊销净额}{应收账款平均余额}$$

$$应收账款平均余额=\frac{期初应收账款余额+期末应收账款余额}{2}$$

其中赊销净额=主营业务收入−现销收入−折扣与折让

$$应收账款周转天数=\frac{365}{应收账款周转次数}$$

④ 存货周转次数：指主营业务总成本与存货平均余额的比值。计算公式为

$$存货周转次数=\frac{主营业务总成本}{存货平均余额}$$

$$存货平均余额=\frac{期初存货+期末存货}{2}$$

$$存货周转天数=\frac{365}{存货周转次数}$$

⑤ 营业周期：指企业从购买原材料开始到销售产品收回现金为止的整个期间，营业周期的长短取决于存货周转天数和应收账款周转天数。一般情况下，营业周期短，说明资金周转速度快，正常的流动比率较低；营业周期长，说明资金周转速度慢，正常的流动比率较高。其计算公式为

营业周期=存货周转天数+应收账款周转天数

⑥ 固定资产周转率：指企业主营业务收入与固定资产净值的比率。其计算公式为

$$固定资产周转率=\frac{主营业务收入}{固定资产净值}\times100\%$$

例：某企业上年主营业务收入净额为 6900 万元，全部资产平均余额为 2760 万元，流动资产平均余额为 1104 万元；本年主营业务收入净额为 7938 万元，全部资产平均余额为 2940 万元，流动资产平均余额为 1323 万元。要求：

（1）计算上年与本年的全部资产周转率（次）、流动资产周转率和资产结构（流动资产占全部资产的百分比）。

（2）运用差额分析法计算流动资产周转率与资产结构变动对全部资产周转率的影响。

解：（1）有关指标的计算如下。

上年全部资产周转率=6900/2760=2.5（次）

本年全部资产周转率=7938/2940=2.7（次）

上年流动资产周转率=6900/1104=6.251（次）

本年流动资产周转率=7938/1323=6（次）

上年流动资产占全部资产的百分比=1104/2760=40%

本年流动资产占全部资产的百分比=1323/2940=45%

（2）流动资产周转率与资产结构变动对全部资产周转率的影响计算如下：

流动资产周转率变动的影响=(6–6.25) ×40%=–0.1（次）

资产结构变动的影响=6×(45%–40%)=0.3（次）

2．偿债能力分析

（1）偿债能力含义与种类。偿债能力是指企业偿还到期债务的能力，即对债务清偿的承受能力或保证程度。它也是指企业偿还全部到期债务的现金保证程度。

按照债务偿付期限的不同，企业的偿债能力可分为短期偿债能力和长期偿债能力。

（2）短期偿债能力分析。短期偿债能力的衡量指标主要有流动比率、速动比率和现金比率。其公式为

$$流动比率=\frac{流动资产}{流动负债}$$

$$速动比率=\frac{速动资产}{流动负债}$$

$$速动资产=流动资产-存货$$

$$保守速动比率=\frac{现金+短期投资+应收账款余额}{流动负债}$$

$$现金比率=\frac{现金+短期投资}{流动负债}$$

在对企业短期偿债能力进行评价时，应将流动比率、速动比率及现金比率三个指标综合起来进行考察。三者在评价企业的短期偿债能力上，其准确性、可靠性呈递增趋势。这三项指标的值越高，则企业短期偿债能力越强，反之则越低。一般认为，流动比率为2、速动比率为1时比较合理。但在实际工作中，并没有一个统一的标准来衡量企业的上述比率是否合理，还应视不同的企业以及同一企业的不同时期，并结合债务人的信用状况（直接影响应收账款的收现率）及市场销售状况（影响存货的变现能力）等因素加以灵活调整。

例：某公司流动资产由速动资产和存货构成，年初存货为145万元，年初应收账款为125万元，年末流动比率为3，年末速动比率为1.5，存货周转率为4次，年末流动资产余额为270万元。一年按360天计算。要求：

（1）计算该公司流动负债年末余额。

（2）计算该公司存货年末余额和年平均余额。

（3）计算该公司本年销货成本。

（4）假定本年赊销净额为960万元，应收账款以外的其他速动资产忽略不计，计算该公司应收账款周转期。

解：（1）流动负债年末余额=270/3=9（万元）

（2）存货年末余额=270−90×1.5=135（万元）

存货平均余额=(135+145)/2=140（万元）

（3）本年销货成本=140×4=560（万元）

（4）应收账款年末余额=270−135=135（万元）

应收账款平均余额=(135+125)/2=130（万元）

应收账款周转期=130×360/960=48.75（天）

（3）长期偿债能力分析

企业长期偿债能力的分析指标主要有：已获利息倍数、资产负债率、产权比率、有形净值债务率。

① 已获利息倍数：指某一时期企业息税前利润与债务利息的比值，反映了企业获利能力对债务偿付的保证程度。其计算公式为

$$已获利息倍数=\frac{息税前利润}{债务利息}$$

② 资产负债率：是负债总额与资产总额的比值，即资产总额中有多大比例是通过负债筹资形成的。其计算公式为

$$资产负债率=\frac{负债总额}{资产总额}$$

③ 产权比率：

$$产权比率=\frac{负债总额}{所有者权益}$$

④ 有形净值债务率：

$$有形净值债务率=\frac{负债总额}{有形净值总额}$$

其中有形净值=净资产(或所有者权益)−无形资产

资产负债率和产权比率是评价企业长期偿债能力的主要指标。二者的作用基本相同，主要区别是：资产负债率侧重于分析债务偿付安全性的物质保障程度，产权比率则侧重于揭示财务结构的稳健程度以及主权资本对偿债风险的承受能力。从长期偿债能力角度来看，这两个指标值越低，债务偿还的稳定性、安全性就越高。

在判断企业资产负债率是否合理时，有三个问题需要作进一步的分析：债务的账龄结构，资产的变现质量；债务的偿付期限、数额与资产变现期限、数额的对称结构。

3．赢利能力分析

（1）赢利能力的含义。

赢利能力是指企业获取利润的能力，它通常体现为企业收益数额的大小与水平的高低。

（2）赢利能力分析。

① 销售利润率：指企业实现的税后利润与主营业务净收入的比率，反映了企业销售收入的获利水平。其计算公式为

$$销售利润率=\frac{税后利润}{主营业务净收入}\times100\%$$

② 净资产收益率：指企业实现的税后利润与所有者权益的比率。其计算公式为

$$净资产收益率=\frac{税后利润}{所有者权益}\times 100\%$$

③ 总资产收益率：指企业税后利润与资产总额的比率，反映了资产的赢利能力。其计算公式为

$$总资产利润率=\frac{税后利润}{资产总额}\times 100\%$$

企业的经营活动是一个有机整体，一项财务指标或一组财务指标难以揭示其相互依存、相互影响的内部关系。要对企业的财务状况和经营成果有一个正确的评价，就必须采用适当的方法进行连续、综合的评价。综合财务分析方法主要有杜邦分析体系和经营状况雷达图。

杜邦分析体系的公式为

$$\begin{aligned}净资产收益率&=\frac{税后利润}{所有者权益}=\frac{税后利润}{资产总额}\times\frac{资产总额}{所有者权益}\\&=\frac{税后利润}{主营业务收入}\times\frac{主营业务收入}{资产总额}\times\frac{资产总额}{所有者权益}\\&=销售净利率\times 总资产周转率\times\frac{1}{1-资产负债率}\end{aligned}$$

$$权益乘数=\frac{1}{1-资产负债率}$$

在获利能力分析体系下，应着重掌握销售利润率这一指标的分析方法。由于企业的利润可以分为五个层次：商品销售毛利、商品经营利润、营业利润、利润总额、利润净额，所以企业销售利润率也相应地演变为多层次的结构性分析指标。商品产品销售业务是企业的上营业务活动，因此，经营利润数额、水平的高低对企业的总体获利能力有着举足轻重的影响。通过考察经营利润占整个利润总额比重的升降，可发现企业经营理财状况的稳定性、面临的危险或可能出现的转机迹象。

8.4.5 报税技巧与合法避税方法

合法避税是指在尊重税法、依法纳税的前提下，纳税人采取适当的手段对纳税义务的规避，减少税务上的支出。合理避税并不是逃税漏税，它是一种正常合法的活动；合理避税也不仅是财务部门的事，还需要市场、商务等各个部门的合作，从合同签订、款项收付等各个方面入手。避税是企业在遵守税法、依法纳税的前提下，以对法律和税收的详尽研究为基础，对现有税法规定的不同税率、不同纳税方式的灵活利用，使企业创造的利润有更多的部分合法留归企业。它如同法庭上的辩护律师，在法律规定范围内，最大限度地保护当事人的合法权益。避税是合法的，是企业应有的经济权利。必须强调一点：合法规避税收与偷税、漏税以及弄虚作假钻税法空子有本质的区别。

从实用角度来看，国内的避税就是指企业通过各种方法、途径和手段避开国内纳税义务。从更现实的条件出发，企业的老总和财务经理需要解决不同难题。

1. 合理避税：老总能做什么

规避税收，现在早就不是一个只适合于私下交流的话题。现在许多企业老板都在交流怎样规避税收，成功的经验大家“群起而效仿”。

（1）换成“洋”企业。我国对外商投资企业实行税收倾斜政策，因此由内资企业向中外合资、合作经营企业等经营模式过渡，不失为一种获取享受更多减税、免税或缓税的好办法。

（2）注册到“避税绿洲”。凡是在经济特区、沿海经济开发区、经济特区和经济技术开发区所在城市的老市区以及国家认定的高新技术产业区、保税区设立的生产、经营、服务型企业和从事高新技术开发的企业，都可享受较大程度的税收优惠。中小企业在选择投资地点时，可以有目的地选择以上特定区域从事投资和生产经营，从而享有更多的税收优惠。

（3）进入特殊行业。例如对服务业的免税规定：托儿所、幼儿园、养老院、残疾人福利机构提供的养育服务，免缴营业税。

（4）安置“四残人员”占企业生产人员 35%以上的民政福利企业，其经营属于营业税“服务业”税目范围内（广告业除外）的业务，免缴营业税。

残疾人员个人提供的劳务，免缴营业税。

（5）做“管理费用”的文章。企业可提高坏账准备金的提取比率，坏账准备金是要进管理费用的，这样就减少了当年的利润，就可以少交所得税。

（6）企业可以尽量缩短折旧年限，这样折旧金额增加，利润减少，少交所得税。另外，采用的折旧方法不同，计提的折旧额相差很大，最终也会影响到所得税额。

（7）用而不“费”。中小企业私营业主应考虑到如何对经营中所耗水、电、燃料费等进行分摊，家人生活费用、交通费用及各类杂支是否列入产品成本。

当今的企业界，这一项被频繁运用。他们将自己买房、车的支出，甚至子女入托上学的费用都列支在公司经营项目。这样处理并不为国家政策所允许，虽然此方法在时下的企业界并不鲜见，但我们在此并不提倡。

（8）合理提高职工福利。中小企业私营业主在生产经营过程中，可考虑在不超过计税工资的范畴内适当提高员工工资，为员工办理医疗保险，建立职工养老基金、失业保险基金和职工教育基金等统筹基金，进行企业财产保险和运输保险等。这些费用可以在成本中列支，同时也能够帮助私营业主调动员工积极性，减少税负，降低经营风险和福利负担。企业能以较低的成本支出赢得良好的综合效益。

（9）做足“销售结算”的文章。选择不同的销售结算方式，推迟收入确认的时间。企业应当根据自己的实际情况，尽可能延迟收入确认的时间。例如某电器销售公司，当月卖掉 10 000 台各类空调，总计收入 2500 万左右，按 17%的销项税，要交 425 多万的税款，但该企业马上将下月进货税票提至本月抵扣。由于货币的时间价值，延迟纳税会给企业带来意想不到的节税的效果。

2. 合理避税：财务总监能做什么

常用的避税方法有很多，但一般不外乎：利用国家税收优惠政策、转移定价法、成本计算法、融资法和租赁法。

（1）用足税收优惠政策。新税法的颁布实施将减免税的权力收归国务院，避免了减免税过多过乱的现象。同时，税法又以法律的形式规定了各种税收优惠政策，如高新技术开发区的高新技术企业按 15%的税率征收所得税；新办的高新技术企业从投产年度起免征所得税 2 年；利用“三废”作为主要原料的企业可在 5 年内减征或免征所得税；企事业单位进行技术转让以及与其有关的咨询、服务、培训等，年净收入在 30 万元以下的暂免征所得税等。企业应该对加强这方面优惠政策的研究，力争经过收入调整使企业享受各种税收优惠政策，最大限度避税，壮大企业实力。

同时，现在全国各地经济开发区如雨后春笋，他们开出的招商引资条件十分诱人，大多均以减免若干年的企业所得税、减免各种费用等等条件吸引资金、技术和人才。如果您的企业是高新技术产业或受鼓励产业，如此优惠的条件当然成为企业规避税收的优先考虑因素之一。

（2）定价转移。转移定价法是企业避税的基本方法之一，它是指在经济活动中有关联的企业双方为了分摊利润或转移利润而在产品交换和买卖过程中，不是按照市场公平价格，而是根据企业间的共同利益而进行产品定价的方法。采用这种定价方法产品的转让价格可以高于或低于市场公平价格，以达到少纳税或不纳税的目的。

转移定价的避税原则，一般适用于税率有差异的相关联企业。通过转移定价，可以使税率高的企业部分利润转移到税率低的企业，最终减少两家企业的纳税总额。

某公司 A 将总部设在了沿海经济特区，享受 15%的所得税率优惠。他们的产品生产是由 A 公司设在中国地区的 B 公司完成，B 公司适用 33%的比例税率。A 公司每年从 B 公司购进产品 100 万件对国外销售，进价每件 6.8 元，售价每件 8.3 元。显然，这种产品的生产成本 5.2 元/件，那么这两家公司的利润与应缴税款就已经十分明显了：

A 公司年利润额＝(8.3–6.8)×100＝150(万元)

A 公司应纳所得税＝150×15%＝22.5(万元)

B 公司年利润额＝(6.8–5.2)×100＝160(万元)

B 公司应纳所得税＝160×33%＝52.8(万元)

A、B 两公司总共缴纳所得税＝22.5+52.8＝75.3(万元)

出于避税的目的，可以将税率高的 B 公司的部分利润转移到 A 公司。A 公司从 B 公司购进产品单价为 6 元，仍以 8.3 元售出，则：

A 公司年利润额＝(8.3–6.0)×100＝230(万元)

A 公司应纳所得税＝230×15%＝34.5(万元)

B 公司年利润额＝(6.0–5.2)×100＝80(万元)

B 公司应纳所得税＝80×33%＝26.4(万元)

A、B 两公司共纳所得税＝34.5+26.4＝60.9(万元)

这两家公司 A、B 利润转移前后，两公司年利润总和为 150+160＝310 万元；而利润转移后的总利润为 230+80＝310（万元）。在利润转移前后，两家公司的总利润还是相等的，只是在采用转移定价后，两家公司他们应该缴纳的所得税减少了 75.3–60.9＝14.4（万元）。只要企业能寻找到两个税率相差更大的地区，在这两家企业间进行贸易和合作，贸易的额度越大，所能节省的税收就会越多。

（3）分摊费用。企业生产经营过程中发生的各项费用要按一定的方法摊入成本。费用分摊就是指企业在保证费用必要支出的前提下，想方设法从账目找到平衡，使费用摊入成本时尽可能地最大摊入，从而实现最大限度的避税。

常用的费用分摊原则一般包括实际费用分摊、平均摊销和不规则摊销等。只要仔细分析一下折旧计算法，就可以总结出普遍的规律：无论采用哪一种分摊，只要让费用尽早地摊入成本，使早期摊入成本的费用越大，那么就越能够最大限度地达到避税的目的。至于哪一种分摊方法最能够帮助企业实现最大限度的避税，需要根据预期费用发生的时间及数额进行计算、分析和比较，才能最后确定。

（4）通过名义筹资避税。这一原则就是利用一定的筹资技术，使得企业达到最高的利润水平和最轻低的税负水平。一般说来，企业生产经营所需资金主要有如下三个渠道。

① 自我积累：自我积累的奖金是企业税后分配的利润。

② 借贷(金融机构贷款或发行债券)：借贷的利息支出从税前利润中扣减，可以冲减利润而最终避税。

③ 发行股票：股票发行应该支付的股利也是作为税后利润分配的一种方式，二者都不能抵减当期应交纳的所得税，因而达不到避税的目的。

（5）资产租赁。租赁是指出租人以收取租金为条件，在契约或合同规定的期限内，将资产租借给承租人使用的一种经济行为。从承租人来说，租赁可以避免企业购买机器设备的负担和免遭设备陈旧过时的风险，由于租金从税前利润中扣减，可冲减利润而达到避税。

以上方法，只是我们接触企业财务人员所了解到的部分方法与技巧。我们相信，在企业界一定还有更多高明的规避税收的方法。但不论如何，都必须提醒大家：避税必须合法和合理，否则就背离了作者的初衷与本意！

自始至终，我们都在强调规避税收的“合法性”。国家加快中小企业发展的号角已经吹响，当前，许多中小企业的经营状况并不轻松。中小企业如何实现自身强大的创新能力和经济活力，合法避税或许可算一条可行之道。

8.5　最需关注的六项财务数据

和精明的教练一样，精明的企业家同样以一系列标准来经营他们的企业。其中一些标准显而易见，如营收、毛利润率和存货价值，但还有其他许多标准却并非如此（至少并没有受到密切关注）。虽然要经营一家成功的小型企业，你大可不必成为华尔街 (Wall Street) 的证券分析师，但无论是对日常管理还是长期规划而言，能够游刃有余地分析这些数字还是有着极为重要的意义。

（1）经营现金流。获得净盈余是不错，但现金流却有着真正重要的意义。前者是一个抽象的会计衡量标准，而后者却反映了公司现金流动状况这一严峻的事实。

现金流量表与其他两份财务报表有着极为密切的关系，那就是损益表（记录营收和支出）和资产负债表（记录“营运资本”账目，如应收款和应付款）。例如，假设公司某月的营收为1000 美元，但所有商品都是以赊账形式出售（意味着在这段时间内实际没有收到现金）。而当月总现金支出为 750 美元。在这种情况下，损益表上会显示“利润”为 250 美元（1000 美元总营收减去 750 美元开支）。但同时，现金流却减少了 750 美元。这是因为公司必须以现金形式支付 750 美元的费用，但却未能从客户处收到任何用于抵消费用的现金。应收账款增加1000 美元，实现了账目的平衡。

要注意的具体标准是：经营现金流（与来自融资或投资收益的现金相对）。经营现金流代表公司主营业务产生的现金量——从本质上说是企业的核心。计算公式为：净盈余+折旧与摊销（均为非现金费用）–资本支出（新设备等）–营运资本的变化。关于现金流，另外重要的一点在于：投资银行家通常利用这一标准来判断公司的价值。

（2）库存周转率。存货留在公司货架上时间越长，这些资产的回报率就会越低，而这些存货的价格也更加容易下跌。这也就是为什么希望你的存货不断流动或“周转”的原因。为了计算库存周转率，在特定的会计期内用营收除以库存平均价值，得出的比例（或周转率）越大，资金回报率就越高。（另一种计算方法：将分子改成售出产品的成本，并用该成本除以库存，这种计算方法反映的是以最初采购价计算的库存值会记录在你的资产负债表中，而营收却是按当前的市值来计算。）

（3）应收款增长 VS 销售额增长。不要担心应收款的增加，只要应收款是随着销售额按照比例增长就没有问题。如果应收款超过营收，表示你没有收到货款，这就意味着在你最需要现金的时候，你手头可能会没有足够的资金。

（4）及时交付。没有什么比失去客户的信任和尊重更糟糕的事情了。而当你无法遵守交付日期时，这种事情就会发生。推迟日期应加以标注并就推迟原因开展调查。这种情况也许只是偶然，但你可能再一次发现系统中的小漏洞。像关注任何其他衡量标准一样，请持续对交付动向进行关注。

（5）未交付订单。这周的销售额可能不错，但 90 天后又会出现什么样的状况呢？关注这个有关将来的衡量标准（即已承诺订单和预测销售额，基于落实这些交易的概率权重），确保你不会陷入困境。

（6）利息偿还。无论信贷环境如何，公司是否能够一直获得足够的收益来偿还借款利息，这是贷方必须要知道的事项。定义利息保障倍数的方式有许多种，但常用的一种方式就是利息和税前赢利（EBIT）除以利息支出。银行非常注重这种衡量标准，所以你也应该对其加以重视。有关资产负债表管理的详细信息，请查看企业家最重要的资产。

每个行业（以及业内企业）都有其自己的一套重要衡量标准。选择能够从盈余、负债状况和现金流这三个方面来衡量绩效的标准，不断对其进行关注。需要注意的是，每个数字都有着不同的含义。只有将所有这些数字综合在一起，才能体现所有聪明的企业家追求的基本原则：诚信。

习题 8

1．填空题

（1）企业财务管理的目标主要体现在________、________、________和________。

（2）企业财务控制包括________、________和________三个方面的内容。

（3）汽车维修企业营业收入主要包括________、________、________。

（4）现金流量计划包括________、________、________和________。

2．单项选择题

（1）下列中指标中，既属于企业赢利能力指标的核心，又属于整个财务指标体系核心的指标是（　　）。

A．资本保值增值率　　B．总资产报酬率　　C．营业净利率　　D．净资产收益率

（2）流动比率小于 1 时，赊购原材料将会（　　）。

A．增大流动比率　　B．降低流动比率　　C．降低营运资本　　D．增大营运资本

（3）下列经济业务会使速动比率提高的是（　　）。

A．销售产品　　B．收回应收账款

C．购买短期债券　　D．用固定资产对外进行长期投资

（4）某企业去年的销售净利率为 5.73%，资产周转率为 2.17%；今年的销售净利率为 4.88%，资产周转率为 2.88%．若两年的资产负债率相同，今年的权益净利率比去年的变化趋势是（　　）。

A．下降　　B．不变　　C．上升　　D．难以确定

（5）在其他条件不变的情况下，下列经济业务可能导致总资产报酬率下降的是（　　）。

A．将现金存入银行　　B．用银行存款购入一台设备

C．将可转换债券转化为普通股　　D．用银行存款支付一笔销售费用

3．多项选择题

（1）通过对流动资产周转率的分析，可以揭示（　　）。

A．流动资产投资的节约与浪费情况　　B．流动资产实现销售的能力

C．短期偿债能力　　D．成本费用水平

E．长期偿债能力

（2）下面各项中，（　　）会降低企业的流动比率。

A．赊购存货　　B．应收账款发生大额减值

C．股利支付　　D．冲销坏账

E．将现金存入银行

（3）下列指标中数值越高，表明企业获利能力越强的有（　　）。

A．销售利润率　　B．资产负债率

C．净资产收益率　　D．速动比率

E．流动资产周转率

（4）短期偿债能力的衡量指标主要有（　　）。

A．流动比率　　B．存货与流动资产比率

C．速动比率　　D．现金比率

E．资产保值增值率

（5）关于财务分析有关指标的说法中，正确的有（　　）。

A．尽管流动比率可以反映企业的短期偿债能力，但有的企业流动比率较高，却没有能力支付到期的应付账款

B．产权比率揭示了企业负债与资本的对应关系

C．与资产负债率相比，产权比率侧重于揭示财务结构的稳健程度以及权益资本对偿债风险的承受能力

D．较之流动比率或速动比率，以现金比率来衡量企业短期偿债能力更为保险

E．与产权比率相比较，资产负债率评价企业偿债能力的重点是揭示债务偿付安全性的物质保障程度

4．简答题

（1）什么是企业财务控制？汽车维修企业财务机构有哪些主要工作人员？

（2）什么是企业成本控制？

（3）简述财务分析的目的和内容。

（4）分析短期偿债能力的衡量指标有哪些?

5．计算题

（1）某公司 2002 年的主营业务收入为 800 万元，固定资产原值为 500 万元，累计折旧为 100 万元，求固定资产周转率。

（2）某公司的有关资料为：流动负债为 300 万元；流动资产 500 万元，其中，存货为 200 万元，现金为 100 万元，短期投资为 100 万元，应收账款净额为 50 万元，其他流动资产为 50 万元。

求：① 速动比率；

② 保守速动比率。

（3）某公司 2001 年销售收入为 1200 万元，销售折扣和折让为 200 万元，年初应收账款为 400 万元，年初资产总额为 2000 万元，年末资产总额为 3000 万元。年末计算的应收账款周转率为 5 次，销售净利率为 25%，资产负债率为 60%。要求计算：

① 该公司应收账款年末余额和总资产利润率；

② 该公司的净资产收益率。

第 9 章　计算机管理在汽车维修业的应用

学习任务

通过本章的学习，了解计算机管理系统对汽车维修企业现代化的意义，掌握科学地运用和处理系统快速地获取大量信息的技巧，计算机管理软件的运用，以及汽车维修企业计算机管理系统的应用要点；通过学习，明确计算机管理是汽车维修行业进行科学、规范、高效管理的有效手段。

知识要点

- 计算机管理系统对企业现代化的意义。
- 计算机管理系统的选型。
- 计算机管理要领。
- 计算机管理软件基本功介绍。
- 计算机管理系统的应用要点。

计算机管理在汽车维修业中的应用，其实就是对信息资源的充分利用，是现代汽车维修行业管理必不可少的一种手段。信息资源是指信息的生产、分配、交流（流通）、消费过程。它除信息内容本身外，还包括与其紧密相连的信息设备、信息人员、信息系统、信息网络等。以往我国只把物质、能源当做资源，把信息当做一般的“消息”。自邓小平同志“开发信息资源，服务四化建设”的题词公开发表后，人们对“信息”的认识发生了质的飞跃，认为信息也是一种宝贵的战略资源，它与物质、能源一起成为当今社会发展的三大战略资源。

9.1　计算机管理系统对企业现代化的意义

先进的管理，往往体现在无形的方面：如企业的凝聚力、制度的执行力、客户的满意度等，但是有一点是共同的——高效率。

服务型企业的领导班子，应该有 80%的精力是投入“外务”方面，“内务”占 20%就够了。采购管理、仓库管理、应收应付款管理、提成管理、客户投诉管理……这些长期困扰企业的内务难题，通常都可以借助计算机来轻松对付。

计算机管理，是企业现代化的重要标志之一。

那么计算机管理系统对汽修企业有何意义呢？

有人说，这个问题太简单了，计算机可以打印接待单（又名施工单、托修单、委托书等）、派工单、领料单、结算单，还可以查库存、打印报表，对吗？

没错，这些都是计算机软件的基本功能。

但是计算机管理系统的作用远远不止这样简单。

计算机管理系统包含四个方面的内容：计算机硬件系统、计算机软件系统、计算机管理软件的使用者以及与计算机管理软件相匹配的制度。

对于成功实施计算机管理的企业来说，计算机管理系统不仅是一个打印工具或者查询手段，而且是企业管理体系的有机组成部分。作为业务管理制度的有形载体和表现手段，它至少应该有如下三方面的意义。

1．更好地维护企业所有者权益

企业所有者的权益通常是以资产（有形或者无形）的方式体现。管理体系的重要作用之一，就是保护企业所有者的资产，通俗地讲，就是“保护好老板的钱包”。

我们以成本控制问题为例来说明。

汽修企业可变成本中的很大一部分是汽车配件，但是由于汽车配件作为商品，有一定的特殊性——价格变动频繁；质量参差不齐；既有唯一性，又有通用性；供货方式千差万别，车主要求也令人眼花缭乱。

借助于计算机，管理采购、库存、销售、维修领用、退货等业务就容易多了，而且查询和统计都会很方便。

而寄希望于财务软件行不行呢？

一般来说，汽修汽配企业实行计算机财务管理也是常见的。但是财务软件也未必能够完全解答管理者的问题。因为财务软件的着眼点是专业的财务问题，与业务管理软件大不相同。例如，从财务角度来说，我们会很关心损益表、现金流量表等。

但是从业务管理的角度看，我们可能更加关心的是：每天修理汽车多少辆次？每辆次毛利润是多少？员工派工是否合理？客户是否满意？

解答这些问题，并为管理者的决策提供数学依据，就是保护所有者权益。

2．固化部门之间的工作关系并使之衔接流畅

在汽修厂内部，各个部门之间，在一定的工作项目上，都是有一定的关系的，这种关系通常表现为既互相支持，又互相制约。例如，前台、车间、仓库、财务在维修领料的事务上面，就表现为这样一种关系。在维修领料的管理上，我们首先应该确认的是：本汽修厂的定料权属于哪个部门？也就是说，修理工去仓库领取何种配件，领取多少，这个权力属于哪个部门？是属于前台，还是属于车间，或者属于仓库？属于前台的，我们可以视为销售型定料管理；属于车间的，我们可以视为生产型定料管理；属于仓库的，我们可以视为内向型定料管理。

还有的汽修厂，这三个部门或者其中的两个都有权力参与定料（当然也要负担相应的责任），属于综合性定料管理。

至于采取哪一种定料管理模式，应参考企业的具体情况来确定。

在使用计算机软件进行管理之前，我们对系统进行相应的设置，就意味着借助技术手段把领料制度固化了，相关部门既不能越权，也不能推卸责任。

又如，我们都知道，总检是保证维修质量的一个有力措施。但是在很多厂里，由于执行不严格，在一次又一次“下不为例”的通融声音中，总检制度形同虚设。

如果我们对计算机软件进行设定，没有经过总检的车辆将不能进行结算出厂，计算机可不会对“下不为例”进行通融，也就维持了总检制度的严肃性。

这就是“固化”工作流程和部门之间关系的两个例子。在固化的同时，部门之间的责任和权力划分也就很清晰了，也就有利于部门之间的工作衔接。

3. 提高基层管理人员的工作效率

计算机管理系统可以提高基层管理人员的工作效率，相信这是大家的共识。

由于有了计算机，前台接待员可以很方便地调用车主的档案；仓库管理员可以很方便地知道各种配件的库存和进出情况；财务结算员可以方便地查询配件成本，以便确定合理的成交价格……

这里想强调的是作为企业领导，只有及时掌握真实的信息，才能做出正确的决断，所以应该亲自使用计算机。但是，在已经实行了计算机管理的汽修厂里，我们很遗憾地发现，只有不到三分之一的领导亲自使用计算机。

领导往往对计算机管理系统的意义不清楚，他们基本上认为“计算机软件就是用来打印单子的”；用计算机是基层人员的事情，哪能让领导亲自去操作呢？

管理出效益，管理也是生产力，计算机软件也是公司的生财工具，而且是重要的工具。对于一个维护自己利益的管理体系，老板是否应该亲自过问一下呢？

如果我们自己不用计算机，又怎么知道计算机管理是否发挥了作用？我们的管理还有没有漏洞呢？

如果我们对异常的库存视而不见，积压商品还是会只增不减；

如果我们对客户的抱怨听而不闻，服务质量还是不会提高；

如果我们对欠款大户从来不追款，那只能任由呆账不停增多。

……

计算机管理能不能自动使企业获得效益，是取决于使用软件的人。

9.2　科学地掌握信息并利用信息

那么，是不是采用了计算机管理之后，一切问题都迎刃而解了？当然不是。有趣的是，有时候我们发现，在解决原来的问题的同时，可能又有了新的烦恼。在没有计算机的时候，我们的烦恼是：信息太少，找不到信息，或者信息反馈不及时。当我们采用了计算机管理以后，新的烦恼出现了：信息太多，怎么办？

我们以上网来类比。在使用计算机以前，我们主要靠报纸、电视、书籍获取日常信息。获取信息的时间、手段、内容范围，基本上由我们的主观意志决定。例如在看电视时，我们可以自行决定什么时候看，看什么频道，还可选取要看的节目。

但是上互联网可不一样，我们会吃惊地发现：那么多信息扑面而来！

伊拉克问题、石油涨价、新车型不断推出、反恐战争、美国总统大选、煤矿爆炸、台风肆虐、环球小姐选美、某歌星出版新专辑、某城市发生大案、某市男女合租房间流行、某国王子醉酒打人……天哪，好像我们永远也看不完——信息爆炸！

企业管理也是一样，也会有信息爆炸的问题，信息太多也会让人无所适从。采用传统手段管理时，我们可能担心信息太少。采用计算机管理系统后，又该看什么呢？人事档案、工具借用、询价记录、进货单据、库存现状、配件流动、应收账款、应付账款、销售业绩、修车工时、保险理赔、索赔单据、营业报表、客户回访、客户预约、投诉记录 ……管理信息也爆炸啦！

所以作为一个管理者，我们要学会聪明地使用计算机。

9.2.1 信息分类处理

信息分类的方法有很多种。

可以按照信息的用途来分类，分为技术信息、财务信息、营业信息等。

可以按照信息的时间来分类，分为以前的信息、当前信息、对未来的预测等。

可以按照信息的内容来分类，分为配件信息、车辆信息、人员信息等。

那么，管理者应该怎样从自己的角度来给信息分类呢？管理者大都日理万机，不可能整天坐在计算机前，所以我们要用最少的精力，获取最必要的管理信息；用最低的时间成本，发挥计算机的管理作用。

我们把管理者要处理的信息分为四类：每天应该细看的信息、每天应该抽查的信息、经常应该细看的信息、经常应该抽查的信息。

9.2.2 每天应该细看的信息

什么是管理者每天应该细看的信息呢？

就是那些每天都可能有重要变动，而且其中的数据能够反映企业经营状况重要内容的信息。例如：

- 汽配、汽修营业日报表；
- 异常配件库存，即高于上限的库存和低于下限的库存；
- 整车进销存汇总；
- 汽车维修业务报表；
- 汽配、汽修营业日报表。

1．营业日报表

如果我们访问管理者们：“您什么时间看企业经营报表？”估计绝大多数管理者都会回答：“下个月上旬看这个月的报表。”

如果在下个月上旬才发现上个月经营状况不好，我们能怎么办呢？大概首先是开会，历数各个部门的过失，宣布扣发奖金或者降薪，然后提出一系列新的高标准和严要求。

这是惯常的做法，但是这种做法往往却没有效果，原因就不用多说了。

让我们彻底改变这个习惯吧——管理者怎能最后才知道企业是否赚钱？

最好的办法是：每天细看营业日报表，第一时间了解当天或者前一天的营业情况。

在营业日报表里，通常都有配件销售额、修车营业额，库存金额、当日成本、进货金额等重要数据。要知道某天的大致情况，有这些数据就基本足够了。如图 9.1 所示为营业日报表。

2．异常配件库存：高于上限的库存和低于下限的库存

库存管理的一个要点是：配件库存量要保持在合理的范围内。如果库存量高于上限，就容易造成积压，影响流动资金的使用，甚至于造成浪费；如果库存太少，则可能影响正常的销售或者维修，造成对车主的服务不到位，也会影响公司的效益。

在计算机软件里，我们可以对每一种配件设定它的上限、下限，只要超出这个范围，就

称之为异常库存。

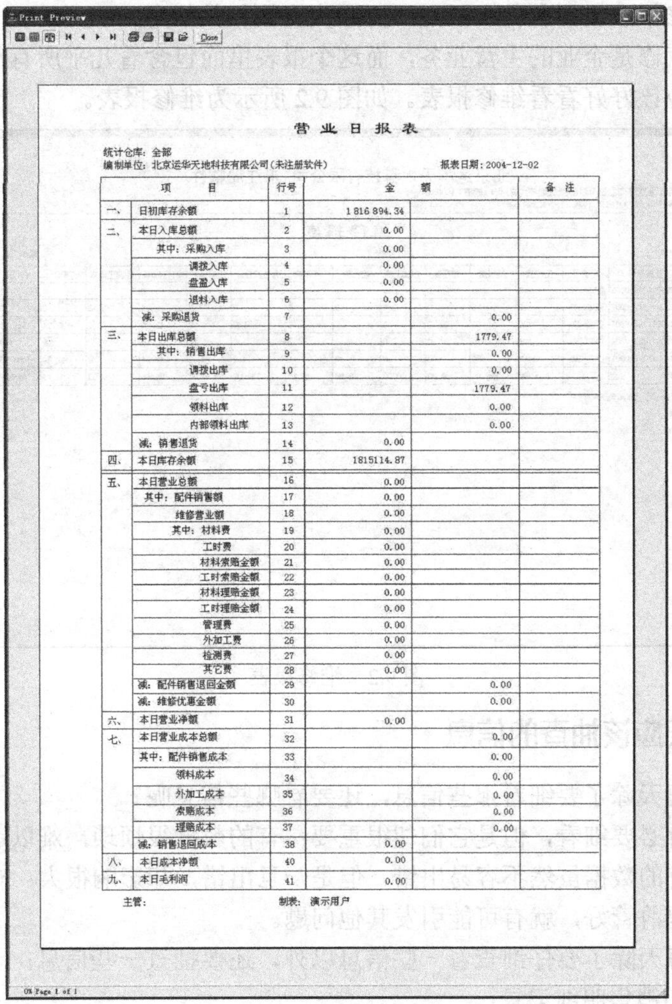

营 业 日 报 表

统计仓库：全部
编制单位：北京运华天地科技有限公司(未注册软件)　　报表日期：2004-12-02

	项　目	行号	金　额		备 注
一、	日初库存余额	1	1 816 894.34		
二、	本日入库总额	2	0.00		
	其中：采购入库	3	0.00		
	调拨入库	4	0.00		
	盘盈入库	5	0.00		
	退料入库	6	0.00		
	减：采购退货	7		0.00	
三、	本日出库总额	8		1779.47	
	其中：销售出库	9		0.00	
	调拨出库	10		0.00	
	盘亏出库	11		1779.47	
	领料出库	12		0.00	
	内部领料出库	13		0.00	
	减：销售退货	14	0.00		
四、	本日库存余额	15	1815114.87		
五、	本日营业总额	16	0.00		
	其中：配件销售额	17	0.00		
	维修营业额	18	0.00		
	其中：材料费	19	0.00		
	工时费	20	0.00		
	材料索赔金额	21	0.00		
	工时索赔金额	22	0.00		
	材料理赔金额	23	0.00		
	工时理赔金额	24	0.00		
	管理费	25	0.00		
	外加工费	26	0.00		
	检测费	27	0.00		
	其它费	28	0.00		
	减：配件销售退回金额	29		0.00	
	减：维修优惠金额	30		0.00	
六、	本日营业净额	31	0.00		
七、	本日营业成本总额	32		0.00	
	其中：配件销售成本	33		0.00	
	领料成本	34		0.00	
	外加工成本	35		0.00	
	索赔成本	36		0.00	
	理赔成本	37		0.00	
	减：销售退回成本	38	0.00		
八、	本日成本净额	40	0.00		
九、	本日毛利润	41	0.00		

主管：　　制表：演示用户

图 9.1　营业日报表

而对异常库存的防范和处理，是仓库管理的重要工作内容之一。

一般情况下，绝大部分的商品库存量都在合理的范围之内。对于正常库存，一般不需要天天查看；要重点关注的，是那些异常库存。

就是说，我们要认真看看，到底是什么商品造成我们的流动资金周转障碍？到底又是什么商品，使我们在修车的时候经常面临缺少配件的尴尬？

当然，计算机只能告诉我们，哪些是异常库存，至于查找这些异常库存产生的原因和采取应对措施，就属于管理人员的工作范围了。

3．整车的进销存汇总

领导还要关心整车的库存情况、进货和销售汇总报表（请注意，是汇总表，不是明细表，明细表经常抽查就可以了）。我们要每天看看这些数据，原因嘛，就不用多说了吧——汽车可是贵重商品！

4．汽车维修业务报表

维修业务报表为什么要天天细看呢？

因为里面有我们需要的大量信息：全天的修车台数、修车营业额、配件成本、外加工成本、毛利润等信息，甚至于可以进一步细查每一笔业务的明细情况。

如果觉得维修报表里面有什么疑点，再回头查找相关信息。

总而言之，汽修是企业的主营业务，而这个报表里面包含着几乎所有与汽修业务有关的信息，所以当然应该好好看看维修报表。如图 9.2 所示为维修报表。

北京运华天地科技有限公司(未注册软件)

地址：北京海淀区志新路16号北方鑫柜大厦1425　邮编：100083

电话：010-62399061　传真：010-62399062

维修报表

第 1 页

业务单号	车牌号	工时费	材料费	管理费	外加工费	检测费	其它费	营业额合计	优惠金额	材料成本	外加工成本	成本合计	毛利润
WX20041010-0001	京C26350	0	0	0	0	0	0	0	0	0	0	0	0
WX20041010-0002	京AS3637	0	0	0	0	0	0	0	0	0	0	0	0
WX20041024-0001	京C26350	100	80	0	0	0	0	180	0	42.24	0	42.24	137.76
WX20041024-0002	京C26350	100	0	0	0	0	0	100	0	0	0	0	100
WX20041027-0001	京C26350	1400	50	0	0	0	0	1450	0	42.24	0	42.24	1407.76
总计		1600.00	130.00	0.00	0.00	0.00	0.00	1730.00	0.00	84.48	0.00	84.48	1645.52

打印日期 :2004年12月2日　　共 1 页

图 9.2　维修报表

9.2.3　每天应该抽查的信息

作为领导，每天除了要细看那些信息，还要看哪些信息呢？

有的数据没有必要细看，但是它们却很重要；有的数据很烦琐，难以逐一细看，但是又不能不管不问；有的数据虽然不容易出错，但是一旦出错，却影响很大；有的数据好像不重要，可是如果不提前管好，就有可能引发其他问题。

所以，我们每天除了要仔细查看一些信息以外，还要抽查一些信息：

- 整车进货和销售明细记录；
- 低于库存警戒线的配件库存；
- 汽车维修记录（重点是委托书、结算单、派工单）；
- 员工业绩（销售业绩和修车业绩）；
- 客户投诉的解决情况。

1．整车进货和销售记录

领导每天要细看整车进销存的汇总表。

但是如果汽车贸易量比较大，就很难逐一对每一辆车的进货和销售情况详查；不过如果不闻不问，就有可能出大问题。所以，我们建议：领导每天抽查少数整车进货和销售的记录，不论是对于财产安全，还是对于企业经营，都有好处。

2．低于库存警戒线的配件库存

对于异常库存（高于上限或者低于下限的库存）要严格管理。通常，库存量低于库存警戒线的配件就应该进行必要的补充，以保证其库存量不低于下限。

当然，补货工作是由采购部门，而不是由领导进行的。但是领导对补货单进行抽查则是必要的。若没有这样的抽查，我们又怎样知道采购部门是否及时进行了采购呢？

3．汽车维修记录（重点是委托书、结算单、派工单）

汽车维修行业的很多领导还是喜欢亲自过问修车的情况。可是，我们的精力不允许我们对每一个辆次都仔细过问，所以，适当地抽查修车记录是一个比较好的选择。

至于哪一些维修记录应当是抽查的重点，则仁者见仁，智者见智了。

例如，我们可以抽查某些重点客户，也可以抽查某些重点车辆，或者抽查结算金额（利润）比较高的维修记录，还可以抽查结算金额（利润）偏低甚至亏损的维修记录。

抽查方式一：首先查看维修报表，在报表中可以根据客户、车辆、营业额、利润等选项进行筛选，然后根据筛选的结果找出相应的单据查看明细。如果有必要，还可以查找相应的派工单、领料单、接待单（修车委托书）、结算单来核查。

抽查方式二：在业务导航菜单里面按照需要的条件设定搜寻范围，可以查询到所有符合条件的汽修业务记录列表。然后再对想细看的记录查询其明细就可以了。

至于可疑的记录，需要如何处理，则是各个工厂本身的制度问题了。

例：查看 2004 年 12 月 2 日接待并且已经出厂的修车记录。

如图 9.3 所示，把“时间”选项调整到 2004 年 12 月 2 日，“维修状态”选择“已出厂”，单击“查询”按钮，结果就出来了。

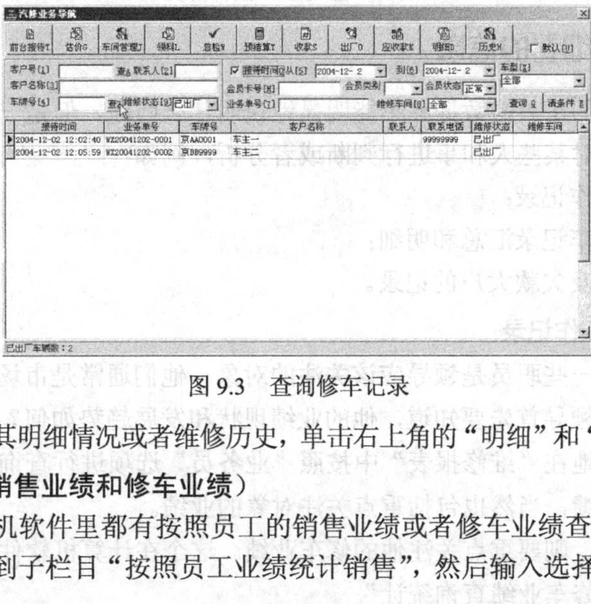

图 9.3　查询修车记录

这时如果要查看其明细情况或者维修历史，单击右上角的“明细”和“历史”按钮就可以了。

4．员工业绩（销售业绩和修车业绩）

一般来说，计算机软件里都有按照员工的销售业绩或者修车业绩查询统计的功能。例如，在“报表”栏目里找到子栏目“按照员工业绩统计销售”，然后输入选择的条件进行查询就可以了。

5．客户投诉的解决情况

汽车维修行业属于服务型行业，而服务型企业的根本标志就是以创造客户满意度为直接目标。

我们对客户投诉的解决，是否会影响我们的业务？大部分人都会说，这个当然会有影响。

可是再问一下：“你的企业的客户投诉解决制度是怎样的？完善吗？”大部分领导都会说，凭感觉就是了。

目前，我国的消费者维权意识还不是很强，消费者到了进行投诉的地步，通常都是不得已而为之。这样的情况，领导居然还能不重视吗？所以企业应该有一套完善的客户投诉管理制度。

而借助计算机，客户投诉管理制度可以更加有效。每一次客户投诉，都可以查到相应的客户投诉内容、受理人、处理人、客户对解决方案是否满意等信息。

我们还可以对一定时间段内的客户投诉解决满意度进行查询、统计，进而对相关人员进行督促，尽量使客户的投诉都能够得到满意解决，如图9.4所示。

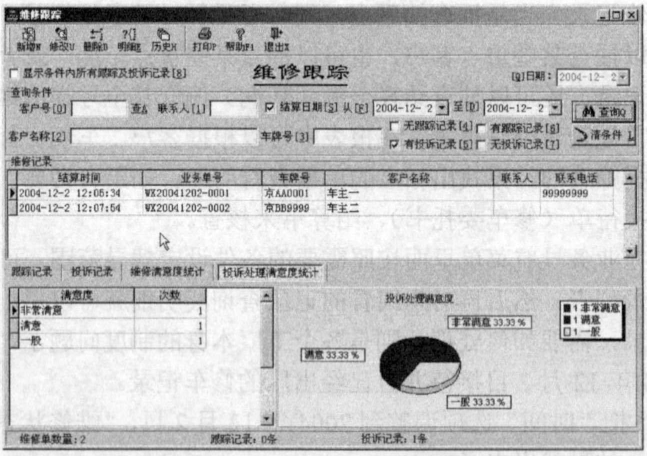

图9.4 查询客户投诉情况

9.2.4 经常要细看的信息

还有的信息，它们每天的数据并不能明显地说明什么问题，但是一段时间积累的数据却很重要，有助于我们对某些人和事进行判断或者分析，例如：

- 重点职员的工作记录；
- 重点客户的修车记录汇总和明细；
- 应收应付款以及欠款大户的记录。

1．重点职员的工作记录

每一个企业都有一些职员是领导应该关注的对象。他们通常是市场骨干和技术骨干。

对于市场骨干，领导首先要知道，他的业绩现状和发展趋势如何？

我们可以很简单地在“维修报表”中按照“业务员”选项进行查询和统计，可以立即知道所有业务人员的业绩，当然也包括重点关注对象的业绩。

对于技术骨干呢，则要重点关注他的修车业绩。这个在计算机软件中也是一个简单的常用功能，通常称为“修车业绩查询统计”。

一般来说，这个功能可以帮助查询某职员的派工列表、工时差额、创造的价值（工时费）等信息，也可以直接计算他的业务提成。

2．重点客户的修车记录汇总和明细

我们知道，企业的大部分利润，是由少数大客户创造的，而这些为数不多的大客户，正是企业的衣食父母。对他们进行足够的关注，是留住大客户的最起码的要求。

所以，每隔一段时间，就要对大客户的有关情况查看一下。

当然，大客户的有关业务记录一般来说都比较多，我们不可能一一细看，所以通常从汇总数据入手。如果发现异常，如业务突然减少、利润急剧变化等，可以继续查找异常的原因。通常来说，计算机管理系统能提供足够充分的数据来进行这些工作。

3. 应收应付款以及欠款大户的记录

对于采用计算机管理的汽修企业，可以很容易地知道应收应付款的总额、每一个客户的欠款金额、拖欠时间等信息，如图 9.5 所示。

其中，我们应该关注那些欠款大户。一般来说，欠款大户都是企业的重要客户，建议领导亲自关注这个问题。

很多企业对于欠款大户的处理办法就是：平时不闻不问，到了月底或者年底，就派遣财务人员不断打电话催款甚至上门索债。这样效果好吗？

企业最好在平时就关注这些大户——这些既是利润大户，又可能是欠款大户的对象。

我们是否在平时对这些大户进行过必要的关怀？是否了解这些大户本身的大致经营情况和支付能力？如果觉得对方到期一次性支付有难度，可否主动要求分期支付？

我们所说的关注，不仅是指发现超期应收款项并派员追索，还包括在对客户的热情服务中，保护本企业的利益.

而且，领导关注应收应付款项，对财务部门也是一种督促，还有保证公司流动资金合理流动的意义。图 9.5 所示为应收款查询统计页面，通过此页面可以查询欠款情况。

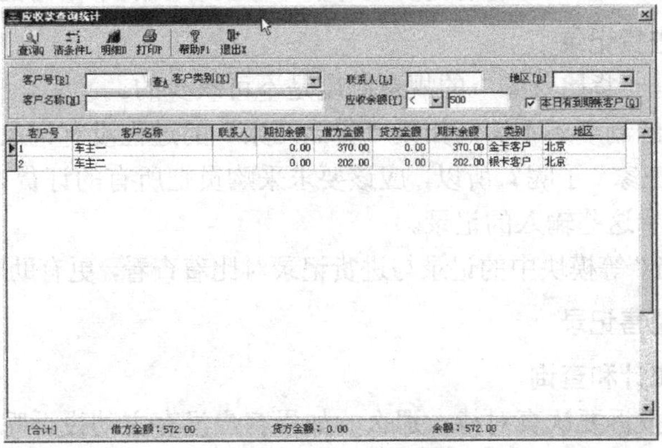

图 9.5　查询欠款情况

9.2.5　经常要抽查的信息

1. 配件出入库汇总表

前面已经讲到，领导应该每天关注异常库存并抽查低于警戒线的库存。那么，仓库管理是否就可以高枕无忧了？

还不完全是。

上述这些查询主要是获取某一个特定时刻的静态数据，除此之外，我们还需要进行动态的控制。也就是说，我们需要对一个时间段的汽车配件进销存状况进行汇总统计，了解各种配件的流动性如何。而“库存管理”模块中的“出入库汇总表”就是进行配件流动性管理的专用表格。

通过它，可以知道某些配件的进出库数量；查询哪些配件最近没有销售；查询哪些配件最近没有进货；按照流动性的高低，对不同种类的配件使用不同的采购计划。

如图 9.6 所示，选择表格条件中的品名、车型、品牌、时间段、仓库、有无出入库、出入库数量等条件选项，就可以查询想要的结果。

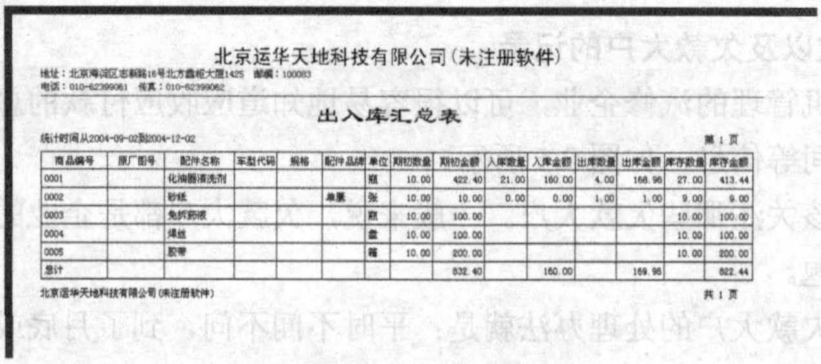

北京运华天地科技有限公司(未注册软件)

地址：北京海淀区志新路16号北方鑫桓大厦1425　邮编：100083

电话：010-62399061　传真：010-62399062

出入库汇总表

统计时间从2004-09-02到2004-12-02　　第 1 页

商品编号	原厂图号	配件名称	车型代码	规格	配件品牌	单位	期初数量	期初金额	入库数量	入库金额	出库数量	出库金额	库存数量	库存金额
0001		化油器清洗剂				瓶	10.00	422.40	21.00	160.00	4.00	166.96	27.00	413.44
0002		砂纸			单鹰	张	10.00	10.00	0.00	0.00	1.00	1.00	9.00	9.00
0003		免拆药液				瓶	10.00	100.00					10.00	100.00
0004		焊丝				盘	10.00	100.00					10.00	100.00
0005		胶带				箱	10.00	200.00					10.00	200.00
总计								832.40		160.00		169.96		822.44

北京运华天地科技有限公司(未注册软件)　　共 1 页

图9.6　查询出入库汇总表

2．某时间段的经营汇总

前面介绍过，领导最好每天看一下营业日报表，过一段时间，也最好能查看某些时段的数据汇总。例如，本月中旬某厂更换了业务经理，可能需要统计前半个月以及后半个月的经营情况，以便了解人事变更的效果。

3．某时间段的经营汇总

领导最好每天看一下营业日报表，过一段时间，也最好能查看某些时段的数据汇总。例如，本月中旬更换了业务经理，可能需要统计前半个月以及后半个月的经营情况。

4．配件询价和进货记录

如果要管好采购，“货比三家”的规章制度是不可缺少的。

但是光有表面上的制度还不够，如果“货比三家”的过程没有记录在案，又怎么知道采购员是否真的“货比三家”了呢？所以，应该要求采购员把所有的订货询价记录输入计算机，而老板则最好经常查看这些输入的记录。

把“询价”、“订货”等模块中的记录与进货记录对比着查看，更有助于把采购环节管理好。

5．配件报价和销售记录

6．客户满意度统计和查询

企业对于客户的投诉要认真对待。那么，如果客户没有主动投诉呢？是不是不用管了？当然不是，我们还是要主动去关心客户。

客户回访制度是客户关怀机制的基础之一，而借助计算机，企业可以很容易地建立完善的客户回访制度，并实行以客户满意度为基础的客户关怀体制。

通常，企业可以规定，每一辆车维修出厂一定的时间后，负责人员就进行电话回访，并把回访的记录（包括客户的意见，处理的结果，处理人员，客户满意度等）输入计算机。对于不满意的客户，还可以预约其来厂解决， 直至满意为止。

对客户满意度的管理，既有助于公正评价员工的劳动，又有助于不断改善服务。

7．会员管理

如果是重视客户关系管理的汽修企业，通常都有会员制度。会员可以享受许多好处，如会员的车辆可以优先获得服务，可以享受优惠，可以获得积分，可以获得生日祝贺、保险提醒等。

会员还可能有级别，如金卡会员、银卡会员等，可以获得不同程度的优惠。由于会员通常都是重要客户，所以建议领导还是经常花一点时间过问一下。

8．返修情况

每个汽修企业都会遇到车辆返修的情况。通常，在计算机软件里，对于返修都有特别的记录，可以根据这些记录查找返修的原因，找到降低返修率的对策。

9. 工具借用和使用情况

汽车维修工具管理如果欠妥，是令人经常头疼的：汽修厂管理软件一般都带有工具管理模块。这个模块的使用一般也比较简单，方便领导经常查看工具的采购、使用、损耗情况。

10. 计算机操作日记

使用计算机管理的企业，其软件一般都带有自动记录操作的功能。计算机忠实地记录每一次操作的时间、人员、项目，是为了如果发生问题，有案可查。

通常这个功能不引人注意；但是为了安全考虑，经常查看还是有好处的。

9.2.6 每天花费的时间

看到这里，有人可就要问了：这么多信息，那么每天得花费多少时间在计算机前？

我们进行了一个粗略的估计，对于一个中等规模的二类汽修企业来说，领导每天平均要花费的时间如下。

- 每天应该细看的项目：10 分钟；
- 每天应该抽查的项目：5 分钟；
- 经常应该细看的项目：10 分钟；
- 经常应该抽查的项目：5 分钟。

合计：30 分钟。

也就是说，管理者每天用半个小时来查询信息，基本就足够了。如果企业规模较大，由于信息量多，可能花费的时间也多一些，一般不会超过一个小时。

9.3 计算机管理系统的选型

9.3.1 计算机管理软件选型的陷阱

下面来介绍如何选择计算机管理系统。有不少的汽修企业负责人在选择计算机管理软件时，最先问的两个问题往往是：这个软件有多少功能？这个软件的价格是多少？

一般来说，先问这两个问题是无可厚非的，但是如果过于执着于这两个问题，则很难真正选择到真正的好软件。为什么呢？

先来看第一个问题——这个软件有多少功能？

这个问题好像没有错呀，我们买软件，难道不关心它的功能吗？

关心功能是对的。但是这样的问题，并不能问到关键。因为所有的软件商都会说，他推荐的软件能够管理配件进货、配件库存、配件销售；可以打印前台接待单、派工单、领料单、结算单；可以查询维修记录、统计维修报表、管理应收应付款，等等。这些功能，所有的专业软件，无论质量优劣，都应该具备。

这就如同去买衣服，难道还会去问售货员：你卖的衣服是否有领子、袖子、扣子吗？因为销售员的回答都千篇一律——有！从这方面根本无法断定产品的优劣。至少我们知道：扣子的多少，与衣服的价值没有必然关系。所以第一个问题，问了等于白问。

既然他们的回答都千篇一律，那么需方通常怎么应对呢？

问完第一个问题之后，接下来通常有两种可能：一是需方尽量想象出一些特殊的功能来“拷问”供方；二是双方把注意力转移到第二个问题上面。

先看第一种可能，由于每一个用户的思维千差万别，可以说人的思想是没有界限的，对软件功能上的随意性需求也几乎是无限的，而软件产品的功能却是有限的，这样“较量”的结果往往是双方要么为了细微问题争论不休，要么需方不断要求供方临时修改软件以增加功能——很可能这些功能用处根本就不大。这样的结果就往往是需方最后也搞不清楚哪个软件产品更好。

第二个问题——这个软件的价格是多少？

一般来说，注意力一旦转移到价格问题上，其他的都会被忽略。

软件产品的价格差异很大，汽修厂网络版管理软件，每套从不足一千元到几万元都有。如果是进口软件，还有数十万元一套的。

这就像衣服，从几元钱的地摊货到几万元的高档名牌，它们的差别根本不能用简单的价格比较来衡量。

过早地进入讨价还价阶段，将使供需双方没有足够的时间和心绪来洽谈应该洽谈的问题，需方最终买到的可能是一个便宜的产品，却未必是一个质量与服务过硬的产品。

所以，价格应该是成交前最后才讨论的，而不是最先要问的问题。

我们把这两个问题称为“陷阱”。很遗憾的是，这两个陷阱往往是需方为自己挖好的。

9.3.2　选型时首先要问的两个问题

那么应该怎样选择好的管理软件呢？我们建议需方首先问如下这两个问题：

（1）供方推荐的管理软件专业化程度如何？

（2）该软件的设计核心思想是什么？

首先，来讨论第一个问题——供方推荐的管理软件专业化程度如何？

管理软件的专业化程度通常有两方面的含义：管理思想和技术水平，这里重点讨论前一个方面。

通常，可以把汽车维修企业分为快修美容店、小型汽修厂（通常是三类）、中型汽修厂（通常是二类）、大型汽修厂（通常是一类）、特约维修站、4S 服务站等。

就算是最缺乏管理经验的人都会知道，大型汽修厂和快修美容店不可能采用类似的管理模式，那么他们当然应该采用不同的管理软件。

我们来看一个汽修企业中的汽车修理业务流程简图，如图 9.7 所示。

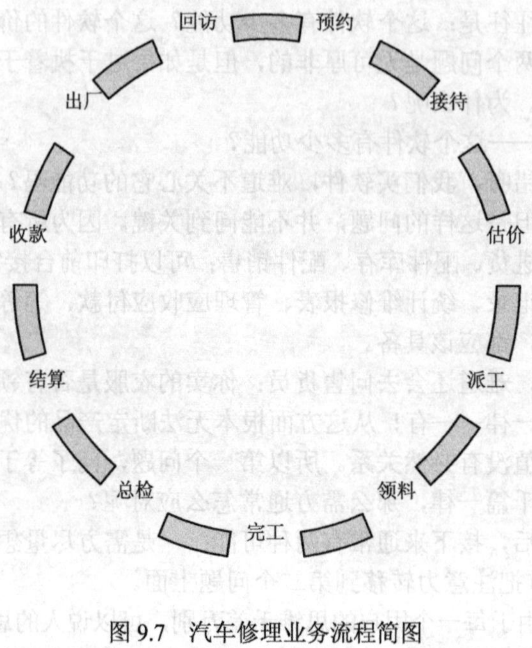

图 9.7　汽车修理业务流程简图

而其中，车间管理又可以进一步细化，如图 9.8 所示。这些流程在不同规模的汽修厂都是大同小异的。但是，管理控制节点并不一样。

图 9.7 中汽车维修流程分为 11 个环节，是不是管理也要分为 11 个控制节点呢？当然不是。

例如，我们可以把接待、回访、预约等事务都交给前台计算机操作员处理，也可以把车间的派工、完工、总检等交给一个计算机操作员处理，这样管理节点就减少了。

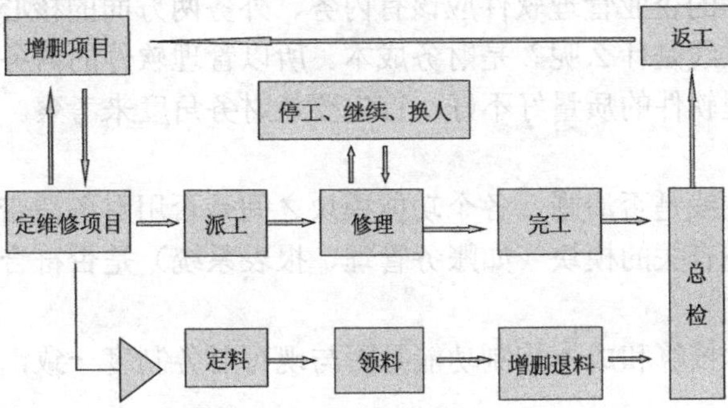

图 9.8　车间管理分解图

对于中型汽修厂，可以设计其管理节点如图 9.9 所示。

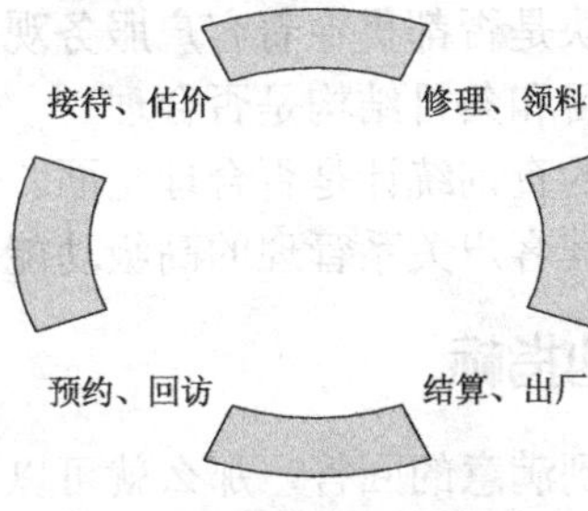

图 9.9　中型维修厂管理节点

可以估计：大型汽修厂，管理汽修的全流程通常需要 6～9 个节点；中型汽修厂，管理汽修的全流程通常需要 3～6 个节点；小型汽修厂，管理汽修的全流程通常需要 1～3 个节点；美容快修店，管理汽修的全流程通常需要 1～2 个节点。

这样就可以知道要买什么样的软件了。

也就是说，需方要问供方："您的软件适合于什么规模的汽修厂，适用于多少个管理节点的模式？"如果软件销售者说，他推销的某一种软件适合所有的大中小型汽修厂，只要更改计算机数量就可以，那就要仔细斟酌了。

假设：一个只有一台计算机的快修店，采用计算机管理之后，却发现完成一辆汽车的修理管理，在软件里需要切换五、六个工作界面，那么岂不是大大降低了工作效率？

而一些旧式的软件或者仿制的软件就往往有这个问题，因为仿制者并没有认真研究过汽修企业的计算机管理，只知道软件应该能够打印接待单、领料单等单据，所以他们的软件不是按照管理节点，而是按照"单据名称"来分解管理模块，基本上都是分为"接待单"、"派工单"、"领料单"、"结算单"、"收款单"、"出厂单"等 4～6 个模块。而且这些模块之间并不具备企业管理所需的有机关系。

那么，应该怎样去挑选适合自己的软件呢？

如果供方的产品系列齐全，通常都包含有适合快修店、小型汽修厂、中型汽修厂、大型汽修厂、4S 服务站等的至少五个专用品种，而且每个品种的管理模式是适合实际情况的，那就基本可以放心了。在系列里面挑选一个产品再进行下一步洽谈吧。

现在来看第二个问题——该软件的设计核心思想是什么？

计算机软机作为一个管理体系的物理载体，它不能是表格、单据的简单叠加，也不只是记录日常业务的工具，应该是有思想、有灵魂的一个系统。

一个没有设计思想的软件，其能够起的作用不过是打印表单而已，根本不可能在它的基础上，建立并运行一套严谨、科学的管理制度。

我们认为，一套好的企业管理软件应该有内务、外务两方面的核心。

企业管理的内务主线是什么呢？是财务成本。所以管理软件的内务管理设计也应该是以财务为主线。一套管理软件的质量好不好，首先要从财务角度来考察。怎样评价一套软件的财务水平呢？

第一，要看财务主线是否清晰，各个功能模块之间是否用财务纽带相联系。

第二，要看与财务有关的模块（如账务管理、报表系统）是否符合财务规范和财务的工作习惯。

第三，要看其成本核算和成本控制功能是否与现有财务制度一致，而且为财务部门起到好的辅助作用。

那么，另一个核心——外务核心是什么呢？软件的外务核心当然应该是客户关系管理。又应该怎样评价一套软件的客户关系管理模块的水平呢？

第一，要看其每一个功能模块是否都贯穿着客户服务观念，这也是最主要的。

第二，要看其客户档案的项目和条目结构是否合理。

第三，要看其有关客户管理的查询统计是否合理全面。

第四，如果有必要，要考察其客户关系管理的高级功能，如图表分析功能。

9.3.3 挑选好软件的其他指标

如果前面两个问题，都能得到满意的回答，那么就可以正式了解产品并洽谈了。

1．软件的安全性和稳定性

软件作为管理系统的重要组成部分，其安全性毫无疑问是第一位的。如，数据的账套管理、自动备份、数据恢复等功能的水平就决定其安全性的水平。而稳定性呢，则主要看其数据库技术和数据传输技术（如果是网络版的话）。

如果某软件现在仍然采用过时的 FoxBASE、FoxPro、SQL 7.0 数据库或者网络版软件采用适合于单机使用的 Access 数据库，至少说明开发商技术不够先进。

而如果一个中小型企业版的软件，却使用了适合于大型网络版使用的 Oracle 或者更加复杂的大型数据库，则说明其技术选型欠考虑，为使用者增添了很多麻烦。

2．该软件是否既有强大的功能，又具有简单的操作

前文说过，一开始就关注"功能"往往容易陷入误区。但是我们购买软件，不可能不问功能吧？关于功能，最好要把功能的全面性与软件操作的流畅性结合起来考虑。

有的软件，功能看似很全面，光报表就有几百种，让人看得眼花缭乱，那么就显然缺乏对操作的考虑。尤其是汽修厂的管理人员，绝大多数都不是计算机专业人士，却又要经常查看报表，所以功能强大而又使用简单才是最佳的选择。甚至有时为了操作的流畅，放弃一些不必要的功能都是值得的。

一般来说，操作简单包含两个方面的含义：一是软件流程顺畅，具有很强的穿透性和易理解性；二是软件采用了一些方便使用的编程技巧（如全键盘操作、全鼠标操作、模糊查询、拼音缩写查询等）。

3. 技术的先进性

有一些资产几百万甚至上千万元的大中型汽车修理厂，效益不错，却还在用着 DOS 版本的管理软件，问他们为何不更新管理系统，答曰：用惯了；或者是：我们觉得 DOS 版本的软件更加稳定。

关于 DOS 与 Windows 系统哪个更加稳定的问题，我们不想从技术层面来解说，因为这需要很复杂的讲解，如果我们仅从社会与科学发展的规律来说，Windows 肯定远远优于 DOS。

这些问题本来不成为问题，但是很多用户被一些盗版软件和一些不思进取的“软件个体编写者”误导，还停留在落后的思想氛围中。

同样 Windows XP 与 Windows 2003 的稳定性、易操作性肯定远远超过 Windows 98/95。SQL Server 2000/2005 的稳定性、易操作性肯定远远超过也远远超过 dEBASE、FoxBASE、FoxPro、SQL Server 7.0 等过时产品。

作为投资者，当然不能一味地追求最先进的技术，因为还需要考虑投资成本，但是如果购买技术明显过时的产品，产品质量肯定不会太好，售后服务、版本升级等都会成问题。也就是说，要把技术的先进性与产品的性能价格比联系起来考虑。

当然，系统平台也不是越前卫越好。

4. 专业化程度

之所以要选取适合于本行业的计算机管理系统，而不是去购买市面上通用型的进销存管理软件或者企业管理软件，就是因为汽车维修行业有其自身的特殊性。

从商品特性来说，汽车和汽车配件就是比较特殊的商品。例如，汽车是贵重商品，在财务的成本计算上必须使用个别计价法；汽车的 VIN 码和车牌号都具有唯一性，等等。汽车配件除了与其他商品类似的属性以外，还有一些特殊属性。

在查看汽修管理流程时，要注意其流程是否合理，用语是否专业；是否具有专业的特殊业务项目，如三包索赔、保险理赔等。

9.4 计算机管理软件基本功能介绍

9.4.1 汽配进销存管理

汽车配件的进销存管理是最常用的功能之一。这个功能模块通常分为采购询价、采购入库、入库查询、销售报价、销售出库、销售出库查询、库存配件查询、出入库汇总、仓库盘点、配件调拨等功能。

图 9.10、图 9.11 所示为一种常见的采购入库单界面图和库存配件列表界面。

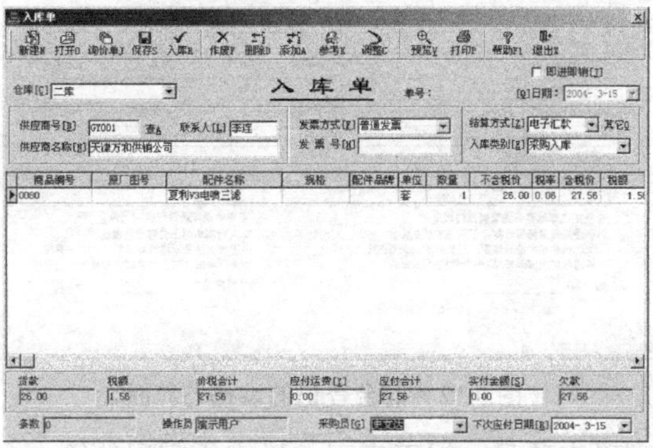

图 9.10 采购入库单界面图

库存配件查询预览

上一页 下一页 缩放 设置 打印 输出到Excel 输出到文本 关闭

北京运华天地科技有限公司(未注册软件)

地址：北京海淀区志新路16号北方鑫桓大厦1425　邮编：100083
电话：010-62399061　传真：010-62399062

库存配件查询

第 1 页

商品编号	原厂图号	配件名称	英文名称	规格	进口	单位	车型代码	配件品牌	库存数量	库存金额	库存平均价	新旧
0001		化油器清洗剂			否	瓶		NX	100	100	1.00	新
0002		砂纸			否	张		单鹰	211	1201	5.691943	
0003		免拆药液			是	瓶			98	10188	103.959184	
0004		焊丝			否	盘			118	10171	86.194915	
0005		胶带			否	箱			110	200	1.818182	
0006		原子灰			否	桶		神马	106	160	1.588785	
0007		填眼灰			否	支		杜邦	98	98	1.00	
0008		NX颗粒胶			否	支		NX	97	97	1.00	
0009		纸漏斗			否	包			97	97	1.00	
0010		3M口罩			否	个		3M	99	99	1.00	
0011		砂纸			否	张		单鹰	100	100	1.00	
0012		打磨板（大）			否	块			100	100	1.00	
0013		打磨板（小）			否	块			100	100	1.00	
0015		稀释剂			否	桶			100	100	1.00	
小计												
总计												

北京运华天地科技有限公司(未注册软件)　　共 1 页

图 9.11　库存配件列表界面

销售出库单界面的操作一般与采购入库单界面的操作比较类似，其他功能的界面根据各个软件的情况不尽相同，不再赘述。

9.4.2　汽修流程管理

汽车修理的流程一般分为预约、接待、估价、派工、领料、完工总检、预结算、收款、出厂、回访等。

前台接待主要是登记待修车辆的基本情况、故障现象，并初步确定要修理的项目和要用的配件品种和数量。如图 9.12 所示为前台登记的委托书界面。

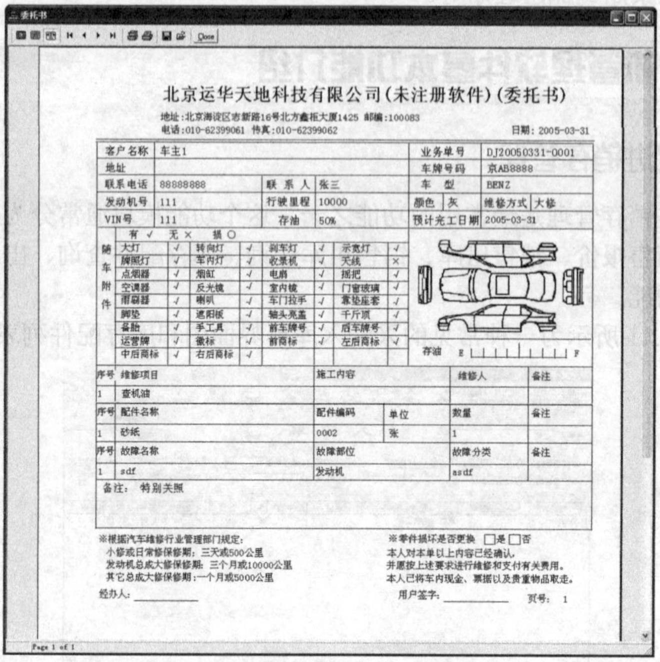
委托书

北京运华天地科技有限公司(未注册软件)(委托书)

地址:北京海淀区志新路16号北方鑫桓大厦1425 邮编:100083
电话:010-62399061 传真:010-62399062　　日期：2005-03-31

客户名称	车主1			业务单号	DJ20050331-0001
地址				车牌号码	京AB8888
联系电话	88888888	联系人	张三	车　型	BENZ
发动机号	111	行驶里程	10000	颜色 灰	维修方式 大修
VIN号	111	存油	50%	预计完工日期	2005-03-31

随车附件　有 √　无 ×　损 ○

大灯	√	转向灯	√	刹车灯	√	示宽灯	√
牌照灯	√	车内灯	√	收录机	√	天线	×
点烟器	√	烟缸	√	电扇	√	摇把	√
空调器	√	反光镜	√	室内镜	√	门窗玻璃	√
雨刷器	√	喇叭	√	车门拉手	√	靠垫座套	√
脚垫	√	遮阳板	√	轴头亮盖	√	千斤顶	√
备胎	√	手工具	√	前车牌号	√	后车牌号	√
运营牌	√	徽标	√	前商标	√	左后商标	√
中后商标	√	右后商标	√				

存油 E F

序号	维修项目	施工内容	维修人	备注
1	查机油			

序号	配件名称	配件编码	单位	数量	备注
1	砂纸	0002	张	1	

序号	故障名称	故障部位	故障分类	备注
1	sdf	发动机	asdf	

备注：　特别关照

※根据汽车维修行业管理部门规定：
小修或日常修保修期：三天或500公里
发动机总成大修保修期：三个月或10000公里
其它总成大修保修期：一个月或5000公里
经办人：

※零件损坏是否更换 □是 □否
本人对本单以上内容已经确认，
并愿按上述要求进行维修和支付有关费用。
本人已将车内现金、票据以及贵重物品取走。
用户签字：　　页号：1

Page 1 of 1

图 9.12　前台登记的委托书界面

车间管理则主要管理确定项目、派工完工、确定所需配件等。仓库负责发放材料，并在领料单上进行相应记录，如图 9.13 所示。

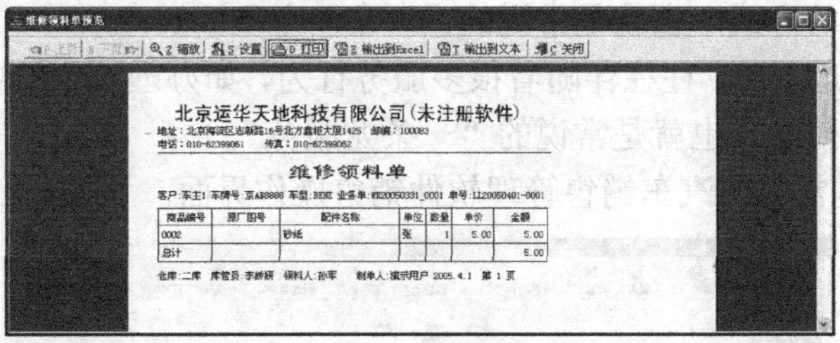

图 9.13　领料单

完工以后，应该进行结算，结算单应该包括车辆的识别信息、业务单号、维修内容、结算数据等，如图 9.14 所示。

图 9.14　结算单

如果实收金额不等于应收金额，则软件应该自动形成应收款账务记录。结算收款以后，在出厂时可以打印出门单，也可以进行客户预约。

一般来说，现在的管理软件都比较重视客户关系管理（CRM）功能模块，所以客户预约和回访功能都应该具备。

由于客户关系管理功能比较灵活，需求多变，就不再以图示讲解了。

9.4.3　汽车整车进销存管理

汽车整车的进销存编程原理与汽车配件部分相比，既有相同点，也有不同点。相同之处在于它们都属于进销存管理，原则是类似的。不同之处则在于：

（1）汽车配件通常采用先进先出、加权平均等成本核算方式，而汽车作为贵重商品，通常采取个别计价方式。

（2）在我国，汽车配件销售通常有好几种纳税方式，相对应地有几种发票方式，如小额税率发票、普通税率发票、增值税率发票等。而汽车通常都采用增值税这一种纳税方式。

（3）可以在软件中把同一批具有相同属性的配件作为无差别商品对待，汽车配件在办理出入库手续时，可以方式批量办理。每辆汽车的 VIN 码、车架号、发动机号、合格证号、保修单号等都不相同，而且汽车的进销存是采用个别计价成本，所以汽车在出入库时，都采用每一辆车逐个记录的方式，也就是常说的“一车一单”。

（4）汽车在销售过程中，往往伴随着很多服务行为，如办理汽车的各种税费、办理保险、装修装饰、增减选装件等，也就是常说的“一条龙服务”。

如图9.15所示是常见的汽车销售管理软件销售操作界面。

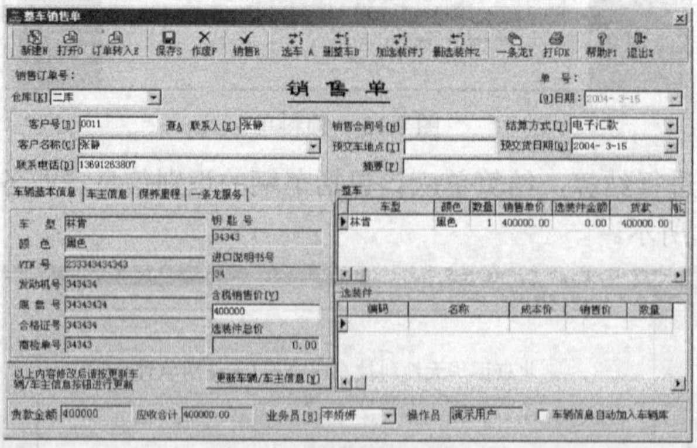

图9.15 销售操作界面

如图9.16所示是常见的汽车销售单打印式样。

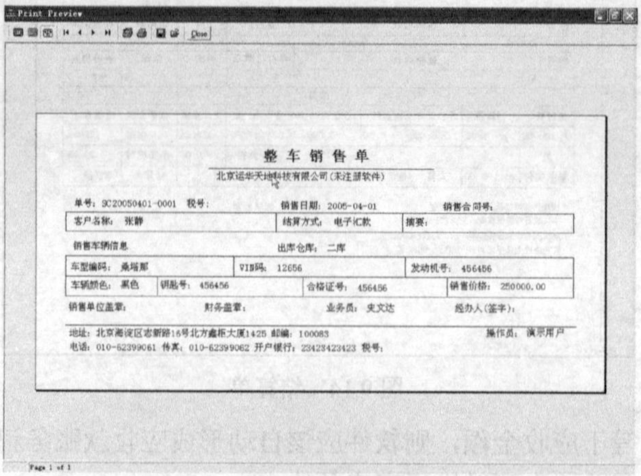

图9.16 销售单打印式样

如图9.17所示是“一条龙服务”的典型软件界面。

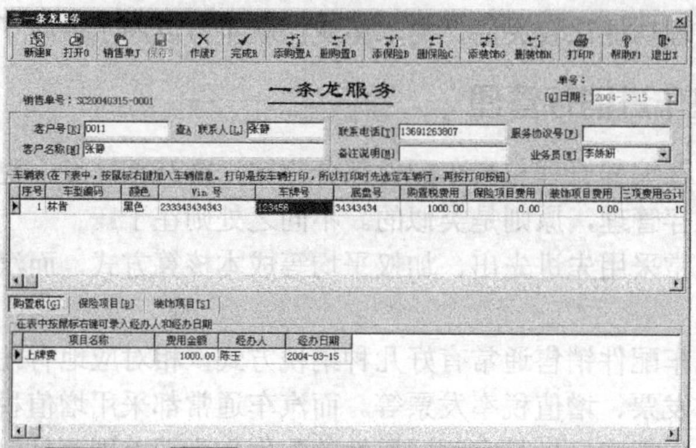

图9.17 “一条龙服务”界面

9.4.4 应收应付账款管理

汽车服务行业的应收应付款项是经常发生的，如何对它们进行管理也是困扰很多企业经理的难题。

一般的管理软件都有应收应付款项汇总统计和明细查询的功能。如图 9.18 所示是汇总统计的操作界面。

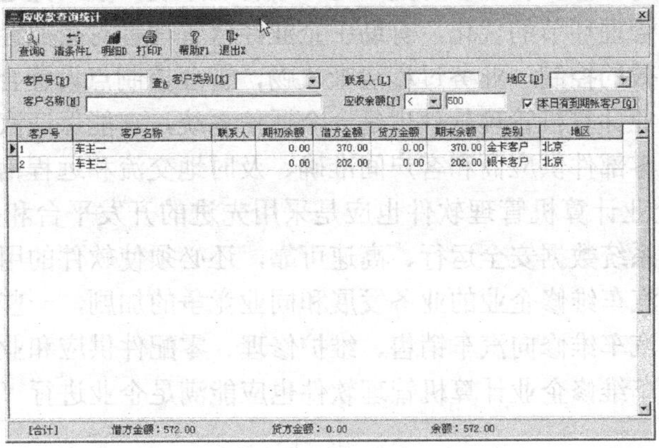

图 9.18 汇总统计界面

9.4.5 报表管理

各种报表的自动编制，是计算机管理软件的长处，前文已经介绍过几种常用的报表，在此就不再一一列举了。

9.4.6 系统管理

系统管理，主要是系统管理员对管理软件的使用情况进行管理的功能。通常来说，这个模块包含如下功能。

（1）系统设置：包括成本计价方法、税款是否进入成本核算、是否允许负库存、配件进货的自动加价率等设置。

（2）数据管理：包括账套管理、数据备份、数据恢复、期末结转、数据交换等功能。

（3）操作员管理：包括操作员权限设置、操作日志查询等功能。

此外，可能还会有一些打印设置或者运行参数设置功能。

9.5 汽车维修企业计算机管理系统的应用要点

（1）汽车维修企业计算机管理软件应采用国内外先进的现代化企业管理理论（如 JIT、BPR、ERP、CRM、TQC 等）和管理方法；并充分考虑到国内企业实际情况和具体条件，既具先进性，又有实用性。软件可以帮助企业管理人员对企业中大量动态的、错综复杂的数据和信息进行及时、准确的分析和处理，对企业的各项生产经营活动进行事先计划、事中控制和事后反馈，从而达到合理利用企业资源、降低库存、减少资金占用、增强企业应变能力、提高企业市场竞争力和经济效益的目的，使企业管理真正由经验管理进入科学管理，使企业的管理手段和管理水平产生质的飞跃，跟上信息时代的步伐。

（2）汽车维修企业计算机管理软件首先是一个信息系统，它包括业务接待、维修过程、结算、配件进销存、应收应付、财务账务和客户档案等方面的信息，并保证信息的完整、准确、及时，能够为企业领导的决策提供详实、充分的数据。

（3）汽车维修企业计算机管理软件还应是一个业务处理系统，能使企业从业务接待、派工、领料、修理、完工结算到应收应付账务管理等业务流程程序化、固定化，使业务处理标准化，降低业务差错率，提高工作效率。

（4）汽车维修企业计算机管理软件更应是一个管理系统，融入先进科学的管理思想，有助于企业业务流程和管理环节的优化，有助于企业经营管理者对企业经营进行精确的考核评价、正确的指挥和有效的控制，业务过程清晰流畅，管理控制点设置合理。

（5）汽车维修企业计算机管理软件也是一个通信系统，它能保证汽车维修企业内部，及其与汽车生产厂家、零部件供应商和客户间准确、及时地交流和远程信息交换。

（6）汽车维修企业计算机管理软件也应是采用先进的开发平台和数据库开发的管理软件，不仅能保证软件系统数据安全运行、高速可靠，还必须使软件的用户界面友好、操作使用简便。另外，随着汽车维修企业的业务发展和同业竞争的加剧，一些规模较大的汽车维修企业纷纷从单纯经营汽车维修向汽车销售、维护修理、零配件供应和业务技术培训综合经营的方向发展，因而汽车维修企业计算机管理软件也应能满足企业进行“三位一体”、“四位一体”综合经营的需要。

（7）汽车维修企业计算机管理软件还能够自动整理大量的业务数据，生成专家知识库，为新人所用。只要知道车型，系统就能告诉你最常见的故障；对于客户车辆出现的故障，系统进一步告诉你可能的原因及解决方法，包括用什么维修项目、什么配件进行维修都能直接给出提示，是自动融合前人经验指导业务开展的专家系统。

（8）汽车维修企业计算机管理软件也必须符合维修行业管理部门的要求，能够做到企业和管理部门联网，在网上进行数据上报，管理部门也可以及时掌握各级各类车辆的维修情况，为宏观管理打下坚实的、科学的基础。

例如，“跟踪服务”窗口如图 9.19 所示。每次启动程序都可以自动弹出“跟踪服务”窗口，提示通知检修到期的车主、年检到期的车主、保险到期的车主、应该要追踪欠款的客户，并告之需要检查或是需要例保的项目。

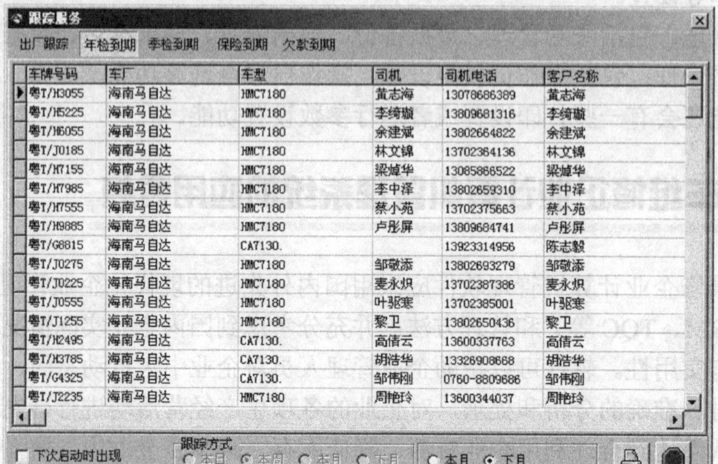

图 9.19 “跟踪服务”窗口

“决策分析”窗口如图 9.20 所示。该功能以图形及报表形式统计维修情况的变化、工时配件的分配比例、欠款的分配情况，维修车种的生产台次和配件使用量。

“技术通报”窗口如图 9.21 所示。该功能通过建立详细的车辆进厂故障现象、实际维修过程、出厂检验结果，形成完整的车辆“病历”，可以提供给所有技术人员共同学习，为再次检修服务提供历史资料，并能够通过计算机整理并打印出厂内“技术通报”。

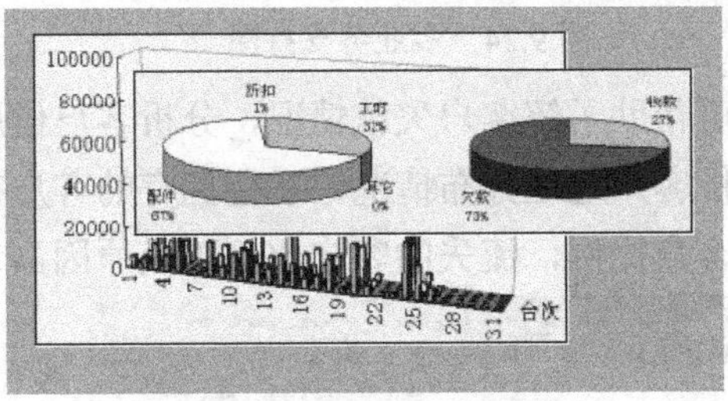

图 9.20 决策分析图表

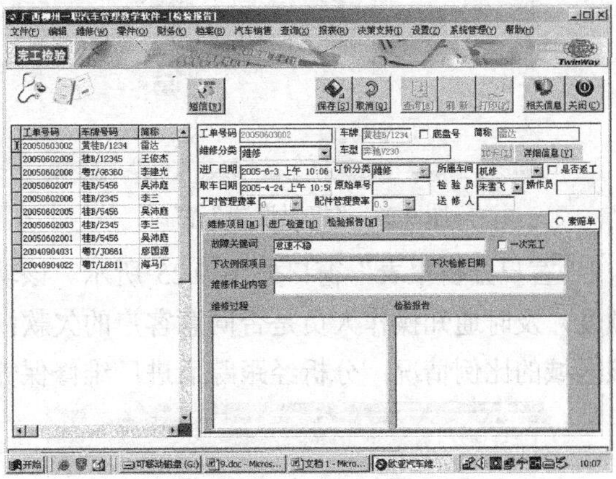

图 9.21 “技术通报”窗口

“全自动订货、定价”窗口如图 9.22 所示。该功能可以通过车间的备料计划以及零部件的安全存量自动统计并生成零件订货单；避免手工订货中经常出现的漏订、少订的问题，自动计算出最适合的订货量与最低的订货价格；可根据不同的车型、不同的出库类别、不同的利润系数形成准确、完整的零件销售价格体系。

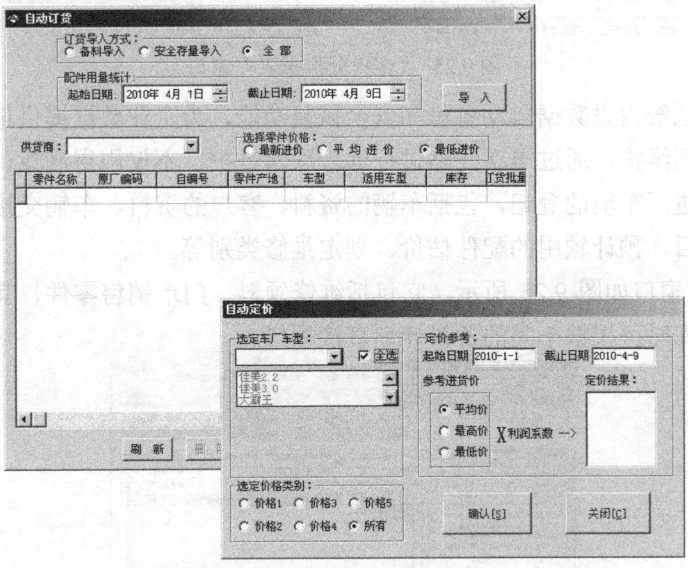

图 9.22 “全自动订货、定价”窗口

“权限设置”窗口如图 9.23 所示。根据各厂家量身定制的权限设计，突破传统以岗定人的思想，灵活分配每个操作者的读、改、写以及功能使用、折扣的权限。

“多业务支持”窗口如图 9.24 所示。该功能提供一般维修、事故车维修、车辆保险、年检季检、公务车维修、检测站、连锁经营、零配件销售等多种业务，为企业经营的多元化提供相应的软件系统平台。

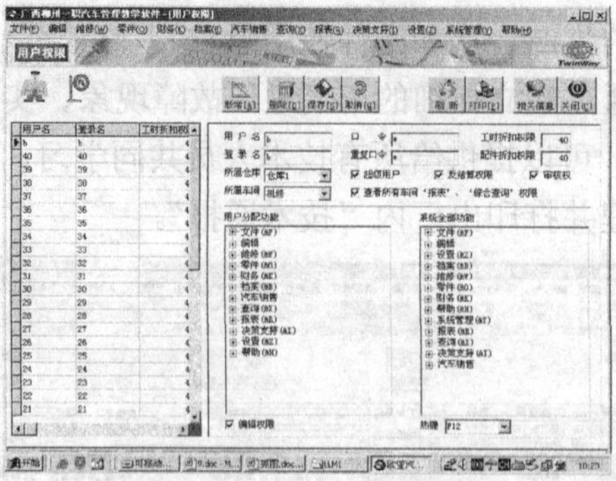

图 9.23 “权限设置”窗口

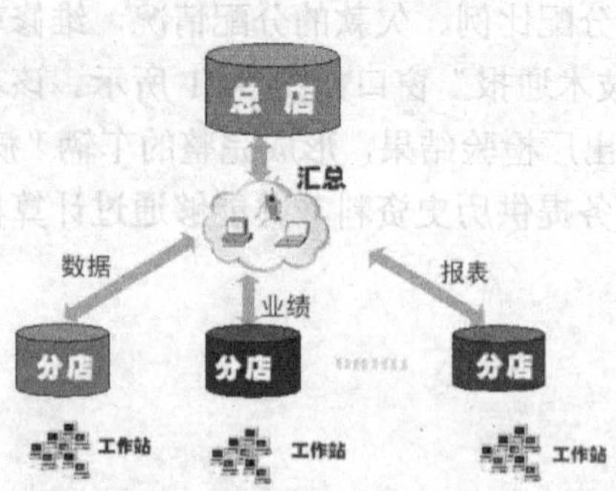

图 9.24 多业务支持图

“客户分析报表”窗口如图 9.25 所示。该功能可帮助了解客户欠款情况，分析客户信用额度，及时通知操作人员是否同意客户的欠款；分析客户地理分布情况，掌握拥有的客户在该区域的比例情况；分析经跟踪后进厂维修保养的客户比例，流失的客户比例以及原因。

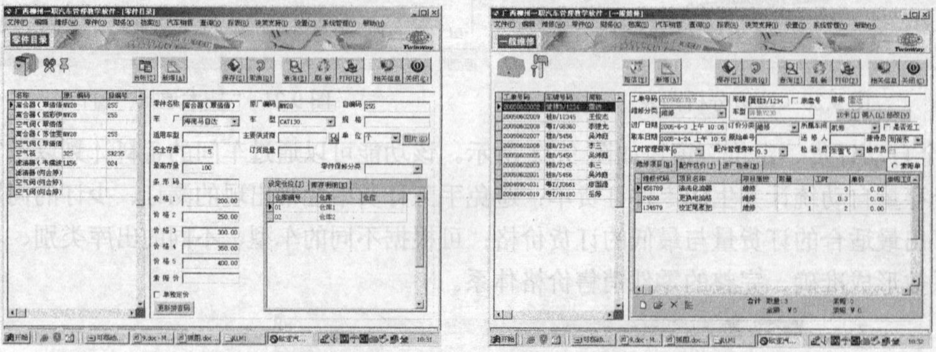

图 9.25 “客户分析报表”窗口

安全机制：系统内设数据自动备份和安全恢复功能，为企业数据提供最安全的保障；同时提供强大的售后维护，通过电话线路进行远程联网维护，不仅用得满意，还要用得放心。

维修登记：进厂车辆的登记，包括车辆的资料、客户的资料、车辆交接和车况车貌的登记，保修维修项目，预计领用的配件估价、划定维修类别等。

“出库清单”窗口如图 9.26 所示。它包括维修领料、门市销售零件、其他形式的出库操作。维修领料出库时可根据车间的备料计划直接领料。

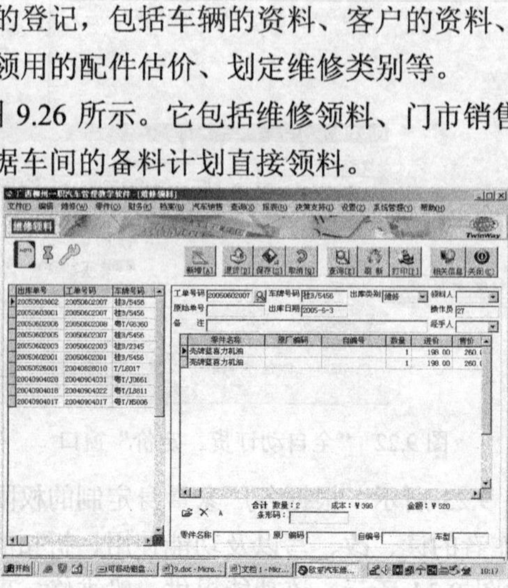

图 9.26 “出库清单”窗口

“工单结算”窗口如图 9.27 所示。可以通过该功能处理客户或车主车辆维修结算事宜，包括结算打折、维修试算、打印维修结算明细单。

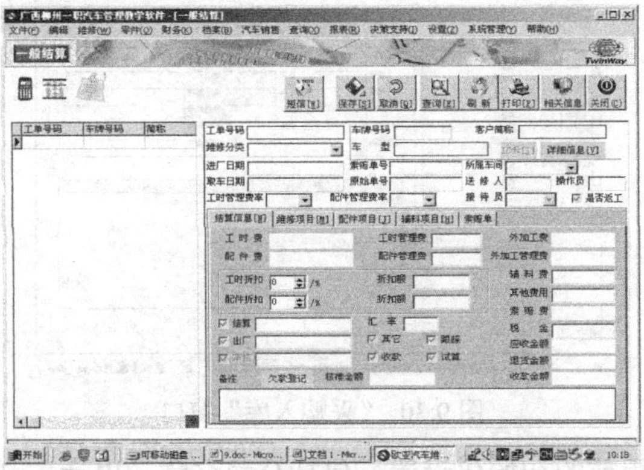

图 9.27 “工单结算”窗口

“收款登记”窗口如图 9.28 所示。可以通过该功能查询维修客户的交款情况，包括月结客户的每月尚欠金额、已付、未付以及车辆维修明细、零件采购的明细情况。

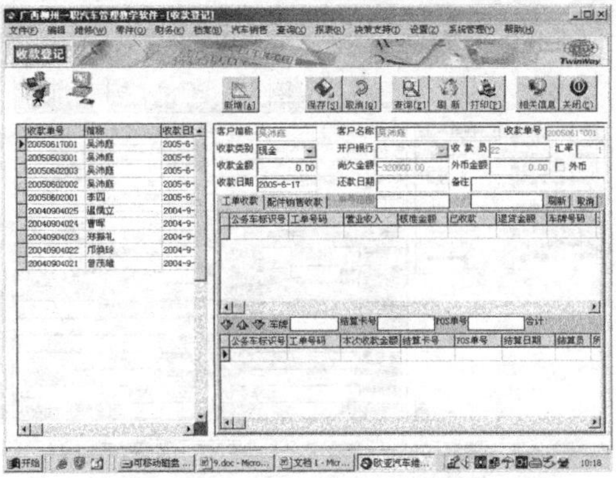

图 9.28 “收款登记”窗口

“供货商管理”窗口如图 9.29 所示。可以通过该功能管理供货商的地址、电话、联系人等信息，记录供货商的供货配件明细，包括型号、价格等。

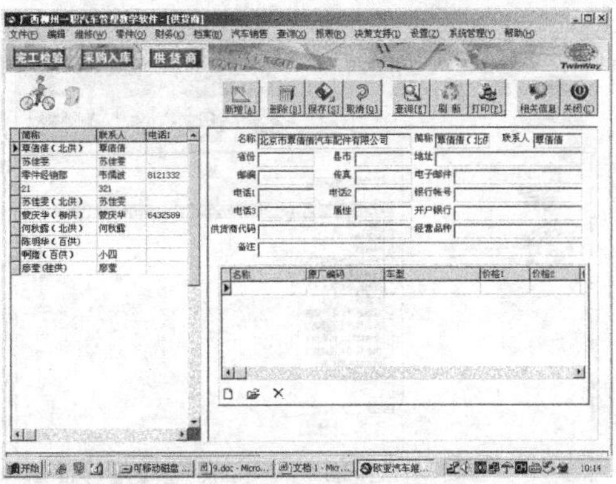

图 9.29 “供货商管理”窗口

“采购入库”窗口如图 9.30 所示。采购入库即零星采购的入库零件，订货入库即批量采购的入库零件，其他形式包括退货、盘盈等入库操作。

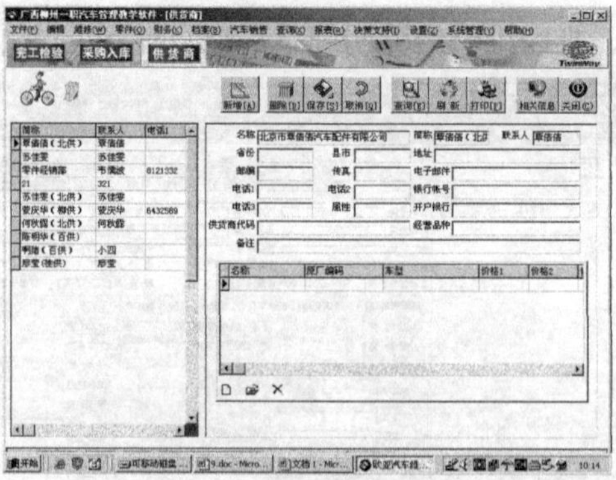

图 9.30 “采购入库”窗口

参数设置：系统启用前的初始化设置，包括公司名称、电话、利润系数、车身颜色、碰损部位、事故处理中队、数据备份路径、车牌字头等信息，便于系统调用。

“车辆客户档案管理”窗口如图 9.31 所示。该功能用于记录客户的联系信息，包括电话、地址、负责人等，同时记录对应的客户所拥有的车辆信息，包括车牌、车型、司机等。

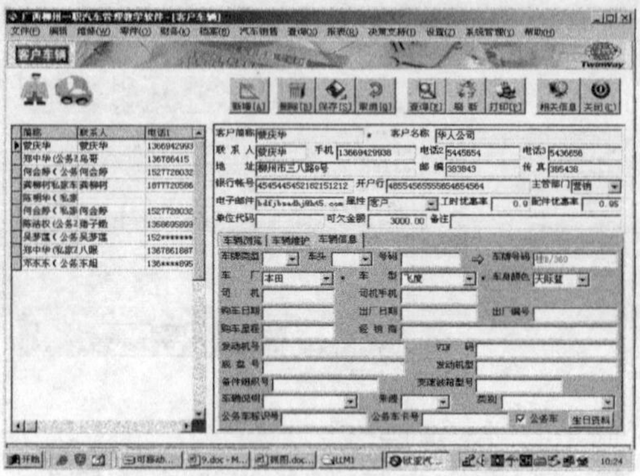

图 9.31 “车辆客户档案管理”窗口

“标准项目”窗口如图 9.32 所示。该功能可以将维修登记的维修项目标准化，根据项目的所属类别、车辆的维修难度设置维修项目的名称、价格、工时等，在报修的时候可直接调入，规范管理、统一价格。

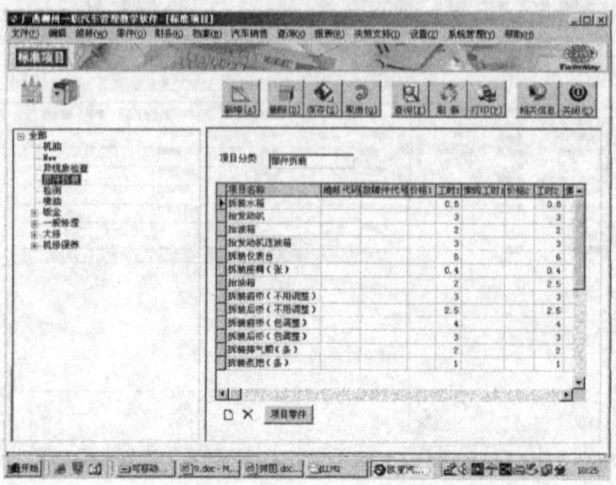

图 9.32 “标准项目”窗口

总之，对于汽车维修企业来讲，一个优秀的汽车维修企业计算机管理软件，不仅是一个信息系统、业务处理系统、管理系统、维修专家系统和通信系统的统一，它还应采用先进的开发平台，具有技术的先进性，并能满足企业经营未来发展的需要。此外，软件设计公司应该是专门从事汽车行业管理软件开发的专业公司，在紧跟计算机技术发展的同时，还应密切关注汽车行业发展的动向，并根据计算机技术的发展和汽车维修企业的变化不断推出新的版本，保证汽车维修企业管理软件的更新换代。

9.6　互联网的应用

1．上网

互联网给我们提供一个更广阔的空间，能使我们足不出户，就可知道天下事，获取许多有用的信息。

对于汽车维修企业的职员而言，上网的目的不应是聊天、玩游戏，而是为了业务需要：了解汽车维修市场信息动态、查找维修资料、检测设备参数网上升级以及汽车配件等方面的信息。

2．网站介绍

这里介绍一些主要的汽车网站，供大家查询。

（1）中国汽车交易网（www.auto18.com）：是中国汽车行业最大的网上汽车交易平台，集汽车新闻资讯、汽车交易综合服务、企业搜索推广为一体，打造汽车交易第一门户。它立足于汽车行业市场，利用汽车资讯引导交易服务，强大新闻发布系统每天以最快的速度全面、系统、深入捕捉国内外汽车行业信息并予以宣传报道，包括汽车行业新闻、热点聚焦、厂商动态、新车速递、品牌资讯、降价信息、试车评车、各地车市、购车参谋等优秀栏目，已经成为国内外知名汽车企业向广大网民宣传企业和汽车品牌的网上窗口，同时也成为备受广大网民关注的汽车网络媒体。

（2）中车在线（www.713.com.cn）：由北京中车行高新技术有限公司主办，以提供正版米切尔汽车维修资料，具有大量汽车维修资料的特点，兼有配件信息，内容丰富；以会员制的形式提供服务。

（3）欧亚·笛威在线网（www.eaat.com.cn）：由珠海市欧亚汽车技术有限公司主办，提供汽车维修资料和一些检测设备。

（4）搜狐网站汽车频道（auto.sohu.com）：搜狐网站是中国互联网主流人群获取资讯和交流的网络平台，汽车频道包含了汽车最新新闻、评论、购车指南、维修配件、汽车交易等内容，具有信息量大的特点。

（5）黑马汽车网（www.autohm.com.cn）：提供各地汽车以及汽车配件的市场信息。

（6）搜车网（www.soche.net.cn）：主要提供汽车销售、汽车维修市场行情和二手车交易的信息。

第 10 章　汽车维修企业必备法律常识

学习任务

通过学习本章，了解在汽车维修过程中常用的政策及相关的法律法规常识；在出现汽车维修纠纷时，能及时、合理地运用相关调解方法，圆满解决纠纷。在实际生产、工作中不可避免地会发生各种纠纷，这就要求汽车维修业户负责人掌握汽车维修纠纷调解的相关政策、法律法规和方法，以便更好地为广大车主服务，同时运用法律知识保护自己的合法权利。

知识要点

- 行政调节是由行政机关主持的，必须遵循合法、自愿、事实清楚、分清是非、保护当事人合法权益等原则。
- 汽车维修过程中的相关法律、法规。
- 汽车维修合同是规范市场经营行为，保护承、托修双方合法权益的法律措施，是道路运政管理部门处理汽车维修质量和价格纠纷的依据。为了规范汽车维修合同的管理和使用，国家工商行政管理局（已更名为国家工商行政管理总局）和交通部联合发布了专门通知，在全国范围内统一了汽车维修合同示范文本。

10.1 调解

10.1.1 调解及调解主体

调解是解决当事人之间民事纠纷的一种常用方式，是当事人自愿将争议提交给第三方，在查清事实的基础上，分清是非，明确责任，对所发生的争议依据国家的法律、法规进行调解，使当事人和解的方式。

根据现行法律规定，主要由法院调解、行政调解、仲裁调解和人民调解构成一个完整的调解体系。法院调解的主体为人民法院，属于国家的审判机关；人民调解的主体为人民调解委员会，属于群众性自治组织；行政调解的主体为行政机关，具有行政管理的性质；仲裁调解的主体为仲裁委员会，此机构属于民间组织。

10.1.2 行政调解——由行政机关主持的调解

行政调解的受理者一般都是该行业的专业管理者，熟悉该专业的业务技术，受理程序简便，因而常是当事人解决争议的首选。

行政调解不仅是一种服务，也是一种管理，而管理是要求服从的。这对于那些以自愿为借口，拒绝公正合理调解的承修方是有力的制约。

10.1.3　调解的基本原则

（1）合法原则：调解协议的内容不得违反法律、法规和政策，不得损害公共利益和他人利益。调解必须按照以事实为基础、以法律为准绳的原则依法进行。调解的结果——调解协议代表调解的形成，而调解协议是由一个或几个人作出的，维修行业管理部门对协议必须进行认真审查，审查协议是否违背事实、是否违背法律、是否用强迫和变相强迫的手段形成协议以致损害了当事人的合法权益。若有违反，则应纠正，这是防止行业管理的行政调解权被当事人寻租的规定程序和必要的监督手段。只有坚持合法原则，才能保证调解质量。

（2）自愿原则：是指当事人对调解的协议是自愿的，不能强加于人。调解不成的，当事人和一方均有权向仲裁机关申请仲裁，也可以直接向人民法院起诉。

（3）事实清楚，分清是非原则：这是正确进行调解的前提，只有查明事实，分清是非，才能掌握纠纷的实质，做到心中有数，正确向当事人讲解法律、政策，合理地解决纠纷。一般当事人双方都是在协商不成的情况下要求行政调解的，总有一方当事人要讨个说法，因此，调解不能是和稀泥，不是可这样，也可那样。质量纠纷必须有驳不倒的鉴定或技术分析；价格纠纷不但要核实配件购入价，还必须弄清实际的维修作业项目，准确地引用工时和收费额定。

（4）保护当事人合法权益的原则：不因为经营者资金雄厚，而让其承担超越法律规定不合理的责任；不因用户、消费者知识缺乏，而让其蒙受不该其承受的经济损失。由于汽车维修行政调解人同时管理维修业户，就形成了调解人熟悉承修方而不熟悉托修方的情况，加之承修方因专业知识的优势比托修方有更强的辩驳能力，要保护当事人的合法权益就要求调解人立场公正和具有原则性，调解人不应支持或默许当事人看似合理而实质上不符合机械原理、不符合法律、法规及规章规定的说辞；另一方面，私家车主也常有吃大户的心态，强调个人支付能力差、承修方是公家的或大企业而要求其多承担经济损失，调解人同样不能支持这种不合理的要求。

（5）行政高效和便民原则：当事人之所以要求行政调解，是因为行政调解比民事诉讼和仲裁时间短、费用低，所以行政调解应该方便当事人。提高行政调解工作效率，不能对纠纷争议久拖不调或久调不决，否则行政调解就失去其优越性。行政调解工作的高效和便民常常反映出调解机关人员的勤政廉政情况。

案例

从近日一起三菱 Pajero 车的维修投诉处理中，我们感到：配件品质和维修操作的疏忽是造成事故的最大隐患。

该车是 A 市某单位的，发动机型号为 6G72。在 B 市某维修公司进行发动机大修并更换发动机第 2 缸活塞后，出厂行驶 1300km 时发动机出现异响。经该维修公司同意，该车就近在 A 市进行检查，拆检发动机发现第 2 缸活塞顶部呈不规则脱块性损坏，该维修公司从 B 市拿来一套活塞重新组装修复发动机。该车出厂行驶了 1000km 左右又出现以前类似异响声，这回直接将该车从 A 市拖回 B 市到该维修公司拆检，又是第 2 缸活塞顶部呈不规则脱块性损坏。为此，车主很不满意，承修方则认为是配件品质问题，双方争执不下找到当地运管部门。

为了准确查明原因，纠纷调解人员将该车活塞等送新疆汽车产品质量监督站鉴定，检验结果是：

（1）发动机无明显缺油、缺水和高温现象。

（2）该活塞的硬度为HB80，不符合JB 3931—1985《汽车、摩托车发动机铸造铝活塞技术条件》中的相关要求（HB90~HB140）。显微组织a-固溶体、Si相和Fe相也不符合JB 3932—1985《汽车、摩托车发动机铸造铝活塞晶相标准》的要求，活塞为不合格品。

（3）第2缸进气门由于原发动机活塞碎块砸伤变形，第一次返工修理时未更换已变形的进气门，在该活塞最薄弱处发生运动干涉。

该纠纷处理如下：

通过A市和B市车辆运管部门召集车主和两家维修企业进行调解，根据检验结果，确认相关责任人：A市维修企业负次要责任，承担第二次维修的材料费和工时费；B市的维修企业负主要责任，承担第一次维修的材料费和工时费，以及产品鉴定费和车主的误工费，负责帮车主把车修好并承担全部费用。

10.1.4 仲裁与调解的异同

在现实生活中，很多人都把调解等同于仲裁，这很容易造成误解。虽然调解与仲裁都是基于当事人的意愿而选择的解决争议的方式，其适用的法律依据也基本相同，但两者之间又有明显的不同。在调解过程中，任何一方当事人不愿意继续调解，都可以随时终止，调解人不能强迫当事人继续进行调解。而在仲裁程序中，除非当事人双方达成和解协议或申请人要求撤回仲裁申请，否则当事人单方不得随意改变或终止仲裁程序，调解不成的，仲裁庭将依法作出裁决，而且实行的是一裁终局制。与仲裁相比，调解具有很大的灵活性，调解中只要双方当事人互谅互让、协商一致即可达成调解协议，这就使双方既解决了纠纷又能保持友谊，不会伤和气。仲裁需要按仲裁规则进行，正式性、程序化的意味更浓。调解协议因为是在双方当事人同意下作出的，所以发生事后反悔的可能性较小。而仲裁裁决由仲裁庭依法独立作出，无论当事人是否接受。另外，各地仲裁委员会都单独设立，并不依附于某一行政管理部门，因此，行政管理部门只具有调解职能，而不在内部设立仲裁庭，这对于汽车维修行政管理部门来说也是如此。从上述对钟裁与调解的对比分析来看，两者的区别还是很大的。因此，我们没有理由把调解等同于仲裁了。通俗地讲，仲裁是依法公断，调解则具有较多合理的调和成分。

10.1.5 正确理解调解“应坚持自愿的原则”

在现实社会中，除少数维修纠纷是双方当事人自愿共同请求行业主管部门给予调解的外，大多数汽车维修质量和价格纠纷实际上是车主对承修方的维修质量存在较严重问题的投诉，他们一般是与承修方协商不成才找管理部门讨要公道的，调解人没有理由拒绝投诉。被诉的承修方如果以“自愿”为理由对投诉不予回答，那么行业主管部门如何行使管理职能呢？“坚持自愿的原则”应该是当一方当事人提出使另一方当事人难以接受的要求以致无法调解和（或者）调解显失公平时，另一方当事人有退出调解的自由。但是，调解人提出的合理调解意见后，加害方不愿服从，甚至在被害方作出让步也态度强硬，调解人有必要声明将向受害方提供业务技术上的支持，以便让受害方通过诉讼解决纠纷。这对维持公正是很重要的，这种做法也往往能够促成调解协议的达成。

10.1.6　调解协议

调解的过程中当事人总要争个是非曲直，一旦达成协议，他们重视的就是要履行的内容了。所以在书写调解协议时，对案情和责任分析要简约，只写梗概，防止因协议措辞再起争议。对达成的赔偿承担应行文准确、无歧义。履行赔付的金额时，最好将履行地定在调解机关。

10.1.7 《汽车维修质量纠纷调解办法》

《汽车维修质量纠纷调解办法》由交通部组织制定，于 1998 年 9 月 1 日开始实施。主要内容如下。

1. 总则

（1）质量调解的责任部门：

① 由县级以上地方人民政府交通行政主管部门的道路运政管理机构负责调解。

② 纠纷双方不在同一行政区域的，由承修方所在地的道路运政管理机构负责调解。

（2）纠纷调解范围：

① 限于质保期内或合同约定期内。

② 限于维修竣工出厂汽车的维修质量纠纷。

③ 双方自愿申请调解。

（3）纠纷调解原则：

① 坚持自愿、公平原则。

② 依据事实、查明原因、分清责任、公开调解以及公平负担。

2. 纠纷调解申请的受理

纠纷调解的受理应先填写《汽车维修质量纠纷调解申请书》，保护当事汽车的原始状态；提供有关的维修资料（如维修合同、维修竣工出厂合格证、修理人工费和配件费结算凭证以及其他维修记录等）。道路运政管理部门在收到调解申请后，五个工作日内应作出是否受理的答复。

3. 技术分析鉴定

由道路运政管理机构组织有关人员或委托有质量检测资格的汽车综合性能检测站进行技术分析和鉴定。技术分析和鉴定的费用按照国家有关规定执行。

4. 质量事故的责任认定

（1）承修方的责任：

① 未按有关规定和标准操作或维修操作不规范。

② 使用有质量问题的配件、油料或装配前未经鉴定。

（2）托修方的责任：主要是使用了有质量问题的燃料、润滑油、防冻液和蓄电池液，或违反操作规程和汽车维护规程而发生的质量责任。

10.2　调解适用的法律和规定

为了有依据和尽量周密地做好调解工作，除了学好《汽车维修纠纷调解办法》等行业规定外，还应该多学习一些与之相关的法律知识。

10.2.1 《中华人民共和国合同法》（简称《合同法》）

（1）“第七条　当事人订立、履行合同，应当遵守法律、行政法规……”当维修价格纠纷发生后，承修方常会以“托修方修车时对此价格是同意的，是有合同的或是托修人签了字的”为理由反驳托修方。能对车主说：“你们有约定还来告什么状”吗？这就需要在调解前首先审查其约定的合法性。有一辆小货车整修货箱，承、托修双方在合同上约定修理费为3600元，交款后车主来申诉，经审查其合同违背《汽车维修工时定额和收费标准》，所以其合同因违反行业规章而无效，核定收费为400元。

（2）“第三十九条第二款　采用格式条款订立合同是当事人为了重复使用而预先拟订，并在订立合同时未与对方协商的条款。”“第二款第四十条……提供格式条款一方免除其责任、加重对方责任、排除对方主要权利的，该条款无效。”有些修理厂采用了格式条款承诺质量保证期，但有的条款中却有如“发动机大修保修5万千米，不在本厂进行走合保养，不使用本厂提供的机油不予保修”这样的自行规定，既剥夺了托修方今后选择服务的权利又排除了己方责任而加重了对方的责任。《中华人民共和国消费者权益保护法》第九条规定：“消费者有自主选择商品或者服务的权利。消费者有权自主选择提供商品或者服务的经营者，自主决定购买或者不购买任何一种商品，接受或者不接受任何一项服务。”因此，上述格式条款违法，应当无效。

（3）“第四十一条　对格式条款的理解发生争议的，应当按照通常理解予以解释。对格式条款有两种以上解释的，应当作出不利于提供格式条款一方的解释。”一辆客车在发动机大修后5个月时捣缸，承修方拿出格式合同条款，上书“大修发动机保修一年，托修方在3个月内不结清修理费的，承修方在3个月后不保修，发生重大质量事故的，双方承担责任，承修方酌情赔偿。”对这起维修责任事故，承修方认为“双方承担责任就是承、托修双方各承担事故损失的一半”，托修方理解为“我没有按时交款，我付你欠款利息；你修坏了车，你就得负责赔偿，这才是双方承担责任。”按上述法律规定，显然应支持托修方对条款的解释。

（4）“第一百一十九条第一款　当事人一方违约后，对方应当采取适当措施防止损失的扩大；没有采取适当措施致使损失扩大的，不得就扩大的损失要求赔偿。”一辆车在保修期内出现曲轴报废，虽然不能精确地确定瓦响时曲轴是否已经报废，但司机没有停驶修理，属违章驾驶，就难以免除责任，应当酌情让托修方承担责任。

（5）“第二百五十三条　承揽人将其承揽的主要工作（第二百五十四条或辅助工作）交由第三人完成的，应当就第三人完成的工作成果向定作人负责。”汽车维修属加工承揽范畴，承修方即承揽人，托修方即定作人。一台发动机大修后镗缸脱落造成捣缸，调解中承修方说下套镗缸是在外加工的，让托修方去找镗缸者，这就违反了上述法律规定。正确的做法应是，承修方先承担捣缸责任，向托修方赔偿后再向镗缸者追偿。

10.2.2 《中华人民共和国消费者权益保护法》（简称《消费者权益保护法》）

1.“消费者”及“消费者权益”的含义

所谓消费者，就是为了满足个人生活消费的需要而购买、使用商品或者接受服务的居民。

消费者权益，是指消费者依法享有的权利及该权利受到保护时给消费者带来的应得的利益。其核心是消费者的权利。

2.《消费者权益保护法》的基本原则

（1）经营者应当依法提供商品或者服务的原则；

（2）经营者与消费者进行交易应当遵循自愿、平等、公平、诚实信用的原则；

（3）国家保护消费者的合法权益不受侵犯的原则；

（4）一切组织和个人对损害消费者合法权益的行为进行社会监督的原则。

3．消费者的权利

用法律保护消费者的权益，就必须在法律上赋予消费者一定的权利。消费者的权益主要有以下内容：

（1）保障安全权；

（2）知悉真情权；

（3）自主选择权；

（4）公平交易权；

（5）依法求偿权；

（6）依法结社权；

（7）求救获知权；

（8）维护尊严权；

（9）监督批评权。

4．经营者的义务

（1）依法定或约定履行义务；

（2）听取意见和接受监督；

（3）保障人身和财产安全；

（4）不作虚假宣传；

（5）经营者应当标明其真实名称和标记；

（6）出具相应的凭证和单据；

（7）提供符合要求的商品或服务；

（8）不得从事不公平、不合理的交易；

（9）不得侵犯消费者的人身权。

5．经营者侵犯消费者权益应承担法律责任的条件

（1）商品存在缺陷的；

（2）不具备商品应当具备的使用性能而出售时未作说明的；

（3）不符合在商品或者其包装上注明采用的商品标准的；

（4）不符合商品说明、实物样品等方式表明的质量状况的；

（5）生产国家明令淘汰的商品或者销售失效、变质的商品的；

（6）销售的商品数量不足的；

（7）服务的内容和费用违反约定的；

（8）对消费者提出的修理、重作、更换、退货、补足商品数量、退还货款和服务费用或者赔偿损失的要求，故意拖延或者无理拒绝的；

（9）法律、法规规定的其他损害消费者权益的情形。

6．经营者承担法律责任的形式

根据经营者侵犯消费者权益的情节轻重，应分别承担如下责任：

（1）造成消费者伤害的，应支付医疗费、治疗期间的护理费、误工费、生活费、残疾赔偿金等费用。

（2）造成消费者死亡的，应支付丧葬费、死亡赔偿金以及由死者生前扶养的人所必需的生活费用等。

（3）侵犯消费者人格尊严或侵犯消费者人身自由的，应当停止侵害，恢复名誉，消除影响，赔礼道歉，并赔偿损失。

（4）造成消费者财产损害的，应予以修理、重作、更换、退货、补足商品数量、退还货款和服务费用。

（5）对于严重违反《中华人民共和国产品质量法》规定的经营者，应根据情节单处或者并处警告、没收违法所得、罚款、责令停业整顿、吊销营业执照。

（6）经营者侵害消费者的权益的行为已构成犯罪的，由司法部门追究刑事责任。

7. 国家与社会对消费者合法权益的保护

（1）国家对消费者合法权益的保护。国家对消费者权益的保护主要是通过制定法律、法规和政策来进行。

（2）社会对消费者合法权益的保护。消费者协会必须依法履行其职能，各级人民政府对消费者协会履行职能应当予以支持。消费者协会应履行下列职能：

① 向消费者提供消费信息和咨询服务；

② 参与有关行政部门对商品和服务质量的监督、检查；

③ 就有关消费者合法权益的问题，向有关部门反映、查询、提出建议；

④ 受理消费者的投诉，对投诉事项进行调查、调解；

⑤ 对投诉的商品质量和服务质量问题，提请鉴定部门鉴定；

⑥ 支持消费者就其受到的侵权提起诉讼；

⑦ 对损害消费者合法权益的行为，通过大众传播媒介予以揭露、批评。

8. 两条重要规定

（1）“第八条　消费者享有知悉其购买、使用商品或者接受服务的真实情况的权利。”汽车维修价格纠纷常见的是承修方只笼统地列出配件及维修工时清单，托修方因而对维修范围和使用的配件真伪及价格产生怀疑。处理这类纠纷时，除了要核实作业范围、要求承修方列出详细的作业项目及所用工时外，还应责令承修方提供所换配件的产地、规格、性能、产品合格证的证明，特别要提供所涉配件进货价格的原始凭证。承修方在提供修理服务时没有给托修方以知情权，含糊其辞地对待该问题是错误的。当前有些修理厂借口技术保密，不让托修者进入维修作业车间，这就剥夺了托修者的知情权。汽车维修技术是共用技术，没有人用它来申请专利，因而不应该向车主隐瞒修理方法。

（2）“第四十七条　经营者提供商品或者服务有欺诈行为的，应当按照消费者的要求增加赔偿其受到的损失，增加赔偿的金额为消费者购买商品的价格或接受服务的费用的一倍。”有一家修理厂用一台拼装 Audi A6 发动机冒充进口原装发动机，车主为此付款 9 万元。经鉴定证实后，车主即以上述法律条文要求修理厂按原收费价的 2 倍赔偿，但我们的调解人和广大维修业户应该明白，车主这种要求是有法律依据的。这里“按照消费者的要求”是前置条件，即托修者不要求 2 倍赔偿，调解人不提醒也不违法。

10.2.3 《中华人民共和国民事诉讼法》（简称《民事诉讼法》）

（1）“侵害赔偿范围：财产损害赔偿。包括财产的直接损失和间接损失。直接损失是指现有财产的减少，间接损失是指可得到的利益没有得到。无论基于合同关系所能获得的利益或是基于本人对财产的利用可能获得的利益都应属于间接损失，都应由侵害人赔偿。”质保期内维修责任造成的机械事故，承修方即对托修方的财产形成侵害，其直接损失即重新修理费用和车辆救援费（如拖车费）以及调解过程中发生的拆检、技术分析和鉴定费等；间接损失即车辆因事故停驶造成的减少营运收入的合理部分。间接损失的数额如何确定，实践中比较困难，一般以合理为标准，具体情况具体确定。有些修理厂在发生了责任质量事故后，说“我赔你直接损失就不错了，哪有赔间接损失的。”这是一种不懂法的表现，达成的协调协议如果没有包括间接损失，并不是说不应该。在民事诉讼中解决的汽车维修质量纠纷，法院对停止运营所形成的损失的车主诉求都不同程度地予以了支持。

（2）“赔偿损失要坚持完全赔偿的原则，凡属由侵害人赔偿的损失侵害人都应赔偿，同时又要兼顾公平原则，考虑当事人的经济状况，酌情具体决定赔偿数额。”例如，工商局进行了一例维修质量纠纷仲裁，一辆 8t 的油罐车因承修方换后轮轮胎螺栓时漏掉螺栓内螺母的紧固工序，造成跑轮翻车。仲裁裁定为：承修方赔偿车辆救援费和修车费，并赔偿因该事故停驶 40 天的通常营运应得利润 1 万元。有人提出公平原则应该是赔偿不应超过原修理费所得，这显然违反上述法律条文。须知维修质量侵害不像普通商品，它还会造成其他零部件甚至总成的损坏，其后果常常是严重的。例如，在一个路边店花 20 元买了个劣质机油滤清器，冒充价值 90 元的优质品给一辆切诺基换上，造成发动机严重损坏，承修方要求按 90 元的 2 倍赔偿车主，这能符合公平原则吗？只有全部赔偿因此造成的损失才公平，而按照承修方维修所得金额赔偿车主反而是极不公平的。这里的“考虑当事人的经济状况，酌情具体决定赔偿数目”与“坚持完全赔偿的原则”并不矛盾，它是在被侵害人明白自己的权利后，通过调解，对侵害人的赔偿能力较差给予谅解，从而放弃部分权利而达成协议，并不是侵害人经济状况差就自然有了减少赔偿的权利。

10.2.4 《最新产品质量法解析与适用》

（1）“产品存在缺陷的损害赔偿，也应该实行先行赔偿的原则，即受害人要求是销售者赔偿，无论是否属于自己的责任都要先行赔偿，然后再向生产者或供货者追偿。”汽车维修属于《产品质量法》明确规定的约束范围，在《消费者权益保护法》和《产品质量法》都有规定的情况下，应该优先引用《产品质量法》。在一起维修责任质量纠纷中，曲轴断裂，承修方以曲轴质量有问题，提出供货商赔偿了承修方后他们才能赔偿车主，这就违反了“先行赔偿的原则”，是不被允许的。《消费者权益保护法》中规定，产品出了质量问题时，消费者可以向服务者也可以向生产者索赔，这个规定与《产品质量法》并不矛盾。这是考虑产品质量问题造成的损害巨大、服务方无力先行赔偿时，给消费者提供了一种索赔选择，当车主选择修理厂赔偿时，修理厂无权拒绝。汽车维修质量纠纷索赔额一般较少，直接向第一服务者承修方索赔更为便捷。

（2）“产品质量诉讼实行举证倒置原则……”。“谁主张谁举证”是一条诉讼原则，但在产品质量纠纷中，由于消费者的知识相对于生产者来说比较缺乏，而产品质量问题常常较复杂，为了切实保护消费者的合法权益，产品质量法提出“举证责任倒置“的规定。在汽车维修质量纠纷中，实施举证倒置应该是：承、托修双方都有举证的责任，但在托修方无力举证时，承修方要提出自己无责任的证据，无法证明自己无责任即是有责任。

（3）“产品存在缺陷造成受害人财产损失的，侵害人应当恢复原状或者折价赔偿。”这是赔偿应考虑折旧的依据。例如，维修责任造成发动机报废，若赔偿新机或更换价值较高的缸体、曲轴件时，应该根据原发动机寿命期的剩余里程或年限，进行折旧后赔偿，即赔偿的价值应为新件减去原件已被利用的价值。

10.2.5 《中华人民共和国民法通则》（简称《民法通则》）

“第一百三十一条　受害人对于损害的发生也有过错的，可以减轻侵害人的民事责任。”如一台发动机大修后走合期间拉缸，经检验，主要原因为活塞与缸壁间隙过小；但是，承修方证明车主在走合期内严重超载，即车主对于损害的发生也有过错，在这种情况下，可以酌情减少承修方的赔偿数额。

最高人民法院对《民法通则》的司法解释第 66 条，“承认的约定应符合：① 约定不违反法律规定；② 约定意思表示真实。”在汽车维修合同或格式合同条款中，承、托修双方约定“发动机大修质保期 5 万千米”，但发生了维修质量责任事故后，承修方又要求执行“保修 1 万千米”的行业规定。约定 5 万千米质保期超出行业规定，但不是违背行业规定；企业不得实行低于行规的质保期，但可以实行高于行规的质保期。根据上述司法解释，5 万千米质保期符合承认约定的条件，因而应该认定该承诺有效。实际上延长了的质保期是一种价值，托修方付了修理费即意味着购买了这种价值，因而事后反悔是不正确的。

10.2.6 《中华人民共和国刑法》（简称《刑法》）

“第一百四十条　生产者、销售者在产品中掺杂、掺假、以假充真、以次充好或者以不合格产品冒充合格产品，销售金额五万元以上不满二十万元的，处二年以下有期徒刑或者拘役，并处或单处销售金额百分之五十以上二倍以下罚金”。列出上述法律条文是为了在调解中教育当事人，使相关当事人认识到应承担责任的严重性。无须讳言，汽车维修业中确有少数厂家在使用假冒伪劣配件上已经严重违法，虽然少有被判刑的，但并不等于违法事实就不存在，对他们提出警告是必要的。如果司法部门能够依法介入对假冒伪劣汽车配件产销的打击工作，必将大大净化维修市场。

10.3 汽车维修合同

10.3.1 汽车维修合同的特征和作用

1. 汽车维修合同的性质

汽车维修合同是承、托修双方当事人之间设立、变更、终止民事法律关系的协议。它属于承揽合同，承揽合同是承揽方按照定做方提出的要求完成一定工作、定做方接受承揽方完成工作成果并给予约定报酬的书面协议。

2. 汽车维修合同的特征

汽车维修合同是一种法律文书，其目的在于明确承、托修双方设定、变更和终止权利义务的一种法律关系。通过合同条款来确定当事人之间的权利义务，而所发生的法律后果，是当事人所要求的。同时，鉴定汽车维修合同是承、托修双方意思表示一致的法律行为。“意思表示一致”是合同成立的条件，意思表示不一致，合同不能成立。在合同关系中，承、托修双方当事人的地位是独立的、平等的、有偿的、互利的。

3. 汽车维修合同的作用

（1）维护汽车维修市场秩序。合同明确了承、托修双方的权利义务，可以保障当事人的权益。因为依法订立的合同受法律保护，使当事人维修活动行为纳入法制轨道，使合法的维修活动受法律的保护，并防止或制裁不法维修活动，从而维护汽车维修市场的正常秩序。

（2）促使汽车维修企业向专业化、联合化方向发展。实行合同制，使各部门、各环节、各单位通过合同明确相互的权利义务和责任，便于相互监督、相互协作，从而有利于企业发挥各自的优势，实行专业化，促进横向经济联合。

（3）有利于汽车维修企业改进经营管理。实行合同制，企业要按照合同要求来组织生产经营活动，企业的生产经营状况与合同的订立和履行情况紧密联系在一起。企业只有改进经营管理，努力提高维修质量，才能保证履行合同。只有这样企业才能有信用，也才能有市场，不断改善经营条件，才能获得更好的经济效益和社会效益。

10.3.2 汽车维修合同的主要内容

按照交通部七号令《机动车维修管理规定》的规范，汽车修理有了质量保证期，质保期内若有质量问题也可“退换”。其中，和有车族关系最密切的是，汽车和危险货物运输车辆完成整车修理、总成修理后将享受到行驶 2 万千米或 100 日的质量保证期。并于 2005 年 8 月 1 日开始执行。

依据《合同法》和《机动车维修管理规定》，汽车维修合同主要内容如下：

（1）承修、托修双方名称；

（2）签订合同日期及地点；

（3）合同编号；

（4）送修车辆的车种车型、牌照号、发动机号、底盘号；

（5）送修日期、地点、方式；

（6）交车日期、地点、方式；

（7）维修类别及项目；

（8）预计维修费用；

（9）托修方所提供材料的规格、数量、质量及费用结算原则；

（10）质量保证期；

（11）验收标准和方式；

（12）结算方式及期限；

（13）违约责任和金额；

（14）解决合同纠纷的方式；

（15）双方商定的其他条款。

10.3.3 汽车维修合同的签订

1．合同签订的原则

汽车维修合同必须按照平等互利、协商一致、等价有偿的原则依法签订，承、托修双方签章后生效。

2．汽车维修合同签订的范围

凡办理以下维修业务的单位，承、托修双方必须签订维修合同：

（1）机动车整车修理；

（2）机动车总成修理；

（3）机动车零部件修理；

（4）维护预算费用在一千元以上的汽车维护作业。

3. 汽车维修合同签订的形式

汽车维修合同的签订形式分两种：第一种是长期合同，即最长在一年之内使用的合同；第二种是即时合同，即一次使用的合同。承修、托修双方根据需要可以签订单车或成批车辆的维修合同，也可签订一定期限的包修合同。如果是代签合同，必须要有委托单位证明，根据授权范围，以委托单位的名义签订，对委托单位直接产生权利和义务。

10.3.4 汽车维修合同的履行

汽车维修合同的履行是指承、托修双方按照合同的规定内容，全面完成各自承担的义务，实现合同规定的权利。

汽车维修合同的履行是双方的法律行为。但如果双方当事人中有一方没有履行自己的义务在前，另一方有权拒绝履行其义务。

汽车维修合同签订后，承修、托修双方应严格按合同履行各自的义务。

1. 托修方的义务

（1）按合同规定的时间送修车辆和接收竣工车辆；

（2）提供送修车辆的有关情况（包括送修车辆基础技术资料、技术档案）；

（3）如果提供原材料，必须是质量合格的原材料；

（4）按合同规定的方式和期限交纳维修费用。

2. 承修方的义务

（1）按合同规定的时间交付修竣车辆；

（2）按照有关汽车修理技术标准（条件）修理车辆，保证维修质量，向托修方提供竣工出厂合格证，在保证期内应尽保修义务；

（3）建立承修车辆维修技术档案，并向托修方提供维修车辆的有关资料及使用的注意事项；

（4）按规定收取维修费用，并向托修方提供票据及维修工时、材料明细表。

10.3.5 汽车维修合同的变更和解除

1. 汽车维修合同的变更和解除的含义

（1）变更：是指合同未履行或未完全履行之前，由双方当事人依照法律规定的条件和程序，对原合同条款进行修改或补充。

（2）解除：是指合同在没有履行或没有完全履行之前，由双方当事人依照法律规定的条件和程序，解除合同确定的权利义务关系，终止合同的法律效力。

2. 维修合同变更、解除的条件

（1）双方协定变更、解除的条件：

① 必须双方当事人协商同意；

② 必须不因此损害国家或集体利益，或影响国家指令性计划的执行。

（2）单方协定变更、解除维修合同的条件：

① 发生不可抗力；

② 企业关闭、停业、转产、破产。

（3）双方严重违约：除双方协商和单方具备变更、解除合同的约定条件及相关法定条件之外，任何一方不得擅自变更或解除合同。若发生承办人或法定代表人的变动，当事人一方发生合并或分立，违约方已承担违约责任情况，均不得变更或解除维修合同。

3．变更、解除维修合同的程序及法律后果

汽车维修合同签订后，当事人一方要求变更或解除合同时应及时以书面形式通知对方，提出变更或解除合同的建议，并取得对方的答复，同时协商签订变更或解除合同的协议。例如，承修方在维修过程中发现其他故障需增加维修项目及延长维修期限时，应征得托修方同意后，达成协议方可承修。

因一方未按程序变更或解除合同，使另一方遭受损失的，除对方可以免除责任外，责任方还应负责赔偿损失。

10.3.6　汽车维修合同的担保

汽车维修合同的担保是合同双方当事人为保证合同切实履行，经协商一致采取的具有法律效力的保证措施。其担保的目的在于保障当事人在未受损失之前即可保障其权利的实现。汽车维修合同一般采取的是定金担保形式。它是一方当事人在合同未履行前，先行支付给对方一定数额的货币，这种形式是在没有第三方参与的情况下，由合同双方当事人采取的保证合同履行的措施。定金是合同成立的证明。托修方预付定金违约后，无权要求返还定金；接受定金的承修方违约应加倍返还定金。定金的制裁作用，可以补偿因不履行合同而造成的损失，促使双方为避免制裁而认真履行合同。

汽车维修合同的担保也可以另立担保书作为维修合同的附本。内容包括抵押担保、名义担保和置留担保等。

不履行或不完全履行合同义务的结果是承担违约责任。承、托修双方中的任一方不履行或不完全履行义务时就发生了违约责任问题，对违约责任的处理方式一般为支付违约金和赔偿金两种。

10.3.7　汽车维修合同的示范文本与规范填写

1．汽车维修合同的示范文本

汽车维修合同是规范市场经营行为，保护承、托修双方合法权益的法律措施，是道路运政管理部门处理汽车维修质量和价格纠纷的依据。为了规范汽车维修合同的管理和使用，国家工商行政管理总局和交通部联合发布了专门通知，在全国范围内统一了汽车维修合同示范文本（GF-1992-0304）。明确该文本由省工商行政管理部门监制，省交通厅（局）统一印制发放、管理，汽车维修企业和经营户必须使用。汽车维修合同示范文本见表 10.1。

根据《道路运政管理规范》的规定，应按以下要求填写汽车维修合同：

（1）“托修方”栏填写送修车辆单位（个人）的全称。

（2）“签订时间”栏填写托修方与承修方强调汽车维修合同的具体时间（年　月　日）。

（3）“合同编号”由省级道路运政管理机构和地级道路运政管理机构核定，前两位数字为地域代号，后六位数字为自然序号。

（4）“承修方”栏填写汽车维修企业的全称和企业类别。

（5）“签订地点”栏填写承、托修双方实际签订合同文本的地点。

（6）“车种”栏按货车（重、中、轻）、客车（大、中、轻、微）填写。

（7）“车型”栏填写车辆型号，如“东风 1090”、“桑塔纳 2000”等。

表 10.1　汽车维修合同示范文本

汽车维修合同

托修方＿＿＿＿签订时间＿＿＿＿＿＿＿＿＿＿合同编号＿＿＿＿＿＿＿＿

承修方＿＿＿＿签订地点＿＿＿＿＿＿＿＿

一、车辆型号

车种		牌照号		发动机	型号	
车型		底盘号			编号	

二、车辆交接期限（事宜）：

送修				接车			
日期		方式		日期		方式	
地点				地点			

三、维修类别及项目：

预计维修费总金额（大写）＿＿＿＿＿＿＿＿＿＿（其中工时费　　　　　）

四、材料提供方式

五、质量保证期

维修车辆自出厂之日起，在正常使用情况下，＿＿＿＿天或行驶＿＿＿＿km以内出现维修质量问题承修方负责。

六、验收标准及方式＿＿＿＿＿＿＿＿＿＿＿＿＿＿＿＿＿＿

七、结算方式及期限

现金＿＿＿＿＿＿转账＿＿＿＿＿＿银行汇款＿＿＿＿＿＿期限＿＿＿＿＿＿

八、违约责任及金额＿＿＿＿＿＿＿＿＿＿＿＿＿＿＿＿＿＿

九、如需提供担保，另立合同担保书，作为合同附本

十、解决合同纠纷的方式：经济合同仲裁＿＿＿＿＿＿法院起诉＿＿＿＿＿＿

十一、双方商定的其他条款＿＿＿＿＿＿＿＿＿＿＿＿＿＿＿＿＿＿＿＿＿＿＿＿＿＿

托修单位名称（章）： 单位地址： 法人代表人： 代表人： 电话（传真）： 开户银行：　　　　账号： 邮政编码：	承修单位名称（章）： 单位地址： 法人代表人： 代表人： 电话（传真）： 开户银行：　　　　账号： 邮政编码：

说明：

1. 承修、托修方签订书面合同的范围：汽车大修、主要总成大修、二级维护及维修费在1000元以上的。
2. 本合同正本一式二份，经承修、托修方签章生效。
3. 本合同维修费是概算费用。结算时凭维修工时费、材料明细表，按实际发生金额计算。
4. 承修方在维修过程中，发现其他故障需增加维修项目及延长维修期限时，承修方应及时以书面形式（包括文书、电报、传真）通知托修方，托修方必须在接到通知后＿＿天内给予书面答复，否则视为同意。
5. 承、托修双方签订本合同时，应以《汽车维修合同实施细则》的规定为依据。

注：本合同一式＿＿＿＿＿份。承、托修双方各一份，维修主管部门各＿＿＿＿份。

（24）“托修方单位名称（章）”栏盖单位的印章，没有印章的填写单位全称或个人姓名及身份证号。

（25）“单位地址”栏填写单位或个人所在地详细地址。

（26）“法人代表”栏填写承修方或托修方法人代表人姓名。

（27）“代表人”栏填写承修或托修方法人代表指定的代表人姓名。

（28）“承修方单位名称（章）”栏盖承修方单位的印章。

习题 10

1．填空题

（1）调解是解决当事人之间民事纠纷的一种常用方式，是当事人__________将争议提交给第三方，在查清事实的基础上，分清是非、明确责任，对所发生的争议依据国家法律、法规调解，使当事人________的方式。

（2）调解的基本原则是________原则、________原则、__________________原则和______的原则，及行政高效和便民的原则。

（3）国家对消费者权益的保护主要是通过制定____________和____________来进行。

（4）汽车维修合同的签订形式分两种：第一种是长期合同，即最长在_____之内使用的合同；第二种是即时合同，即_______使用的合同。

（5）汽车维修合同的担保也可以另立担保书作为________的附本。内容包括_______担保、名义担保和_________担保等。

（6）在解决汽车维修纠纷实施举证倒置，即承、托修双方都有举证的责任，但在_______方无力举证时，_______方要提出自己无责任的证据，无法证明自己无责任即是有责任。

（7）签订汽车维修合同是承、托修双方意思表示________的法律行为。在合同关系中，承、托修双方当事人的地位是__________、__________、___________、____________。

2．判断题

（1）行政调解的受理者一般都是该行业的专业管理者，具有熟悉该专业的业务技术，受理程序简便，因而常是当事人解决争议的首选。（　）

（2）在调解过程中，任何一方当事人不愿意继续调解，不可以随时中止，调解人应强制继续进行调解。（　）

（3）在仲裁程序中，除非双方当事人达成和解协议或申请人要求撤回申请，否则当事人单方不得随便改变或终止仲裁程序。调解不成的，仲裁庭将依法作出裁决，而且实行的是一裁终局制。（　）

（4）客户将汽车送到修理厂维修，这个客户不算消费者。（　）

（5）求救获知权不属于消费者的权利。（　）

（6）汽车维修合同是承、托修双方当事人之间设立、变更、终止民事法律关系的协议。它属于承揽合同。（　）

（7）汽车维修合同范本在全国范围内都是统一的。（　）

（8）承修方在维修过程中发现其他故障需增加维修项目及延长维修期限时，应征得托修方同意后，达成协议方可承修。（　）

（9）汽车维修合同有利于汽车维修企业改进经营管理的作用。（　）

（10）“意思表示一致”是合同成立的条件，意思表示不一致，合同不能成立。（　）

3. 简答题

（1）消费者权益主要有哪些内容？

（2）汽车维修合同变更、解除的条件是什么？

（3）汽车维修时为什么要签订汽车维修合同？

第 11 章　汽车维修企业零配件管理

学习任务

通过对汽车维修企业零配件管理、采购和仓库管理三个流程的学习，了解这三个流程对汽车维修企业管理的重要性。

知识要点

- 汽车维修企业零配件管理流程。
- 汽车维修企业零配件采购和仓库管理流程。通过规范采购和仓库管理流程，节约采购成本，杜绝不良风气，提高产品质量。
- 通过制度管理使责任落实到个人，有利于提高仓库管理人员的业务水平和增强其责任心。

11.1　汽车维修企业零配件管理流程

零配件管理是汽车维修企业管理工作的重要一环，其运行的好坏将直接影响到企业的赢利以及客户的利益，企业经营者对此要高度重视。

汽车维修企业的零配件管理流程如图 11.1 所示。

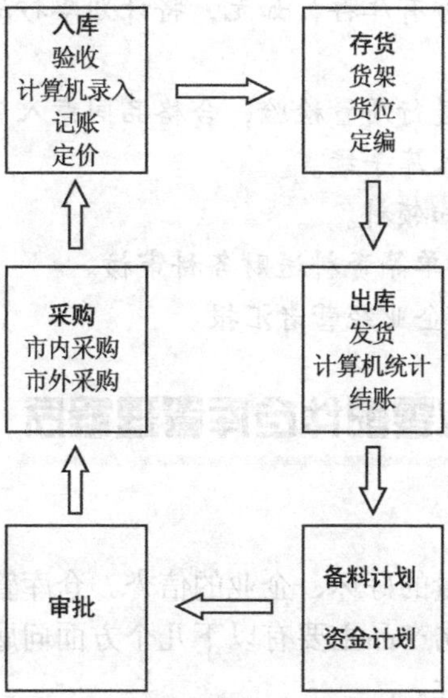

图 11.1　零配件管理流程

11.2 汽车维修企业零配件采购管理程序

维修企业应设置材料供应管理部门（或专职采购员）对汽车零部件等物资的采购进行专项控制管理，并建立由财务部门对材料采购进行监督控制的监督机制。

材料采购程序如下。

（1）深入市场，了解供货行情。现代汽车厂家众多，车辆品种繁杂，决定了汽车维修配件采购不同于其他工业企业的材料采购，有其特殊性。它属于小宗、零星和即时采购。而配件供应商也存在着经营单一或车辆配件品种少的弊端，所以采购部门（或采购员）一定要深入市场进行考察，了解供货行情，才能保证采购及时。

（2）货比三家，动态定点。货比三家是指在采购时进行价格对比来采购，在质量保证的前提下选择最低价位的配件采购，降低采购成本。

动态定点是指依据企业维修的主要车型来选择几家质量好、品种多、信誉佳、合作好的供应商作为稳定的分供方。根据采购的需要和比价的结果，灵活调整在各商家的采购比例，保证采购的及时性。

（3）汇总审批。采购部门将考察合格后的供应商资料（品种、价格、信誉度等）汇总后上报企业经营者审批，使企业经营者及时掌握采购信息。

（4）财务监督。由财务部门负责对采购配件的价格进行定期或不定期的检查，以保证采购的最低价和杜绝营私舞弊现象。

案例

材料采购工作流程

（1）车辆进修。

（2）解体检查。工作者自检，对损坏件提出换件要求。

（3）检验员复检确定，做出更换决定。

（4）质检部门（检验员）做出车辆需购材料计划并送交配件仓库。

（5）仓库保管员核查。是否有库存，如无，将计划单抄送采购部门。

（6）采购部门比价采购。

（7）检验员对新购进配件进行质量检验，合格品同意入库；不合格品退货。

（8）采购员办理合格配件入库手续。

（9）仓库保管员签收并通知领料。

（10）采购员每周将采购清单等资料送财务科审核。

（11）财务科将审核结果向企业经营者汇报。

11.3 汽车维修企业零配件仓库管理程序

1．抓好零配件质量管理

质量的好坏关系到修车质量的好坏、企业的信誉。仓库管理是其中重要的一环，一定要杜绝假货及伪劣产品入库。伪劣产品主要有以下几个方面问题：

（1）组装配件冒充原厂配件。

（2）国内仿造。

（3）不是指定配套的生产企业生产的同类产品（副厂件）冒充指定配套的生产企业生产的同类产品（正厂件）。

（4）旧件冒充新件。

2．抓好零配件的进出库管理

仓库管理工作包括四个方面的内容：

（1）零配件的入库验收。

（2）零配件的定位存放。

（3）零配件的出库发放。

（4）仓库建账统计核算。

先进的仓库管理工作能为企业带来明显的效益。减少库存和零库存是企业追求的目标，运用计算机网络组成的 ERP 系统对仓库管理流程进行精确控制是今后仓库管理的发展方向，也是汽车维修企业管理工作提升的标志。

11.4　零配件管理制度

实行零配件管理制度是为了加强配件及材料的管理，提高经济效益。下面列举一份管理制度以供参考。

（1）自觉遵守各项管理制度，积极学习业务知识，定期组织业务培训，坚守岗位，上班时间不准外出做私活，中午、星期日安排人员值班，仓库严禁闲杂人员入内。

（2）配件部要及时保证修理车间维修所用各种配件，同时还要及时组织对外销售和对外的各种订货。

厂内修理车间所用的配件，市内能采购到的必须在半天内完成，附近地区的当天要完成，超期一天，扣罚 50 元。

（3）配件部要设立计划员，做好材料的计划工作，仓库的库存要合理。采购要有计划性，防止库存积压。工具采购，批量进货，总成件的采购要经总经理审批，凡是盲目采购，造成积压的，要追究责任。

（4）配件采购要有固定进货网点，因固定网点无货，需要从其他点进货的，价格不能偏高。价格高于固定网点的，需先请示报价，经同意后方能购买。

（5）严格进货检验手续，所有采购回来的配件，进库时必须核对数量、价格、质量，特别防止假货入库。发现假货和质量问题要追究责任。

（6）修理工领料要派工单，由库管员填写，领料人签名，总成或价值较大的配件要有厂部审批手续。

（7）仓库员在发料时，应填写《发料单》，领料人必须在《发料单》上签章，仓库凭领料人签证的《发料单》及时登记库存做账，发料应与派工单核对。

（8）严格执行交旧领新料同时交回旧件，旧件必须编号，贴上标签交回车主。

（9）对二保车、大修车的消耗量要实行定量管理，发现多领、冒领要追究责任。

（10）零配件的价格要合理，销售价不能超过市场价（与车主协商定价的除外），发现随便加价影响公司信誉的要追究责任。

（11）零配件及材料进库后要立卡、建账，做到账、卡、物相符。月底要做好进、存销核算表，每季度要盘存一次。

（12）要严格执行工具管理制度，保管好各种工具和设备。

（13）仓库管理员如有违反制度，不履行岗位职责，发现一次扣罚 10～50 元，造成的损失全部由个人承担，一月内连续出现三次的调离岗位，情节严重的予以除名。

习题 11

1．汽车维修企业零配件管理应注意哪些环节？

第 12 章　现代汽车维修常见设备及功能

学习任务

随着汽车维修技术的发展，汽车维修的理念和设备也发生了很大的变化。“七分诊断三分修理”、“多保养少维修”等观点，都对现今汽车维修企业的设备、仪器和工具提出了新的要求。通过本章学习，可使学生了解汽车维修、养护过程中常用的工具、设备及检测仪器，掌握它们的功用和使用注意事项。

知识要点

- 常用主要设备的技术参数和功能。

12.1　汽车维修设备管理的概念

设备管理是对设备寿命周期全过程的管理，包括选择设备、正确使用设备、维护修理设备以及更新改造设备全过程的管理工作，以达到设备的良好投资效益。设备运动过程可分为两种状态，即设备的物资运动形态和资金运动形态。设备的物资运动形态，是指设备从研究、设计、制造或从选购进厂验收投入生产领域开始，经使用、维护、修理、更新、改造直至报废退出生产领域的全过程，对这个过程的管理称为设备的技术管理。设备的资金运动形态，包括设备的最初投资、运行费用、折旧、收益以及更新改造自己的措施和运用等，对这个过程的管理称为设备的经济管理。设备管理既包括设备的技术管理，又包括设备的经济管理；设备的技术管理与经济管理是有机联系、相互统一的。

12.2　汽车维修设备管理的内容

设备管理基础工作内容包括以下几点。

1. 设备凭证管理

（1）含义：在设备的技术管理和经济管理中，用于记录设备管理和技术活动，以及经济核算，并明确管理各方责任的书面证明，就是设备管理凭证。

（2）凭证设定原则（活动的依据，保证作用）：

① 满足需要的原则；

② 简明适用的原则；

③ 科学规范的原则。

（3）凭证设置要求：

① 一般设置成表格形式，一张表格有固定栏目和每次要填写栏目，固定栏目包括标题、表头、各种线格和文字说明等，标题要意思明确，语言简练；填写栏目要求数据来源可靠，易于收集，并要考虑最大的可能值，留有足够的空格余地。

② 凭证是随着设备物流和价值流的流向而传递的。传递过程中，有的环节需要保留作为依据，所以凭证的联次设计要合理，并在每一联上注明所缴存的部门。

③ 凭证格式一旦确定下来，就要保持相对的稳定性。

（4）凭证的具体管理要求：

① 明确凭证的管理部门（科、组）；

② 明确凭证的设置单位和设置程序；

③ 明确凭证的启用、检查、监督办法；

④ 明确凭证的填写、使用部门和人员；

⑤ 明确凭证的审核；

⑥ 明确凭证的传递和保存办法。

2．设备数据管理

（1）含义：数据管理是指通过对数据收集、处理加工和解释，使其成为对管理决策有用的信息（有的信息仍是以数据表示的）。它包括对数据进行收集、分类、排序、检索、修改、存储、传输、计算、输出（报表或图形）等整个过程。

设备数据主要指设备管理与维修领域内所产生的数据。

（2）设备数据管理的作用：

① 通过对物质运动形态的管理，保证设备管理与维修工作正常进行，保证设备完好，为企业完成生产经营任务提供可靠保证。

② 通过对价值流（设备采购、维修等费用）的数据管理，使各级人员及时了解设备各项费用的发生及流向，进行费用控制；同时，通过对凭证上的数据与实物核对，避免资产流失。

③ 通过统计与分析，计算和输出各种数据值与目标值对照，采取措施控制超标指标，并为管理部门制订设备管理工作目标、工作计划、维修决策等提供依据。

（3）数据管理内容的确定方法：

① 用系统思想进行数据管理；

② 确定数据的管理范围；

③ 确定输出数据；

④ 确定数据处理逻辑；

⑤ 优化数据管理系统；

⑥ 注重数据的收集管理。

（4）数据管理程序：

① 数据收集；

② 数据存储；

③ 数据传输；

④ 数据处理；

⑤ 数据输出。

（5）数据汇总——账、卡、图表、登记册的建立。数据汇总是指对设备管理环节发生的数据进行分类累加，求其总数的计算。

（6）数据统计。设备资产状况统计，包括以下三方面：

① 设备拥有量及分类拥有量（分三个层次）。

- 全部设备：指使用期在一年以上，价值在行业规定限额以上，属于固定资产的所有设备。
- 生产设备：指直接或间接参加生产过程的设备，它是企业固定资产的重要组成部分。有关生产设备管理范围和管理目录，由行业主管部门规定。
- 主要生产设备：指设备修理复杂系数在规定限额及以上的生产设备，是生产设备的主要组成部分。

② 设备资产原值、净值及新度系数：该项统计反映企业每年设备资产规模和老化程度。设备新度系数为设备资产净值与设备资产原值的比，是价值角度，反映报告期内企业设备新旧程度的一个统计指标。通过该指标的统计分析，为企业制订设备更新规划提供依据。

设备资产原值、净值数据由企业财务主管部门提供，由设备管理部门固定资产管理人员统计，填入表格。

③ 固定资产生产设备折旧率及年折旧金额。

3．设备定额管理

（1）定额管理的含义和基本形式。企业定额是产品生产过程中消耗的一种数量标准，是指在一定时期内和一定的生产技术组织条件下，为完成单位合格产品或任务所规定的物化劳动和活劳动的消耗量。

企业劳动定额有两种基本形式：工时定额和产量定额。

（2）企业设备管理与维修中，主要定额内容：

① 设备日常维护时间定额；

② 设备维修时间定额；

③ 设备修理停歇时间定额；

④ 设备维修材料消耗定额；

⑤ 设备维修费用定额；

⑥ 设备配件储备定额。

4．设备档案与资料管理

1）档案与资料的含义和区分

设备技术档案是指在设备管理的全过程中形成，并经整理应归档保存的图纸、图表、文字说明、计算资料、照片、录像、录音带等科技文件与资料，通过不断收集、整理、鉴定等工作归档建立的设备档案。

设备资料是指设备选型安装、调试、使用、维护、修理和改造所需的产品样本、图纸、规程、技术标准、技术手册，以及设备管理的法规、办法和工作制度等。

设备的档案和资料都是设备制造、使用、修理等项工作的一种信息方式，是管理和修理过程中不可缺少的基本资料。设备档案与资料的区别是：① 档案具有专有的特征，资料具有通用的特征。② 档案是从实际工作中积累汇集形成的原始材料，具有丢失不可复得的特征；资料是经过加工、提炼形成的，往往是经正式颁布和出版发行的。设备档案也是一种资料，是特殊的资料。

设备档案与资料的管理是指设备档案与资料的收集整理、存放保管、供阅传递、修改更新等环节的管理。

2）档案与资料管理内容

（1）设备档案内容：设备档案一般包括设备前期与后期两部分。前期档案包括设备订购、随机供给和安装验收的材料：后期档案包括使用后各种管理与修理的材料。

（2）设备资料内容：设备管理资料包括为加强设备管理，各级设备管理部门及企业所制订或编写的法规、制度、规程、标准等资料。一般包括如下内容。

① 设备综合管理资料明细：

- 国家、行业、地方有关设备管理文件；
- 企业设备管理方针目标；
- 年度工作计划与工作总结；
- 企业设备资产管理规章制度；
- 设备资产管理状况年报；
- 专项请示、报告及批文。

② 设备资产管理与技术管理资料明细：

- 设备分类及编号目录；
- 大型、重型稀有、高精度设备标准；
- 设备完好标准；
- 设备操作、维护、检修规程；
- 设备润滑手册（含进口油品与国产油品对照表）；
- 设备修理技术标准；
- 设备修理复杂系数；
- 特种设备预防性试验规程；
- 机修手册；
- 电修手册；
- 机械设备备品配件手册；
- 通用设备易损件目录；
- 电气元件手册（含进口设备元件与国产元件对照表）；
- 机械设计手册；
- 产品样本；
- 专业期刊；
- 翻译用工具书。

5．设备规章制度管理

设备管理规章制度是指指导、检查有关设备管理工作的各种规定，是设备管理、使用、修理各项工作实施的依据与检查的标准。设备管理规章制度可分为管理和技术两大类。管理类包括管理制度和办法；技术类包括技术标准、工作规程和工作定额。

规章制度的管理是指规章制度的制定、修改与贯彻。

（1）规章制度的制定。

① 制定原则。

- 具备政策性：贯彻执行国家有关设备管理方针、政策，符合“条例”要求；
- 要有继承性；
- 具有先进性；
- 具有协调性；
- 具有可行性；
- 具有规范性。

② 规章制度的内容构成。

- 适用范围：按照各部门的业务范围，将设备使用时间进行科学分段，确定每一段的管理范围和管理对象，编写相应的规章制度。
- 管理职能：确定有关的职能部门，如设备、供应、财务等部门在该项管理中的责任和权限。
- 管理业务内容：一般按照设备物流、价值流的流动方向或管理工作程序，规定各职能部门的管理工作内容、方法、手段、相应的凭证及凭证的传递路线，应具备的资料等，同时要制订相关部门之间业务上的衔接、协调和制约方式。
- 检查与考核：规定管理业务所应达到的标准、要求，对相关管理人员的考核内容、考核时间、考核方法及奖惩办法等。

③ 制定规章制度的程序。

- 确定任务：根据管理工作需要，由设备管理部门提出制定制度的意见，经主管负责人同意确定起草部门。
- 编写草稿：由起草人进行调查研究，收集资料、写出草稿，送交有关部门征求意见，然后进行修改形成送审稿。
- 会签审批：送审稿经有关部门会签，重要制度经会议审议，然后送设备主管负责人审批，由厂部以文件形式发布实施。

（2）规章制度的贯彻执行。规章制度只有在企业实践中认真贯彻执行才能发挥其应有的效能。同时，通过贯彻执行也是对规章制度的全面验证，其中不够科学或脱离实际的部分将被发现，经组织修订后，使规章制度更加完善。

（3）规章制度的修改。

① 各项规章制度，应根据具体情况，事先规定一个试行的期限。试用期满后，根据试行中暴露出的问题，集中研究，综合平衡，统一修订。

② 规章制度正式颁布执行以后，要在一个阶段保持相对稳定，一般当国家或行业的设备管理方针、政策有重大改变，或企业生产规模、管理组织机构有重大变化，原有的规章制度已不适用时，进行修改；如某项制度不适应，也可进行单项修改。

③ 规章制度的修改要依据规章制度的执行情况，保留那些适用的部分，对新增部分要充分调研和论证，并要征求有关人员意见，其修改程序与制订程序相同。

④ 规章制度的修改要经审批，审批级别及审批程序同规章制度的制定。

12.3 汽车维修设备的分类

（1）汽车检测诊断设备：常见的有汽车侧滑检测仪、汽车车轮定位检测仪、汽车行驶制动参数检测仪、汽车轴（轮）重及制动力检测仪、汽车制动力及车速表检测仪、汽车前灯检测仪、汽车排放气体检测仪、柴油车烟度计、汽车底盘性能检测仪、汽车转向器及悬架系统间隙检查仪、汽车密封性试验装置等。

（2）汽车发动机检测诊断设备：常见的有汽油机性能检测仪、发动机燃烧室容积检测仪、发动机转速量表、汽缸压力量表、汽油机点火正时仪、发动机皮带张紧力量表、发动机内窥镜、柴油机燃油喷射压力量表、发动机进气歧管真空度表、进气歧管真空度及燃油压力量表、散热器盖密封性检测仪等。

（3）汽车发动机检修设备及工具：常见的有汽缸量表、连杆校验器、曲轴平衡机、气门弹簧试验机、柴油机调速器试验台、发动机电控燃油喷射检测仪、柴油机燃油喷射泵试验台、柴油机喷油器检验器、发动机零件磁粉探伤机等。

（4）汽车发动机维修作业设备及工具：常见的有发动机维修作业台、发动机翻转架、活塞环拆装器、气门弹簧拆装钳、柴油机燃油喷射泵清洗机等。

（5）汽车发动机维修加工设备及工具：常见的有发动机汽缸珩磨机、汽缸镗磨机、汽缸口可调铰刀、活塞销孔铰刀、连杆衬套铰压机、连杆衬套铰刀、活塞销孔及连杆衬套铰刀、曲轴磨床、凸轮轴磨机、气门座镗铰机、气门座铰刀等。

（6）汽车底盘检测诊断设备及工具：常见的有变速器试验台、传动轴检测校正机、汽车车轮平衡机、轮胎气压量表、轮胎磨损量表、制动防抱死装置检测仪等。

（7）汽车底盘维修作业设备及工具：常见的有离合顺拆装作业台、汽车车轮拆装车、汽车车轮螺母拆装机、轮胎拆装机、轮胎充气装置、汽车制动装置维修成套工具等。

（8）汽车底盘维修加工设备及工具：常见的有半轴套管螺纹修正器、转向节主销衬套铰刀、制动鼓切削机、制动鼓及制动蹄摩擦片切削机、制动盘切削机等。

（9）汽车电气设备及车用辅助装置检修设备及工具：常见的有电气设备试验台发电机及起动机试验台、蓄电池检测仪、蓄电池电解液密度计、汽车点火模拟装置、分电器试验台、起动机故障检测仪、车用空调设备维修检查器、车用空调设备制冷剂泄漏检查器等。

（10）汽车电气设备及车用辅助装置维修作业设备及工具：常见的有蓄电池充电器、蓄电池放电叉、火花塞拆装扳手、车用空调制冷剂自动更换器、车用空调制冷剂回收再生装置等。

（11）汽车车身维修整形设备及工具：常见的有车身检测校正机、车身校正外形检测器、车身校正装置、车身钣件校正焊接拉器、车身钣件校正工具、车身钣件延伸工具、车身钣焊剪钳、车身点焊打孔器、车身整形焊斑切除器、车身整形敛缝胶充填枪等。

（12）汽车维修喷涂电镀设备及工具：常见的有车身维修涂装成套设备、汽车喷漆烤漆房、汽车静电涂装机、汽车喷漆红外线干燥装置、车身底部喷涂装置、汽车维修喷砂设备、汽车喷漆调色设备、汽车维修电刷镀机等。

（13）汽车清洗除尘设备及工具：常见的有汽车清洗机、汽车清洗刷、汽车打蜡机汽车零件清洗机、发动机不解体燃烧室清洁器、油箱清洗机等。

（14）汽车举升吊运设备及工具：常见的有柱式汽车举升机、菱架式汽车举升机、汽车底盘检查升降台、汽车千斤顶、发动机拆装架、变速器拆装架、后桥差速器拆装架、钢板弹簧拆装架、发动机吊架、变速器吊架、汽车救援拖运装置等。

（15）汽车润滑加注设备及工具：常见的有汽车软管卷盘加注成套设备、汽车润滑油分配成套设备、汽车润滑脂加注器、汽车润滑油更换机等。

（16）汽车过盈配合件拆装设备及工具：常见的有汽车零件拆装压力机、汽车零件拆装成套拉器、转向横拉杆球头拆卸器、扭杆轴瓦拆装器、制动蹄支承销拉器、发电机轴承拉器、电机电枢轴承拉器等。

（17）汽车检测维修设备微机控制系统：常见的有汽车故障诊断仪、汽车电子检测设备、汽车维修设备微机控制系统、发动机检测设备微机控制系统、汽车喷涂设备微机控制系统等。

12.4 常见设备

12.4.1 喷漆/烤漆房

喷漆/烤漆房工作原理如图 12.1 所示。

喷漆时工作原理：外部空气经过初级过滤网过滤后由风机送到房顶，再经过顶部过滤网二次过滤净化后进入房内，房内空气采用全降式，以风速 0.3m/s 的速度向下流动，使喷漆后的漆雾微粒不能在空气中停留，而直接进入底部出风口排出房外。房内新鲜空气转换次数为每小时循环 281 次，空气对换容量为 18 000m^3/h，保证房内空气绝对清新，从而达到安全卫生的工作环境。

表 12.1 列出了喷漆/烤漆房相关数据。

表 12.1　喷漆/烤漆房相关数据

房体体积（m^3）	外：7×5.4×3.5 内：6.9×4×2.8	照明光管	上排 32 支×40W 下排 16 支×20W
房门面积（m^2）	宽 3×高 2.7	耗油量（公升/台）	每台车约 6 公升
风 量（m）	20 000 立方米/高	工作温度	60℃～80℃
房内风速（m/s）	0.3～0.5	功 率（kW）	10
换气次数（次/小时）	260	要求电力	三相四线 380V

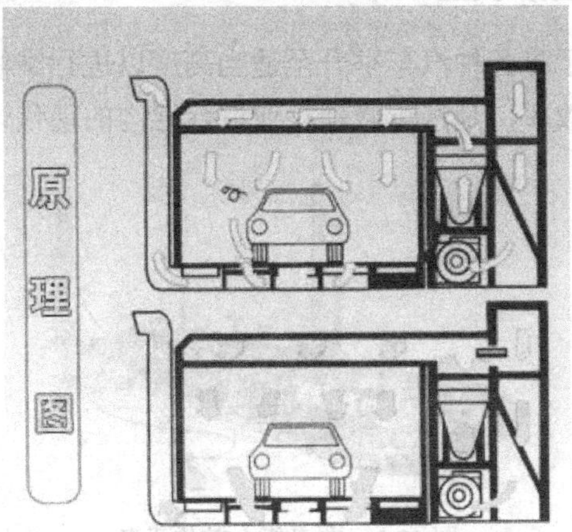

图 12.1　喷漆/烤漆房工作原理图

12.4.2　QJY230S 汽车举升机

QJY230S 汽车举升机如图 12.2 所示。表 12.2 列出了其主要技术参数。

图 12.2　QJY230S 汽车举升机

表 12.2　QJY230S 汽车举升机技术参数表

型 号（Type）	QJY230S	QJY232
举升重量（Lift Weight）(kg)	3000	3200
举升高度（Lift Hight）(mm)	1800	1800

续表

举升时间（Lift Time）(s)	60	60
电动功率（Power of Motor）(kW)	1.5kW(380/220V 50Hz)	
操纵方式（Method-Operation）	手动 Lever Type	
重 量（Weight）(kg)	980	

注：（1）混凝土地面厚度在 150mm 以上时，可直接用膨胀螺钉安装。

（2）采用埋入式安装时，建议底架最小高出地面 15mm。

汽车举升机的主要特点如下：

（1）全封闭式液压系统。

（2）双柱三级式保护装置，使用更安全可靠。

（3）采用链条传动，拉力特强，寿命更长。

12.4.3 车身钣金整修设备

车身钣金整修设备用于将各种汽车举升至适当高度以进行维修工作，它为汽车修理极大地提高了修车质量和修车效率，是汽车修理行业取代地沟的现代设备，如图 12.3 所示。

图 12.3 车身钣金整修设备

其主要功能和特点如下：

（1）工作台面整体加工平面度高，台面宽广，工作台高度垂直自由可调，能充分满足较低的拉伸矫正操作、较高高度的测量和车辆底盘的维修。

（2）工作台举升有获得专利的平行四边形举升架控制，升降自如，举升架备有液压和机械自锁双重保险。

（3）双拉塔配置，拉塔直接安装在工作台上，拥有独家专利行走机构，可沿工作台导轨做 360° 旋转，操作方便灵活，省时省力。

（4）拉塔油缸垂直安装，无任何方向的分力，确保牵引力 10t，拉力强劲。

（5）拉塔配备有吊臂，可方便地修理车顶等相关部位。

（6）测量系统为可移动式三维坐标激光测量系统，车辆拉伸矫正操作和测量可同步进行，实现准确的实时测量，操作简便精确度高，并配备各车系最新数据手册。

（7）车辆上下架只有两块桥板，不需配备其他动力源，简便省时。

（8）本机配有二次剪式举升架，最大举升高度 408mm，可方便实现车辆上架后的固定操作。

（9）本机配有通用夹钳，大梁夹钳几辅助夹钳，夹钳三维可调，能迅速固定待修车辆。随机配有各种结构的夹具、辅具，可满足任意形状的变形矫正。

12.4.4　拆胎机

拆胎机如图 12.4 所示。表 12.3 列出了拆胎机相关技术参数。

图 12.4　拆胎机

表 12.3　拆胎机技术参数

技 术 参 数			
工作压力	8～10bar	转盘转数	7rpm
工作温度	0～45℃	最大轮宽	320mm
电机功率	1.1kW/0.75kW	最大车轮直径	1000mm
额定电压	220V/380V/110V 50Hz/60Hz	夹钳外锁定尺寸	10"～18"
		夹钳内锁定尺寸	13"～22"
外包装尺寸	980 mm×1020 mm×950mm	重量	185kg

12.4.5　1630 型轮胎动平衡机

1630 型轮胎动平衡机如图 12.5 所示。

（1）主要特点：带有微处理全自动轮胎平衡专用设备，能在 10s 内同时测出轮胎静态和动态不平衡量；传感器采用压电陶瓷片，使得测量更准确；数码显示轮胎内侧和外侧不平衡量，准确找出不平衡位置，操作更精确；可以选择六种不同形式的平衡方式，并有防护罩保护启动装置，单位可公制、英制转换，克与盎司转换，轮辋尺寸可英寸、毫米设置等多项功能；可针对特殊轮胎定制使用；意大利技术生产，使用寿命长，性能稳定。

图 12.5　1630 型轮胎动平衡机

（2）技术参数（见表 12.4）。

表 12.4　轮胎动平衡机技术参数

轮圈直径	轮圈宽度	轮圈外悬尺寸	工作电压	最大吸收功率	测量精度	测量轮重
10 "～24 "	1.5 "～20 "	0～170mm	220V，50Hz	0.6kW	±1g	70kg

12.4.6 四轮定位仪

在现代汽车中，为了使汽车直线行驶、转向轻便、受控力好，并减少轮胎及相关部件的磨损，在轮胎安装和前、后轮的悬挂系统均设置车轮定位角度（各汽车生产厂家根据不同车型，设置不同数据）。由于更换轮胎或减振器、机械的磨损、机件在剧烈颠簸中疲劳变形或车架和机件在碰撞后变形，都会导致四轮定位参数发生变化。所以一般新车在驾驶3个月后就应做四轮定位检测，以后每行驶10 000km或更换轮胎及减振器，以及发生碰撞后都应及时做“四轮定位”，检测其是否符合原车标准，并及时进行维修与调校。

1．四轮定位仪简介

当前用于车轮定位检测的仪器大部分为“四轮定位仪”，如图12.6所示。检测时四轮定位仪先测量出汽车现时的四轮定位参数，然后由计算机自动与相应车型的存储值对比，对汽车四轮定位算出偏差值，维修人员按照定位仪的提示进行修正就可以恢复原状了。现代高档四轮定位仪由软件系统和硬件系统两部分组成。

软件系统主要包括：客户信息管理数据库；国内外各类汽车生产厂、年代、及型号的原始定位参数；车辆预检查及其定位故障诊断；标定调校程序等。程序运算、执行、数据存储和输出通过高档计算机、CD-ROM及打印设备完成。

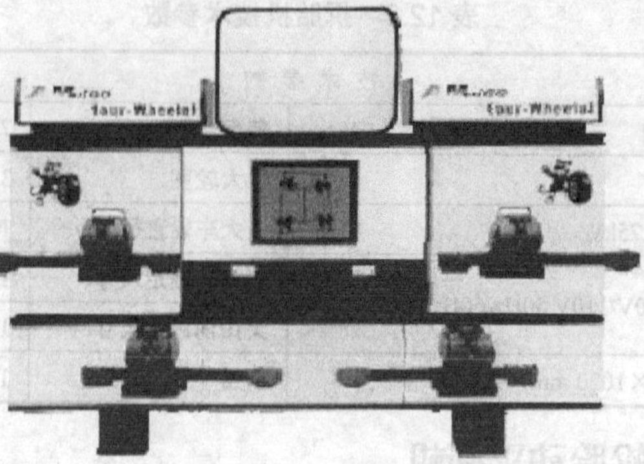

图12.6 四轮定位仪

硬件系统除了计算机及外设，主要还包括：车轮倾角检测用的传感器和配套安装夹具，调整标定设备、光学传感器、遥控操作器等。

对于不同四轮定位设备，起关键作用的是测量传感器是否精确、软件功能是否完善，至于外观、体积以及是否有无线通讯功能，都不是关键所在，毕竟汽车驾驶者需要的是汽车的安全与良好的运行状态。

下面重点针对汽车车轮各定位角度的定义及作用，以及主要选用的倾角产品进行介绍。

2．汽车车轮各倾角定义及作用

现代轿车普遍采用前后独立悬挂，四轮定位仪检测的主要参数为车轮外倾角、主销后倾角、主销内倾角及前束等参数。

（1）车轮外倾角。车轮外倾角是指车轮中心平面与汽车垂直平面的夹角，如图12.7所示。当车轮顶部向汽车外部倾斜时角度为正，反之为负。车轮外倾角的主要作用是使车轮与地面的动态承载中心得到合理的分配，从而达到提高机械零件的使用寿命、减少轮胎磨损等效果。若车轮外倾角不正确，轮胎会出现异常的磨损，汽车在行驶时也会发生偏驶的现象。

（2）主销后倾角。安装在前轴上的主销，其上端略向后倾斜，叫主销后倾。在汽车纵向铅垂面内，主销轴线与铅垂线的夹角叫主销后倾角（如图12.8所示）。上球头在铅垂线的后方为正，反之为负。主销后倾角的主要作用是当汽车行驶时转向轮形成自动回正力矩，使汽车保持直线行驶。因此主销后倾角会影响汽车转向稳定性和方向盘的自动回正作用。

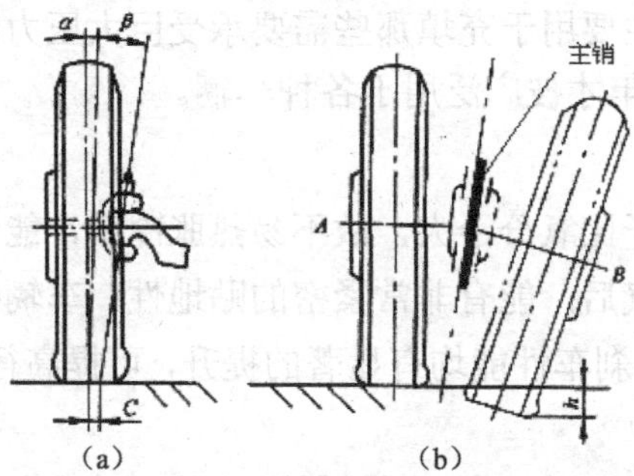

图 12.7　车轮外倾角

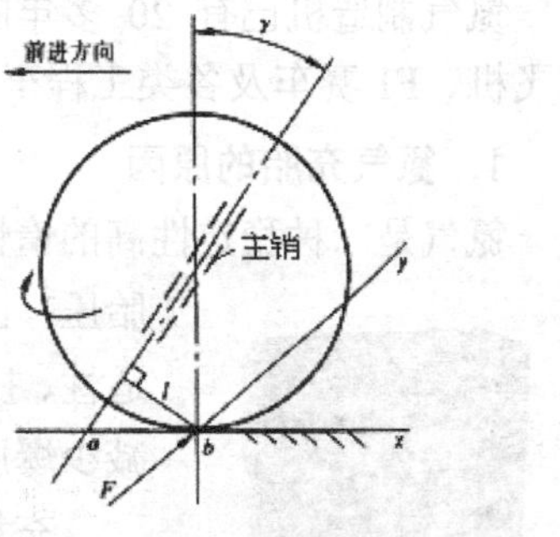

图 12.8　主销后倾角

主销后倾角一般是不能调整的，但对非独立悬挂的转向桥来说，可在前轴和钢板弹簧底座后部加装楔形垫块进行调整。

（3）主销内倾角。主销内倾角是指悬架上球头或支柱顶端与下球头的连线与铅垂线，且从汽车的正面观察的夹角。上球头向内为正，反之为负。合理的主销内倾角可使汽车转向行驶时转向轻便，减少路面通过转向轮传导到转向盘的冲击力，同时也具有一定的自动回正作用。主销内倾是指主销装在前轴略向内倾斜的角度，它的作用是使前轮自动回正。角度越大，前轮自动回正的作用就越强烈，但转向时也越费力，轮胎磨损增大；反之，角度越小，前轮自动回正的作用就越弱，因此这个主销内倾角都有一个范围，5°～8°。

（4）前束角。前束是汽车修理工非常熟悉的工作，汽车修理都要校对车轮前束。所谓前束，是指两轮之间的后距离数值与前距离数值之差，也指前轮中心线与纵向中心线的夹角（如图 12.9 所示）。前轮前束的作用是保证汽车的行驶性能，减少轮胎的磨损。前轮在滚动时，其惯性力会自然使轮胎向内偏斜，如果前束适当，轮胎滚动时的偏斜方向就会抵消，轮胎内外侧磨损的现象会减少。不同的汽车前束调校值是不一样的。前轮前束可通过转向横拉杆长度来调整，汽车说明书都会有详细的说明。

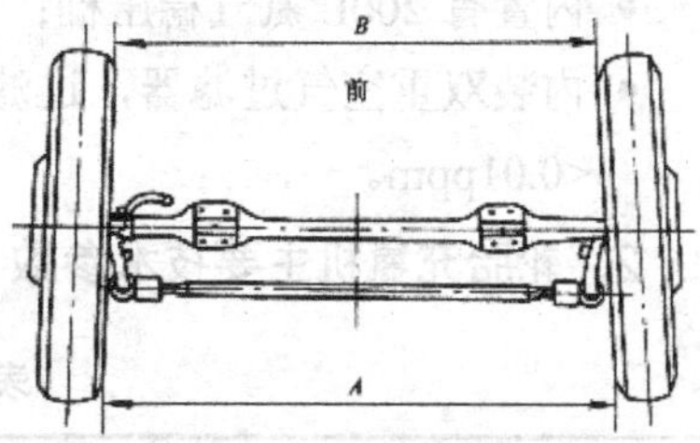

图 12.9　前轮前束

3．倾角传感器在四轮定位测量系统中的应用

四轮定位仪对倾角传感器安装要求：四轮定位测量系统对于前述几种倾角的测量，除前束角一般通过转盘或转角传感器实现外，其他角度一般采用倾角传感器。倾角传感器固定在四轮定位仪安装底板上，再通过夹具安装在汽车的车轮上。

由于汽车结构的原因，汽车车轮定位角中的倾角测量分为直接测量和间接测量两种。从车轮倾角的定义中可知车轮外倾角测量可以直接利用倾角传感器测得其值，而主销内倾角和主销后倾角则不然，由于主销是安装在车轮的内侧，所以一般不能直接通过倾角传感器来测量。测量方法是通过以一定角度转动车轮，测得车轮绕主销摆动曲面的法线变化率来间接反映主销倾角值。因此测量主销倾角的过程是一个动态测量过程，对传感器也相应提出了动态响应的要求。一般来说，这个动态变化的速度取决于测量时操作者转动方向盘的角速度。据笔者统计，正常操作时此角速度为 5°/min，反映到主销倾角上约 0.5°/min。除此之外，车轮倾角的测量范围应在±15°左右。通过调查当今在用的车型，倾角的调整偏差值一般在 5′左右，如上海大众 PASSAT B5 前轮外倾角值为–0°35′～±0°25′。因此可知传感器的测量分辨率应小于或等于 5′。

12.4.7 轮胎充氮机

氮气制造机已有 20 多年的历史，刚开始主要用于充填那些需要承受巨大压力的轮胎，如飞机、F1 赛车及各类工程车等；只是最近几年才被广泛用于各种车辆。

1. 氮气充胎的原因

氮气是一种稳定性高的惰性气体，且氮分子比氧分子大，故不易热胀冷缩，能保持稳定胎压，因此轮胎充填氮气后，能有非常紧密的贴地性，车辆行驶的舒适性、操控性、避震性及刹车性能均有显著的提升，可提高行车安全，减少爆胎事故。

图 12.10 轮胎充氮机

充氮气的好处：减少爆胎机率、减少轮胎磨损、减少车身震动、减少轮胎噪声、延长轮胎寿命、防止钢圈氧化腐蚀、降低车辆油耗、增加安全性，舒适性。

图 12.10 所示轮胎充氮机的主要特点如下：

- 采用 PSA 气体分离方式；
- 采用大容量双塔交替吸附方式；
- 内置有 200L 氮气稳压桶；
- 内装双重空气过滤器，过滤空气中水、微粒、油，处理流量 800NL / min，过滤精度 <0.01ppm。

2. 轮胎充氮机主要技术参数（见表 12.5）

表 12.5 轮胎充氮机技术参数

型　　号	DT3000	电　　源	AC220V
适用车辆	中、小型客货车	储氮桶	200L
空气压力	8～10kg / cm^2	N_2 生产量	40～80NL / min
氮气压力	7～9kg / cm^2	机体尺寸	W700mm×D450mm×H1500mm
生产方式	PSA	机体重量	200kg
氮气纯度	96%～99.8%	过滤组合	双标高压精密油，水过滤器

12.4.8 空压机

空气压缩机以电动机为动力，提供一定压强的压缩空气，广泛用于除尘、除湿、油道管路疏通、车身喷涂、清洁以及动力源等，如图 12.11 所示。空气压缩机的型号很多，规格则用每分钟压缩空气生产和输出压力来表示，要根据企业的规模和生产方式来选用。

TE75-160

图 12.11 空压机

12.4.9 清洗美容系列

1. 高压清洗机

高压清洗机采用电动机为动力，可将低压自来水的压力提升到 3～10MPa，有的还可以将水温加热到 60～100 度（可调节），用于车辆的外表清洁，如图 12.12 所示。

高压清洗机的型号很多，可根据自己的需要来选用。

2．地毯脱水机

许多轿车的坐椅都备有座椅套，地板上附有地毯，这些织物体积大，吸水后变得非常重，用普通的洗衣机脱水时，会因超负荷运转而导致严重损坏，必须采用大功率、大容量的脱水机。如图 12.13 所示为专用的汽车美容脱水机，它具有大功率、大容量和高转速的优点，工作可靠，是汽车美容的重要设备。

图 12.12　高压清洗机

图 12.13　地毯脱水机

3．臭氧消毒机

臭氧消毒机用于汽车美容养护行业清洁护理设计，如图 12.14 所示。它具有健康、环保、安全、高效等特点，适用于各类小型客车、货车驾驶室等消毒灭菌，能够迅速有效去除异味，营造健康、清新的环境。

（1）功能特点：设备操作简单；能迅速杀灭室内细菌，彻底消除车内异味，成功营造健康的驾乘空间；比蒸气消毒、化学消毒更为有效、更方便、更环保。

（2）使用方法：

① 开机。插上电源并按下电源开关，工作窗口显示“prefix=stl ns=‘urn:schemas–microsoft–com:office:smarltags’15”。

② 设置时间。按一下“IN”按钮则时间增加一分钟，按一下“DEC”时间减少一分钟。长按“INC（DEC）”按钮则时间连续加（减）。

③ 开始工作。工作指示灯显示时间倒计时，出气口开始输出臭氧。当倒计时为“00”时自动停止工作并蜂鸣提示完成。

④ 停止工作。工作时若想停止，则按下“SET”按钮，机器自动停止工作。工作完成后，请打开车门通风 1～2 分钟。

4．打蜡/抛光机

谁都希望自己使用的汽车车身表面长期光亮如新，因而爱护有加。车蜡具有去除污垢、遮掩划痕以及还原本色的功能，如再作抛光处理，则会使漆面变得更加光亮和艳丽。因此，打蜡和抛光的应用已日益广泛，成为汽车美容的主要项目。打蜡/抛光机的类型和形式有很多钟，有气动式、电动式，有直臂式和横臂式等，如图 12.15 所示。

图 12.14　臭氧消毒机

图 12.15　打蜡/抛光机

电动式打蜡/抛光机的优点是使用方便，缺点是可靠性较差，又因作业场地常有积水，安全性业不太好。气动式打蜡/抛光机安全性好，但要用空气压缩机配合使用，施工时噪声大。因此，在选购打蜡/抛光机时，一定要充分考虑实际情况和需要。

5．泡沫洗车机

高压洗车机只能冲洗汽车上的泥沙，对于黏附在车身表面的油污、尘垢则要用刷子和抹布进行人工洗刷。但是这样的清洗方法会对轿车的面漆产生极大的伤害，因此，通常采用泡沫洗车机来清洗，如图 12.16 所示。

泡沫洗车机是以压缩空气为动力，加入适量的泡沫清洁剂，在压缩空气的搅动下生成大量的泡沫，然后喷涂到车身表面，由于泡沫不会很快流失，能黏附较长的时间，可充分产生化学作用，溶解表面的油污和尘垢。经数分钟后便可以用普通高压洗车机冲去泡沫，不必再用洗刷即可达到清洁光亮的效果。

6．风动废油抽取机

风动废油抽取机如图 12.17 所示。

图 12.16 泡沫洗车机

图 12.17 风动废油抽取机

功能：配置全套清洗装置及大型油盆，可配合自动变速箱或引擎拆卸维修及清洗功能。

抽油：气动泵抽油，超级速度，4L 热油最快只需 2 min。

排油：低气压排油、安全快速。

全空压设计：不产生火花、温度。

注意事项：汽车引擎温度 60°以上，汽车须保持水平，再打开引擎盖拉起量油尺，放置于一边，选择适量吸油管，口径越大吸油越快，吸油管与量油尺须比量油尺深 1～5cm，插到底即可，请勿过深，以免弯曲。

12.4.10 发动机燃油系统免拆清洗机

图 12.18 发动机燃油系统免拆清洗机

发动机燃油系统免拆清洗机如图 12.18 所示。它用于汽车燃油系统的免拆清洗，以及对汽车油路的测试分析。

其主要技术参数如下。

外形尺寸：640(mm)×560(mm)×1150(mm)；

电源：汽车 12V 电源；

功率：65W；

计时范围：0～60min；

步长：1min；

系统压力：0～3.5bar（可调）。

12.4.11　多功能电喷嘴自动清洗测试仪

多功能电喷嘴自动清洗测试仪如图 12.19 所示。其主要用途为：自动测试分析电喷嘴的工作状况；对汽车发动机燃油系统进行免拆清洗。测试功能有：

图 12.19　多功能电喷嘴自动清洗测试仪

- 检测电喷嘴的滴漏；
- 检测电喷嘴的喷油角度和喷油的雾化状态；
- 检测电喷嘴的喷油开启压力和关闭压力；
- 检测电喷嘴的喷油量；
- 对汽车油路测试分析；
- 对有阻塞和有故障的电喷嘴进行物理和化学清洗（超声波清洗、反冲清洗和免拆清洗）；
- 检测燃油压力。

12.4.12　冷媒检测加注机

图 12.20　冷媒检测加注机

冷媒加注回收机是用于装配和维修大型空调机组（火车、冷藏车制冷系统）进行抽真空，加注和回收冷媒的专用设备，如图 12.20 所示。其特点是：设计合理，故障率低，操作简单，无须专业培训。

主要功能如下：

- 回收空调内的冷媒 R12 或 R134a，净化冷媒回收使用。
- 快速抽真空。
- 定量加注冷媒。
- 适用于汽车空调修理和使用 R12 或 R134a 的各种制冷设备的维修。

12.4.13　汽车故障诊断仪

汽车故障诊断分析仪如图 12.21 所示。

图 12.21　汽车故障诊断仪

（1）基本功能：

- 自动读取系统故障代码；
- 自动清除系统故障代码；
- 全面自动读取静/动态数据流；
- 执行元件测试；
- 系统设定；
- 计算机编程；
- 匹配自适应；
- 读计算机版本。

（2）示波器功能：示波器功能菜单、单通道波形、双通道波形、点火波形、断路捕捉。

（3）高级功能：

- 专家分析、音响解码、电路图库；
- 辅助功能：

- 光盘升级、网上升级、显示调整 、人工读码。

12.4.14 Fluke 187,189 高性能数字万用表

Fluke 180 系列高性能数字万用表有两个产品型号：187、189，如图 12.22 所示。其特点如下：

图 12.22 高性能数字万用表

- 0.025%的基本直流准确度；
- 50 000 字高分辨力显示模式，并带有瞬时读数的详细分析，模拟指针，双层背景光；
- 100kHz 交流带宽、dBm/dBV 测量，及真有效值电压电流测量；
- 更宽的量程，高阻值测量达 500MΩ，电导量程达 500ns；
- 内部存储功能可记录和存储 1000 个测量数据，并带有实时时间标记（仅 189 型）；
- 最新的 FlukeView Forms（FVF 1.5 版本）软件更加方便易用，还可以在线记录测量数据到计算机（187、189 均可）；
- 电容相对模式可以清除读数中的杂散电容。

12.4.15 点火正时灯

点火正时灯可测试点火提前角、转速和闭合角。其发光二极管显示、清楚、明亮、具有冲程选择功能。发动机只有处于最佳点火正时值状态下工作，才能发挥出最大的功率，同时燃油耗量也相对较小。发动机出厂时，点火正时角均已调好。发动机拆装后，最佳的点火正时角可能发生变动，因此必须进行检查和调校。点火正时灯的作用就是检查运转中的发动机的点火正时值，如图 12.23 所示。其工作原理是利用高压线的点火电压为触发信号，采用红外线或激光束的方式，向预先装有感应片的曲轴皮带轮发出脉冲波，通过脉冲波频率的调整，当达到与曲轴转速同步时，在正时灯的显示屏上便能显示出实时的点火提前角，如果所示的角度与使用说明书不符合，应予以调整。

图 12.23 点火正时灯

12.4.16 充电机

汽车长期夜间行驶或频繁起动，会使蓄电池严重电量不足，即使有发电机的充电，由于充电电流太小，也无法使蓄电池恢复到良好的状态，此时必须采用外部直流电源对蓄电池进行充电。充电机的种类很多，其规格常用额定充电电压和电流来表示；与蓄电池组的连接方法也有串联和并联之分，选购时应根据车辆维修规模而定。目前市场有很多充电/起动综合电源，如图 12.24 所示为 JQST 2200A 型充电/起动机，其特点如下：

图 12.24 充电机

- 输入电压 AC 380V；
- 二相起动电压 12V/24V；
- 起动电流 2200A，可充电瓶 10～15V/20～30V；
- 充电电流 200A，适用范围为 12V/24V。

附录 A　常用汽车维修档案登记表

一、车辆维修登记表

年　　月

日期	送修客户（电话）	车辆型号（牌照号）	维修项目	送修人	完工日期	接车人	经办人

审核________日期________

二、入厂维修建议诊断项目

编　　号__________________　　车牌号__________________

送修客户__________________　　车　型__________________　　行驶里程__________________

故障现象	
检测方法	客户调查　经验判断　道路行驶　仪器诊断

建议诊断项目	诊断结果
发动机： 起动系统□ 充电系统□ 点火系统□	
进气系统□ 燃油系统□ 电控系统□ 故障码□数据流□波形图□怠速□ 加速性□动力性□废气□ 自动变速器：	
基本检查□手动换挡试验□道路试验□ 失速试验□延迟试验□主油路油压试验□	

续表

建议诊断项目	诊断结果
调速器油压试验□ 蓄压器油压试验□ 防抱死制动系统（ABS）□ 防滑控制系统（TRC）□ 辅助安全系统（SRS）□ 巡航控制系统（CCS）□ 动力转向控制系统（EPS）□ 电控悬架控制系统（ADS）□ 自动空调系统（A/C）□ 音响和车载通信系统□ 车门和中控门锁□ 汽车防盗系统□ 其他：	检验员______

备注：依据客户意愿，凡接受入厂诊断建议，并经诊断检测后，如客户回避修理时，本厂将酌情收取一定的检测诊断费用（另附检测报告），敬请谅解。

三、二级维护附加作业检测诊断记录

序号	检测项目	仪器检测记录							
1	点火提前角	怠速：				中速：			
2	闭合角	转速：				r/min 时：			
3	点火高压	缸序	1	2	3	4	5	6	差值
		kV							
4	单缸转速降	r/min							
5	汽缸压力	kPa							
6	起动电流 起动电压	I_c 最大： E_b 蓄电池：V E_b 初始：V E_b 结束：V							
7	发动机功率	由怠速急加速至最大：kW							
8	进气歧管真空度	怠速时：kPa							
9	柴油机喷油提前角、喷油泵供油压力								
10	润滑油压力	怠速：kPa 中速：kPa							
11	燃油喷射系统供油压力	kPa							
12	电子控制系统								

序号	检查项目	人工检查记录
1	离合器工况	
2	变速器工况	
3	传动轴工况	
4	驱动桥工况	
5	前、后悬架工况	
6	轮胎和动平衡	
7	灯光、仪表、指示装置、电控系统、故障警告灯	
8	转向操纵系统工况	
9	制动系统工况（包括ABS）	
10	发动机与底盘异响	
11	各部位密封性（油、水、气、液）	

续表

序号	检测项目	仪器检测记录	序号	检查项目	人工检查记录
13	排气污染物	怠速时：CO: % HC: $\times10^{-6}$			
附加作业项目	发动机部分 检验员：		附加作业项目	底盘及其他 检验员：	

四、车辆维修托修单

地　址________________

工号______________送修日期________________　电话/传真________________

网　址________________

<table>
<tr><td>送修客户</td><td colspan="3"></td><td rowspan="2">随车附件、物品清单</td></tr>
<tr><td>车型</td><td></td><td>车牌号</td><td></td></tr>
<tr><td>发动机号</td><td></td><td>VIN码</td><td></td><td rowspan="5">行车证　车辆号牌
钥　匙　车型字饰
收放机　电子时钟
CD 机　室外天线
遮阳板　室内镜
坐　垫　靠背垫
点烟器　烟灰缸
车门摇把　窗纱
散热器盖　油箱盖
车轮盖　千斤顶
随车工具　备胎
油箱存油
地板胶______张
录音带______盒
CD 光盘______张
其他：</td></tr>
<tr><td>里程表读数</td><td></td><td>上次二保里程</td><td></td></tr>
<tr><td>维修类别</td><td colspan="3"></td></tr>
<tr><td colspan="4">车辆进厂情况：</td></tr>
<tr><td colspan="4">机械维修项目：</td></tr>
<tr><td colspan="4">电工、冷暖气项目：</td><td rowspan="2">说　明
1．修理费按修理项目工时费估算
2．材料费按实耗材料和现行价格另行收费
3．钣金作业时，窗风玻璃可能会产生自然爆裂</td></tr>
<tr><td colspan="4">钣金喷漆项目：</td></tr>
</table>

续表

<table>
<tr><td colspan="2">其他：</td><td rowspan="2">4．附件，物品清单为外观清点，不作质量检验
5．本表一式二份，交送修单位一份，作为车辆交接及托修依据
6．如同意维修另附保估价单</td></tr>
<tr><td>修理费估价：　万　仟　佰　拾　元</td><td>￥</td></tr>
<tr><td colspan="3">估计完工日期　　年　　月　　日　　　业务员＿＿＿＿　　客户代表＿＿＿＿</td></tr>
</table>

五、车辆维修估价单

送修客户＿＿＿＿＿＿＿＿

汽车型号＿＿＿＿＿＿＿＿　发动机型号＿＿＿＿＿＿＿＿　生产日期＿＿＿＿＿＿＿＿

<table>
<tr><th>序　号</th><th>修理项目</th><th>估　价</th><th>序　号</th><th>人工费</th><th>估　价</th></tr>
<tr><td>1</td><td></td><td></td><td>1</td><td></td><td></td></tr>
<tr><td>2</td><td></td><td></td><td>2</td><td></td><td></td></tr>
<tr><td>3</td><td></td><td></td><td>3</td><td></td><td></td></tr>
<tr><td>4</td><td></td><td></td><td>4</td><td></td><td></td></tr>
<tr><td>5</td><td></td><td></td><td>5</td><td></td><td></td></tr>
<tr><td>6</td><td></td><td></td><td>6</td><td></td><td></td></tr>
<tr><td>7</td><td></td><td></td><td>7</td><td></td><td></td></tr>
<tr><td>8</td><td></td><td></td><td>8</td><td></td><td></td></tr>
<tr><td>9</td><td></td><td></td><td>9</td><td></td><td></td></tr>
<tr><td>10</td><td></td><td></td><td>10</td><td></td><td></td></tr>
<tr><td>11</td><td></td><td></td><td>11</td><td></td><td></td></tr>
<tr><td>12</td><td></td><td></td><td>12</td><td></td><td></td></tr>
<tr><td>13</td><td></td><td></td><td>13</td><td></td><td></td></tr>
<tr><td>14</td><td></td><td></td><td>14</td><td></td><td></td></tr>
<tr><td>15</td><td></td><td></td><td>15</td><td></td><td></td></tr>
<tr><td colspan="3">合计</td><td colspan="3">合计</td></tr>
<tr><td>总额</td><td colspan="3">万　仟　佰　拾　元</td><td colspan="2">￥</td></tr>
</table>

备注：（1）由于汽车配件的价格有一定的时效性，本报价有效期为＿＿＿＿天。

（2）本估价单仅对主要零件进行估价，辅料辅件未计。

（3）修理项目和估价总额仅供参考，结算时以实际修理费为准。

客户代表：（签字）　　　　公司名称：（公司盖章）

公司账号：

电话/传真：

六、车辆维修派工单

工　号__________　班组__________　主修工__________

送修客户__________　车型__________　车牌号__________

维修项目	

要求完工日期__________　签发日期__________

主　修　工__________　调 度 员__________

七、车辆维修施工单

工号________ 班 组________ 主修工________

车型________ 车牌号________

序 号	维 修 项 目	备 注
1		
2		
3		
4		
5		
6		
7		
8		
9		
10		
11		
12		
13		
14		
15		

签 发 日 期________

要求完工日期________ 班 组 长________

实际完工日期________ 车 间 主 任________

八、维修材料申领表

工 号________ 班组________ 主修工________

送修客户________ 车型________ 车牌号________

序 号	名 称	型号、规格	单 位	数 量	备 注
1					
2					
3					
4					
5					
6					
7					
8					
9					
10					
11					
12					
13					
14					
15					

年 月 日 制表________ 审核________ 批准________

九、维修材料费结算明细表

工号________ 送修客户________ 车型________ 车牌号________

维修类别	班组	工时费	材料费	管理费	税费(%)	总额

序号	材料名称	单位	数量	单价	金额	备注
1						
2						
3						
4						
5						
6						
7						
8						
9						
10						
11						
12						
13						
14						
15						
总额	万 仟 佰 拾 元					¥

年 月 日 制表________ 财务________ 复核________

十、维修损坏件质检单

送修单位________ 车型________ 车牌号________

工 号________ 班组________ 主修工________

序号	零件名称	型号、规格	损坏情况	质检意见

日期________ 质检员________

十一、维修材料、配件及外协件质检单

送修单位________________ 车型________________ 车牌号________________

工　号________________ 班组________________ 主修工________________

序　号	品　名	型号、规格	主要要求	质检意见
1				
2				
3				
4				
5				
6				
7				
8				
9				
10				

日期________________ 采购员________________ 质检员________________

十二、电喷发动机故障维修调查表

客户名称		送　修　人	
车辆型号		发动机型号	
车辆识别码		底　盘　号	
送修日期		里程表读数	km

首次故障发生日期		
故障发生频率		经常　有时（　　次/日　　月）　次　其他
故障发生条件	天　　气	晴　　阴　　雨　　雪　　其他
	室外温度	炎热　温暖　凉爽　寒冷（大约　　℃）
	地　　点	市区　高速公路　郊区　山区（□上坡　下坡）　不平路面　其他
	发动机温度	冷机　正在暖机　暖机之后　某一温度　其他
	发动机工况和运行状态	起动　刚起动　怠速　空载　行驶中　匀速　加速　减速　其他
故障征兆	不能起动	不起动　不点火　无起动征兆　有起动征兆
	起动困难	发动机转动缓慢　其他
	怠速不良	冷态怠速不良　热态怠速不良（□高□低　约　r/min）　怠速不稳　其他
	发动机工作不良	发抖　回火　消声器放炮　爆震　敲缸　加速不良　减速熄火　达不到最高车速
	发动机熄火	起动不久　踏下加速踏板之后　松开加速踏板之后　空调器工作时　N挡换到D挡时　其他
	其　　他	
故障警告灯状态		□一直亮　有时亮　一直不亮
故障码检查	静态模式	□正常码　故障码
	动态模式	□正常码　故障码
车身维修状况		□碰撞　焊补　其他

接车员________________

十三、自动变速器故障维修调查表

客户名称		送修人	
车辆型号		发动机型号	
车辆识别码		变速器型号	
送修日期		里程表读数	km
上次换ATF时间		更换ATF时里程	km
故障发生频率	经常　有时（　次/日　月）　有规律　无规律		
故障征兆	车辆不能行驶　（任何挡位　特定挡位）		
	无升挡　（1挡—2挡　2挡—3挡　3挡—超速挡）		
	无降挡　（超速挡—3挡　3挡—2挡　2挡—1挡）		
	驻车锁定故障		
	换挡点过高或过低		
	接合不柔和（空挡—超速挡　锁定　任何挡位）		
	换挡滑移或打颤　行驶时噪声大		
	无自动跳合		
	无模式选择　无O/D选择		
	选挡杆位置不准确　N、P挡不能起动		
	其他		
故障警告灯状态	一直亮　有时亮　一直不亮		
故障码检查	第1次	正常码　故障码	
	第2次	正常码　故障码	

接车员________

十四、发动机二级维护作业和过程检验表

送修单位________ 车型________ 车牌号________

工　号________ 班组________ 年　月　日

总成名称	序号	检查项目	检修或换件情况	检验结果	备注
发动机	1	传动带			
	2	空气滤清器			
	3	润滑油和润滑油滤清器			
	4	燃油滤清器			
	5	燃油箱、燃油泵			
	6	燃油管路、密封性			
	7	化油器或柴油泵			
	8	电喷系统燃油管路			
	9	喷油器			
	10	进气系统密封性			
	11	气门间隙			
	12	火花塞间隙、积炭			
	13	分电器、高压线			
	14	散热器、膨胀箱			
	15	水泵、风扇			

续表

总成名称	序　号	检 查 项 目	检修或换件情况	检 验 结 果	备　注
	16	冷却液			
	17	冷却系统密封性			
	18	三元催化转换器			
	19	排气管、消声器			
	20	进气增压中冷器			
	21	空气压缩机			
	22	空气压缩机空滤器			
	23	节气门操纵机构			
	24	汽缸盖和各部位紧固			
	25	曲轴箱通风、燃油蒸发控制			

主修工________ 维修班（组）长________ 质检员________

十五、传动和行驶系统二级维护作业和过程检验表

车型________ 车牌号________ 送修单位________

工号________ 班　组________ 年　　月　　日

总成名称	序　号	检 查 项 目	检修或换件情况	检 验 结 果	备　注
离合器	1	踏板自由行程、拉索			
	2	分离轴承			
	3	液压总泵和分泵			
	4	液压管路和油液			
	5	润滑和坚固			
变速器	6	换挡操纵机构			
	7	清洁通气塞			
	8	润滑			
	9	紧固			
传动轴	10	万向节十字轴和轴承			
	11	中间支承轴承和支架			
	12	润滑			
	13	紧固			
车桥	14	主减速器和差速器			
	15	半轴和半轴套管			
	16	桥壳和轮毂轴承			
	17	清洁通气塞			
	18	润滑和紧固			
悬架	19	悬架限位装置			
	20	钢板弹簧、销和衬套			
	21	减振器效能和泄漏情况			
	22	润滑和紧固			
车轮	23	胎面磨损和异物			
	24	轮毂变形、开裂			
	25	轮胎气压			
	26	轮胎换位、紧固			

主修工________ 维修班（组）长________ 质检员________

十六、转向和制动系统二级维护作业和过程检验表

车型________ 车牌号________ 送修单位________

工号________ 班 组________ 年 月 日

总成名称	序 号	检 查 项 目	检修或换件情况	检 验 结 果	备 注
转向系	1	转向盘自由间隙			
	2	转向器油平面、通气塞			
	3	直拉杆与球销			
	4	横拉杆与球销			
	5	上下摆臂和球销			
	6	前驱动桥			
	7	转向轴方向节			
	8	主销和衬套			
	9	前束			
	10	左右转向角			
	11	左右轴距			
	12	紧固			
	13	润滑			
制动系	14	制动踏板行程			
	15	驻车制动效能			
	16	制动总阀、分泵			
	17	制动总泵、轮缸和制动液			
	18	助力器			
	19	制动管路和压力			
	20	储气筒、安全阀			
	21	轮毂轴承			
	22	制动蹄片			
	23	制动凸轮			
	24	制动毂或盘拆检、调整			
	25	润滑和紧固			

主修工________ 维修班（组）长________ 质检员________

十七、外观和电器系统二级维护作业和过程检验表

车型________ 车牌号________ 送修单位________

工号________ 班 组________ 年 月 日

总成名称	序 号	检 查 项 目	检修或换件情况	检 验 结 果	备 注
外观	1	整车清洁状况			
	2	钣金、油漆涂层、外饰			
	3	发动机和行李舱盖			
	4	车门、玻璃、升降器			
	5	座椅、安全带、内饰			
	6	后视镜、内后视镜			
	7	润滑和紧固			

续表

总成名称	序　号	检查项目	检修或换件情况	检验结果	备　注
电器系统	8	前后灯光			
	9	仪表灯和室内、车门灯			
	10	故障、警告灯和制动灯			
	11	水温表、润滑油表、燃油表			
	12	转速表、里程表			
	13	气压表			
电器系统	14	空调制冷系统			
	15	起动机			
	16	发电机和调压器			
	17	扬声器			
	18	刮水器和洗涤器			
	19	点火线圈和点火器			
	20	火花塞和高压线			
	21	分电器			
	22	整车线路			
	23	蓄电池液面、密度			
	24	蓄电池电压			
	25	蓄电池桩头清洁状况			

主修工＿＿＿＿＿＿＿　维修班（组）长＿＿＿＿＿＿＿　质检员＿＿＿＿＿＿＿

十八、二级维护竣工出厂检验表

<table>
<tr><td>

静态检验记录

发动机：冷却液　润滑油　起动　怠速　低、中、高速
加速性□
外　检：清洁状况　表面涂层　紧固　灯光　仪表
密封性□
整　车：离合器踏板自由行程　制动踏板自由行程□
转向盘自由行程　转向系统可靠性　轮胎
检验结果：
检验员：　　年　月　日

</td></tr>
<tr><td>

行车试验记录

发动机：起动　怠速　低、中、高速　加速性　异响□
离合器　变速器　传动系　行驶系　转向　制动□
废气排放□
各部位温度：冷却液　润滑油　变速器　主减速器□
轮毂轴承□
检验结果：
检验员：　　年　月　日

</td></tr>
</table>

续表

试验台检测记录						
项　目	检　测　结　果					结　论
废气排放	怠　速		高　怠　速		烟　度（Rb）	
	CO（%）	HC（10^{-6}）	CO（%）	HC（10^{-6}）		
车速表	标准车速 40km/h 时的指示值　km/h					
侧　滑	左　右　m/km					
制　动	总制动力　kN		总质量　kg			
	前轴制动力　kN		前轴质量　kg			
	驻车制动力　kN		总质量　kg			
前照灯		左　灯		右　灯		
	远光发光强/cd					
	近光光束位置/mm					
	远光光束位置/mm					

进厂里程表读数：

出厂里程表读数：　　　　　　　　　总质检员：　　　　　年　　　月　　　日

附录B　汽车维修业开业条件 [GB/T 16739—2004]

第1部分：汽车整车维修企业

1　范围

本部分规定了汽车整车维修企业必须具备的人员、组织管理、设施、设备等条件。

本部分适用于汽车整车维修企业（一类、二类），是交通行政主管部门对汽车整车维修企业开业审核和管理的依据。

2　规范性引用文件

下列文件中的条款通过 GB/T 16739 的本部分的引用而成为本部分的条款。凡是注日期的引用文件，其随后所有的修改单（不包括勘误的内容）或修订版均不适用于本部分，然而，鼓励根据本部分达成协议的各方研究是否可使用这些文件的最新版本。凡是不注日期的引用文件，其最新版本适用于本部分。

GB/T 5624　汽车维修术语

GB/T 16739.2－2004　汽车维修业开业条件　第 2 部分　汽车专项维修业户

3　术语和定义

GB/T 5624 确立的以及下列术语和定义适用于 GB/T 16739 的本部分。

3.1　汽车整车维修企业（the enterprises for motor vehicle maintenance and repair）

有能力对所维修车型的整车、各个总成及主要零部件进行各级维护、修理及更换，使汽车的技术状况和运行性能完全（或接近完全）恢复到原车的技术要求，并符合相应国家标准和行业标准的规定的汽车维修企业。按规模大小分为一类汽车整车维修企业和二类汽车整车维修企业。

3.2　小型车（small vehicle）

车身总长不超过 6m 的载客车辆和最大设计总质量不超过 3500kg 的载货车辆。

3.3　大、中型客车（large and medium passenger vehicle）

车身总长超过 6m 的载客车辆。

3.4　大型货车（heavy-duty goods vehicle）

最大设计总质量超过 3500kg 的载货车辆、挂车及专用汽车的车辆部分。

4　人员条件

4.1　企业管理负责人、技术负责人及检验、业务、价格核算、维修（机修、电器、钣金、油漆）等关键岗位至少应配备 1 人，并应经过有关培训，取得行业主管部门颁发的从业资格证书，持证上岗。

4.2　企业管理负责人应熟悉汽车维修业务，具备企业经营、管理能力，并了解汽车维修及相关行业的法规及标准。

4.3　技术负责人应具有汽车维修或相关专业的大专以上文化程度，或具有汽车维修或相关专业的中级以上专业技术职称；应熟悉汽车维修业务，并掌握汽车维修及相关行业的法规及标准。

4.4 检验人员数量应与其经营规模相适应，其中至少应有1名总检验员和1名进厂检验员。

4.5 业务人员应熟悉各类汽车维修检测作业，从事汽车维修工作3年以上，具备丰富的汽车技术状况诊断经验，熟练掌握汽车维修服务收费标准及相关政策法规。

4.6 企业工种设置应覆盖维修业务中涉及的各专业。维修人员的专业知识和业务技能应达到行业主管部门规定的要求。

5 组织管理条件

5.1 经营管理

5.1.1 应具有与汽车维修有关的法规等文件资料。

5.1.2 应具有规范的业务工作流程，并明示业务受理程序、服务承诺、用户抱怨受理制度等。

5.1.3 应具有健全的经营管理体系，设置技术负责、业务受理、质量检验、文件资料管理、材料管理、仪器设备管理、价格结算等岗位并落实责任人。

5.1.4 应实行计算机管理。

5.2 质量管理

5.2.1 应具有汽车维修的国家标准和行业标准以及相关技术标准。

5.2.2 应具有所维修车型的维修技术资料及工艺文件，确保完整有效并及时更新。

5.2.3 应具有汽车维修质量承诺、进出厂登记、检验、竣工出厂合格证管理、技术档案管理、标准和计量管理、设备管理及维护、人员技术培训等制度。

5.2.4 应建立汽车维修档案和进出厂登记台账。汽车维修档案应包括维修合同，进厂、过程、竣工检验记录，出厂合格证副页，结算凭证和工时、材料清单等。

6 安全生产条件

6.1 企业应具有与其维修作业内容相适应的安全管理制度和安全保护措施，建立并实施安全生产责任制。安全保护设施、消防设施等应符合有关规定。

6.2 企业应有各工种、各类机电设备的安全操作规程，并将安全操作规程明示在相应的工位或设备处。

6.3 使用、存储有毒、易燃、易爆物品，腐蚀剂，压力容器等均应有相应的安全防护措施和设施。

6.4 生产厂房和停车场应符合安全、环保和消防等各项要求。

7 环境保护条件

7.1 企业应具有废油、废液、废气、废蓄电池、废轮胎及垃圾等有害物质集中收集、有效处理和保持环境整洁的环境保护管理制度。有害物质存储区域应界定清楚，必要时应有隔离、控制措施。

7.2 作业环境以及按生产工艺配置的处理“三废”（废油、废液、废气）、通风、吸尘、净化、消声等设施，均应符合有关规定。

7.3 涂漆车间应设有专用的废水排放及处理设施，采用干打磨工艺的，应有粉尘收集装置和除尘设备，应设有通风设备。

7.4 调试车间或调试工位应设置汽车尾气收集净化装置。

8 设施条件

8.1 接待室（含客户休息室）

8.1.1 企业应设有接待室，一类企业的面积不少于 $40m^2$，二类企业的面积不少于 $20m^2$。

8.1.2 接待室应整洁明亮，明示各类证、照、主修车型、作业项目、工时定额及单价等，并应有客户休息的设施。

8.2 停车场

8.2.1 企业应有与承修车型、经营规模相适应的合法停车场地，一类企业的面积不少于 $200m^2$，二类企业的面积不少于 $150m^2$。

8.2.2 企业租赁的停车场地，应具有合法的书面合同书。

8.2.3 停车场地面平整坚实，区域界定标志明显。

8.3 生产厂房

8.3.1 生产厂房地面应平整坚实，面积应能满足表 1～表 3 所列设备的工位布置、生产工艺和正常作业，一类企业的面积不少于 $800m^2$，二类企业的面积不少于 $200m^2$。

8.3.2 租赁的生产厂房应具有合法的书面合同书。

9 设备条件

9.1 企业应配备与其所承修车型相适应的量具、机工具及手工具。量具应定期进行检定。

9.2 企业应配备表 1～表 3 所列的通用设备、专用设备及检测设备，其规格和数量应与其生产纲领和生产工艺相适应。

9.3 各种设备应符合相应的产品技术条件等国家标准和行业标准的要求。

9.4 各种设备应能满足加工、检测精度的要求和使用要求。表 3 所列检测设备应通过型式认定，并按规定经有资质的计量检定机构检定合格。

9.5 允许外协的设备，应具有合法的合同书，并能证明其技术状况符合 9.3 和 9.4 的要求。

表 1 通用设备

序　号	设 备 名 称
1	钻床
2	电焊及气体保护焊设备
3	气焊设备
4	压力机
5	空气压缩机

表 2 专用设备

<table>
<tr><th>序号</th><th>设 备 名 称</th><th>大、中型客车</th><th>大 型 货 车</th><th>小 型 车</th><th>其 他 要 求</th></tr>
<tr><td>1</td><td>换油设备</td><td colspan="3">√</td><td></td></tr>
<tr><td>2</td><td>轮胎轮辋拆装设备</td><td colspan="3">√</td><td></td></tr>
<tr><td>3</td><td>轮胎螺母拆装机</td><td colspan="2">√</td><td>—</td><td></td></tr>
<tr><td>4</td><td>车轮动平衡机</td><td colspan="3">√</td><td></td></tr>
<tr><td>5</td><td>四轮定位仪</td><td>—</td><td>—</td><td>√</td><td></td></tr>
<tr><td>6</td><td>转向轮定位仪</td><td>√</td><td>√</td><td>—</td><td></td></tr>
<tr><td>7</td><td>制动鼓和制动盘维修设备</td><td>√</td><td>√</td><td>—</td><td></td></tr>
<tr><td>8</td><td>汽车空调冷媒加注回收设备</td><td>√</td><td>—</td><td>√</td><td></td></tr>
<tr><td>9</td><td>总成吊装设备</td><td colspan="3">√</td><td></td></tr>
</table>

续表

<table>
<tr><th>序号</th><th>设 备 名 称</th><th>大、中型客车</th><th>大 型 货 车</th><th>小 型 车</th><th>其 他 要 求</th></tr>
<tr><td>10</td><td>汽车举升机</td><td>—</td><td>—</td><td>√</td><td>一类应不少于5台</td></tr>
<tr><td>11</td><td>地沟设施</td><td>√</td><td>√</td><td>—</td><td>一类应不少于2个</td></tr>
<tr><td>12</td><td>发动机检测诊断设备</td><td colspan="3">√</td><td>应具备示波器、转速表、发动机检测专用真空表的功能</td></tr>
<tr><td>13</td><td>数字式万用电表</td><td colspan="3">√</td><td></td></tr>
<tr><td>14</td><td>故障诊断设备</td><td>—</td><td>—</td><td>√</td><td></td></tr>
<tr><td>15</td><td>汽缸压力表</td><td colspan="3">√</td><td></td></tr>
<tr><td>16</td><td>汽油喷油器清洗及流量测量仪</td><td>—</td><td>—</td><td>√</td><td></td></tr>
<tr><td>17</td><td>正时仪</td><td colspan="3">√</td><td></td></tr>
<tr><td>18</td><td>燃油压力表</td><td>—</td><td>—</td><td>√</td><td></td></tr>
<tr><td>19</td><td>液压油压力表</td><td colspan="3">√</td><td></td></tr>
<tr><td>20</td><td>连杆校正器</td><td colspan="3">√</td><td>允许外协</td></tr>
<tr><td>21</td><td>无损探伤设备</td><td colspan="3">√</td><td>修理大、中型客车必备，其他允许外协</td></tr>
<tr><td>22</td><td>车身清洗设备</td><td>—</td><td>—</td><td>√</td><td></td></tr>
<tr><td>23</td><td>打磨抛光设备</td><td>√</td><td>—</td><td>√</td><td></td></tr>
<tr><td>24</td><td>除尘除垢设备</td><td>√</td><td>—</td><td>√</td><td></td></tr>
<tr><td>25</td><td>型材切割机</td><td colspan="3">√</td><td></td></tr>
<tr><td>26</td><td>车身整形设备</td><td colspan="3">√</td><td></td></tr>
<tr><td>27</td><td>车身校正设备</td><td>—</td><td>—</td><td>√</td><td></td></tr>
<tr><td>28</td><td>车架校正设备</td><td>√</td><td>√</td><td>—</td><td>二类允许外协</td></tr>
<tr><td>29</td><td>悬架试验台</td><td>—</td><td>—</td><td>√</td><td>二类允许外协</td></tr>
<tr><td>30</td><td>喷烤漆房及设备</td><td>√</td><td>—</td><td>√</td><td></td></tr>
<tr><td>31</td><td>喷油泵试验设备</td><td colspan="3">√</td><td></td></tr>
<tr><td>32</td><td>喷油器试验设备</td><td colspan="3">√</td><td></td></tr>
<tr><td>33</td><td>调漆设备</td><td>√</td><td>—</td><td>√</td><td></td></tr>
<tr><td>34</td><td>自动变速器维修设备（见GB/T 16739.2—2004中5.4.4）</td><td>—</td><td>—</td><td>√</td><td>允许外协</td></tr>
<tr><td>35</td><td>立式精镗床</td><td colspan="3">√</td><td></td></tr>
<tr><td>36</td><td>立式珩磨机</td><td colspan="3">√</td><td></td></tr>
<tr><td>37</td><td>曲轴磨床</td><td colspan="3">√</td><td></td></tr>
<tr><td>38</td><td>曲轴校正设备</td><td colspan="3">√</td><td></td></tr>
<tr><td>39</td><td>凸轮轴磨床</td><td colspan="3">√</td><td></td></tr>
<tr><td>40</td><td>激光淬火设备</td><td colspan="3">√</td><td>允许外协</td></tr>
<tr><td>41</td><td>曲轴、飞轮与离合器总成动平衡机</td><td colspan="3">√</td><td></td></tr>
<tr><td colspan="6">注：√——要求具备，－ ——不要求具备</td></tr>
</table>

表3　主要检测设备

序　号	设 备 名 称	其 他 要 求
1	声级计	
2	排气分析仪或烟度计	
3	汽车前照灯检测设备	二类允许外协
4	侧滑试验台	二类允许外协

续表

序　号	设备名称	其他要求
5	制动检验台	修理大型货车及二类允许外协
6	车速表检验台	二类允许外协
7	底盘测功机	允许外协

第2部分：汽车专项维修业户

1　范围

本部分规定了汽车专项维修业户应具备的通用条件，以及各专项维修的经营范围、人员、设施、设备等条件。

本部分适用于汽车专项维修业户（三类），是交通行政主管部门对汽车专项维修业户开业审核和管理的依据。

2　规范性引用文件

下列文件中的条款通过 GB/T 16739 的本部分的引用而成为本部分的条款。凡是注日期的引用文件，其随后所有的修改单（不包括勘误的内容）或修订版均不适用于本部分，然而，鼓励根据本部分达成协议的各方研究是否可使用这些文件的最新版本。凡是不注日期的引用文件，其最新版本适用于本部分。

GB/T 5624 汽车维修术语

3　术语和定义

GB/T 5624 确立的以及下列术语和定义适用于 GB/T 16739 的本部分。

3.1　汽车专项维修业户（the enterprises for vehicle maintenance and repair of special items）

从事汽车发动机、车身、电气系统、自动变速器、车身清洁维护、涂漆、轮胎动平衡及修补、四轮定位检测调整、供油系统维护及油品更换、喷油泵和喷油器维修、曲轴修磨、汽缸镗磨、散热器（水箱）、空调维修、汽车装潢（篷布、座垫及内装饰）、门窗玻璃安装等专项维修作业的业户（三类）。

4　通用条件

4.1　从事专项维修关键岗位的人员数量应满足生产的需要，并取得行业主管部门颁发的从业资格证书，持证上岗。

4.2　应具有相关的法规、标准、规章等文件以及相关的维修技术资料和工艺文件等，并确保完整有效、及时更新。

4.3　应具有规范的业务工作流程，并明示业务受理程序、服务承诺、用户抱怨受理制度等。

4.4　生产厂房的面积、结构及设施应满足专项维修作业设备的工位布置、生产工艺和正常作业要求。停车场地界定标志明显，不得占用道路和公共场所进行作业和停车，地面应平整坚实。租赁的生产厂房、停车场地应具有合法的书面合同书。应符合安全生产、环保和消防等各项要求。

4.5　配备的设备应与其生产作业规模及生产工艺相适应，其技术状况应完好，符合相应的产品技术条件等国家标准或行业标准的要求，并能满足加工、检测精度的要求和使用要求。检测设备及量具应按规定经有资质的计量检定机构检定合格。

4.6　使用、存储有毒、易燃、易爆物品，粉尘、腐蚀剂、污染物、压力容器等均应有安全防护措施和设施。作业环境及及按生产工艺安装、配置的处理“三废”（废油、废液、废气）、通风、吸尘、净化、消声等设施，均应符合国家有关法规、标准的规定。

5 专项维修经营范围、人员、设施、设备条件

5.1 发动机修理

5.1.1 人员条件

5.1.1.1 企业管理负责人、技术负责人及检验人员等均应经过有关培训，并取得行业主管部门颁发的从业资格证书，持证上岗。

5.1.1.2 企业管理负责人应熟悉汽车维修业务，具备企业经营、管理能力，并了解发动机维修及相关行业的法规及标准。

5.1.1.3 技术负责人应具有汽车维修或相关专业的大专以上文化程度，或具有汽车维修或相关专业的中级以上专业技术职称；应熟悉汽车维修业务，并掌握汽车维修相关行业的法规及标准。

5.1.1.4 检验人员应不少于2名。

5.1.1.5 发动机主修人员应不少于2名。

5.1.2 组织管理

5.1.2.1 应具有健全的经营管理体系，设置技术负责、业务受理、质量检验、文件资料管理、材料管理、仪器设备管理、价格结算等岗位并落实责任人。

5.1.2.2 应具有汽车维修质量承诺、进出厂登记、检验记录及技术档案管理、标准和计量管理、设备管理及维护、人员技术培训等制度并严格实施。

5.1.3 设施条件

5.1.3.1 应设有接待室，其面积应不少于20m^2。接待室应整洁明亮，明示各类证、照、作业项目及计费工时定额等，并应有客户休息的设施。

5.1.3.2 停车场面积应不少于30m^2。

5.1.3.3 生产厂房面积应不少于200m^2。

5.1.4 主要设备

a）压力机；

b）空气压缩机；

c）发动机解体清洗设备；

d）发动机等总成吊装设备；

e）发动机试验设备；

f）废油收集机；

g）数字式万用电表；

h）汽缸压力表；

i）量缸表；

j）正时仪；

k）汽油喷油器清洗及流量测量仪；

l）燃油压力表；

m）喷油泵试验设备；

n）喷油器试验设备；

o）连杆校正器；

p）排气分析仪；

q）烟度计；

r）无损探伤设备；

s）立式精镗床；

t）立式珩磨机；

u）曲轴磨床；

v）曲轴校正设备；

w）凸轮轴磨床；

x）激光淬火设备；

y）曲轴、飞轮与离合器总成动平衡机。

5.2 车身维修

5.2.1 人员条件

5.2.1.1 企业管理负责人、技术负责人及检验人员应符合 5.1.1.1～5.1.1.3 的要求。

5.2.1.2 检验人员应不少于 1 名。

5.2.1.3 车身主修及维修涂漆人员均不少于 2 名。

5.2.2 组织管理条件

企业的组织管理条件应符合 5.1.2 的要求。

5.2.3 设施条件

5.2.3.1 应设有接待室，其面积应不少于 20m^2。接待室应整洁明亮，明示各类证、照、作业项目及计费工时定额等，并应有客户休息的设施。

5.2.3.2 停车场面积应不少于 30m^2。

5.2.3.3 生产厂房面积应不少于 120m^2。

5.2.4 主要设备

a）电焊及气体保护焊设备；

b）气焊设备；

c）压力机；

d）空气压缩机；

e）汽车外部清洗设备；

f）打磨抛光设备；

g）除尘除垢设备；

h）型材切割机；

i）车身整形设备；

j）车身校正设备；

k）车架校正设备；

l）车身尺寸测量设备；

m）喷烤漆房及设备；

n）调漆设备（允许外协）。

5.3 电气系统维修

5.3.1 人员条件

5.3.1.1 企业管理负责人、技术负责人及检验人员应符合 5.1.1.1～5.1.1.3 的要求。

5.3.1.2 检验人员应不少于 1 名。

5.3.1.3 电子电器主修人员应不少于 2 名。

5.3.2 组织管理条件

企业的组织管理条件应符合 5.1.2 的要求。

5.3.3 设施条件

5.3.3.1 应设有接待室，其面积应不少于 20m²。接待室应整洁明亮，明示各类证、照、作业项目及计费工时定额等，并应有客户休息的设施。

5.3.3.2 停车场面积应不少于 30m²。

5.3.3.3 生产厂房面积应不少于 120m²。

5.3.4 主要设备

a）空气压缩机；

b）故障诊断设备；

c）数字式万用电表；

d）充电机；

e）电解液比重计；

f）高频放电叉；

g）汽车前照灯检测设备（允许外协）；

h）电路检测设备。

5.4 自动变速器修理

5.4.1 人员条件

5.4.1.1 企业管理负责人、技术负责人及检验人员应符合 5.1.1.1～5.1.1.3 的要求。

5.4.1.2 检验人员应不少于 1 名。

5.4.1.3 自动变速器专业主修人员应不少于 2 名。

5.4.2 组织管理条件

企业的组织管理条件应符合 5.1.2 的要求。

5.4.3 设施条件

5.4.3.1 应设有接待室，其面积应不少于 20m²。接待室应整洁明亮，明示各类证、照、作业项目及计费工时定额等，并应有客户休息的设施。

5.4.3.2 停车场面积应不少于 30m²。

5.4.3.3 生产厂房面积应不少于 200m²。

5.4.4 主要设备

a）自动变速器翻转设备；

b）自动变速器拆解设备；

c）变扭器维修设备；

d）变扭器切割设备；

e）变扭器焊接设备；

f）变扭器检测（漏）设备；

g）零件高压清洗设备；

h）电控变速器测试机；

i）油路总成测试机；

j）液压油压力表；

k）自动变速器总成测试机；

l）自动变速器专用测量器具。

5.5 车身清洁维护

5.5.1 人员条件

至少有 2 名经过专业培训的车身清洁人员。

5.5.2 设施条件

生产厂房面积不少于 $40m^2$。停车场面积不少于 $30m^2$。

5.5.3 主要设备

a）举升设备或地沟；

b）汽车外部清洗设备及污水处理设备；

c）吸尘设备；

d）除尘、除垢设备；

e）打蜡设备；

f）抛光设备。

5.5.4 节水条件

取得节水管理部门的批准，符合当地节水及环保要求。

5.6 涂漆

5.6.1 人员条件

至少有 1 名经过专业培训的汽车维修涂漆人员。

5.6.2 设施条件

生产厂房面积不少于 $120m^2$。停车场面积不少于 $40m^2$。

5.6.3 主要设备

a）举升设备；

b）除锈设备；

c）砂轮机；

d）空气压缩机；

e）喷烤漆房（从事轿车喷漆必备）或喷漆设备；

f）调漆设备（允许外协）；

g）吸尘、通风设备。

5.7 轮胎动平衡及修补

5.7.1 人员条件

至少有 1 名经过专业培训的轮胎维修人员。

5.7.2 设施条件

生产厂房面积不少于 $30m^2$。停车场面积不少于 $30m^2$。

5.7.3 主要设备

a）空气压缩机；

b）漏气试验设备；

c）轮胎气压表；

d）千斤顶；

e）轮胎螺母拆装机或专用拆装工具；

f）轮胎轮辋拆装、除锈设备或专用工具；

g）轮胎修补设备；

h）车轮动平衡机。

5.8　四轮定位检测调整

5.8.1　人员条件

至少有 1 名经过专业培训的汽车维修人员。

5.8.2　设施条件

生产厂房面积不少于 40m^2。停车场面积不少于 30m^2。

5.8.3　主要设备

a）举升设备；

b）四轮定位仪；

c）空气压缩机；

d）轮胎气压表。

5.9　供油系统维护及油品更换

5.9.1　人员条件

至少有 1 名经过专业培训的汽车维修人员。

5.9.2　设施条件

生产厂房面积不少于 40m^2。停车场面积不少于 30m^2。

5.9.3　主要设备

a）不解体油路清洗设备；

b）换油设备；

c）废油收集设备；

d）举升设备或地沟；

e）空气压缩机。

5.10　喷油泵和喷油器维修

5.10.1　人员条件

至少有 1 名经过专业培训的汽车高压油泵维修人员。

5.10.2　设施条件

生产厂房面积不少于 30m^2。停车场面积不少于 30m^2。

5.10.3　主要设备

a）喷油泵、喷油器清洗和试验设备；

b）喷油泵－喷油器密封性试验设备（从事喷油泵、喷油器维修的业户）；

c）弹簧试验仪；

d）千分尺；

e）厚薄规。

5.11　曲轴修磨

5.11.1　人员条件

至少有 1 名经过专业培训的曲轴修磨人员。

5.11.2　设施条件

生产厂房面积不少于 60m^2。停车场面积不少于 30m^2。

5.11.3　主要设备

a）曲轴磨床；

b）曲轴校正设备；

c）曲轴动平衡设备；

d）平板；
e）V形块；
f）百分表及磁力表座；
g）外径千分尺；
h）无损探伤设备；
i）吊装设备。

5.12 汽缸镗磨

5.12.1 人员条件

至少有1名经过专业培训的汽缸镗磨人员。

5.12.2 设施条件

生产厂房面积不少于60m^2。停车场面积不少于30m^2。

5.12.3 主要设备

a）立式精镗床；
b）立式珩磨机；
c）压力机；
d）吊装起重设备；
e）汽缸体水压试验设备；
f）量缸表；
g）外径千分尺；
h）厚薄规；
i）激光淬火设备（从事激光淬火必备）；
j）平板。

5.13 散热器（水箱）维修

5.13.1 人员条件

至少有1名经过专业培训的专业维修人员。

5.13.2 设施条件

生产厂房面积不少于30m^2。停车场面积不少于30m^2。

5.13.3 主要设备

a）清洗及管道疏通设备；
b）气焊设备；
c）钎焊设备；
d）空气压缩机；
e）喷漆设备；
f）散热器密封试验设备。

5.14 空调维修

5.14.1 人员条件

至少有1名经过专业培训的汽车空调维修人员。

5.14.2 设施条件

生产厂房面积不少于40m^2。停车场面积不少于30m^2。

5.14.3 主要设备

a）汽车空调冷媒加注回收设备；

b）气焊设备；

c）空调电器检测设备；

d）空调专用检测设备；

e）数字式万用电表。

5.15　汽车装潢（篷布、坐垫及内装饰）

5.15.1　人员条件

至少有 1 名经过专业培训的维修人员。

5.15.2　设施条件

生产厂房面积不少于 $30m^2$。停车场面积不少于 $30m^2$。

5.15.3　主要设备

a）缝纫机；

b）锁边机；

c）工作台或工作案；

d）台钻或手电钻；

e）电熨斗；

f）裁剪工具；

g）烘干设备。

5.16　汽车玻璃安装

5.16.1　人员条件

至少有 1 名经过专业培训的维修人员。

5.16.2　设施条件

生产厂房面积不少于 $30m^2$。停车场面积不少于 $30m^2$。

5.16.3　主要设备

a）工作台；

b）玻璃切割工具；

c）注胶工具；

d）玻璃固定工具；

e）直尺、弯尺；

f）玻璃拆装工具；

g）吸尘器。

参考文献

[1] 张存禄. 企业管理经典案例评析. 北京：中国人民大学出版社，2004.
[2] 谢绍发. 不懂这些你别修车. 广东：广东科技出版社，2004.
[3] 肖智军. 5S 活动推行实务. 广东：广东经济出版社，2001.
[4] 莫远. 汽修和汽配企业的计算机管理. 北京：机械工业出版社，2004.
[5] 张国方，朱杰，吴森. 汽车配件销售员培训教程. 北京：人民交通出版社，2000.
[6] 刘可湘. 汽车服务企业经营与管理. 北京：人民交通出版社，2004.
[7] 张体勋，李霞，等. 现代企业管理. 北京：中国纺织出版社，2002.
[8] 邵一明，马嫣. 现代企业管理. 上海：立信会计出版社，2001.
[9] 胡建军. 汽车维修企业创新管理. 北京：机械工业出版社，2004.
[10] 周建波，刘志梅. 管理学. 广东：广东高等教育出版社，2004.
[11] 李胜强，何伟. 生产现场 365. 深圳：海天出版社，2004.
[12] 华牧. 中小企业经营管理 300 问. 北京：企业管理出版社，2003.
[13] 贾象伟，等. 汽车维修厂长制胜术. 北京：机械工业出版社，2004.
[14] 霍德·J，迟双明. 把工作落实到位. 北京：九洲出版社，2004.
[15] 王璞. 企业文化咨询实务. 北京：中信出版社，2001.
[16] 凌文铨，方俐洛. 员工激励与企业创富. 北京：中国纺织出版社，2002.
[17] 刘光明. 中外企业文化案例. 北京：经济管理出版社，2000.
[18] 吴应宇，陈良华. 公司财务管理. 北京：石油工业出版社，2003.
[19] 王飞. 跟我学做财务经理. 北京：北京工业大学出版社，2003.
[20] 贾年英. 公司理财. 北京：人民邮电出版社，2001.
[21] 曾忠禄. 中小企业管理务实. 广东：广东出版社，2001.
[22] 欧阳令南. 公司理财. 北京：中国经济出版社，1997.
[23] 孙铮，王鸿祥. 财务报告分析. 北京：企业管理出版社，1997.
[24] 李启明. 现代企业管理. 北京：高等教育出版社，1998.
[25] 张德. 人力资源开发与管理. 北京：清华大学出版社，1996.
[26] 郑晓明. 人力资源管理导论. 北京：机械工业出版社，2005.
[27] 李剑. 员工管理. 北京：企业管理出版社，2005.
[28] www.autobnet.com.
[29] www.autostarry.com.
[30] www.autohm.com.cn.
[31] www.soche.net.cn.
[32] www.sinocars.com.
[33] www.e-qbsw.com.
[34] http://www.chinauto.net.cn/showproduct.asp?id=2263.
[35] www.713.com.cn.
[36] www.eaat.com.cn.